KB019121

불변의 법칙

SAME AS EVER

: A GUIDE TO WHAT NEVER CHANGES

Copyright © 2023 by Morgan Housel

All rights reserved
including the right of reproduction in whole or in part in any form.

This edition published by arrangement with Portfolio,
an imprint of Penguin Publishing Group, an division of Penguin Random House LLC.
This Korean translation published by arrangement with Morgan Housel
in care of Penguin Random House LLC through AlexLeeAgency ALA.

이 책의 한국어판 저작권은 알렉스리에이전시 ALA를 통해서
Portfolio, an imprint of Penguin Publishing Group, a division of Penguin Random House LLC 사와
독점 계약한 서삼독 출판사에 있습니다.
저작권법에 의하여 한국 내에서 보호를 받는 저작물이므로 무단전재와 복제를 금합니다.

Same as Ever

A Guide to What Never Changes

불변의 법칙

절대 변하지 않는 것들에 대한 23가지 이야기

모건 하우절

이수경 옮김

서삼독

일러두기

1. 본문의 굵은 볼드체는 원서를 그대로 따른 것으로 지은이의 강조 의도를 살린 것입니다.
2. 외국 인명, 지명 등은 국립국어원 외래어표기법을 따르되 일부 관용적 표기를 절충했습니다.
3. 단행본은 《 》, 잡지는 〈 〉로 표기했습니다.
4. ❖ 표식은 독자의 이해를 돕기 위한 옮긴이 주입니다.
5. ◆ 표식은 '옮긴이 주'와 별도로 번역과 관련한 옮긴이의 첨언입니다. 해당 내용은 418쪽에서 확인할 수 있습니다.

합리적 낙관론자들에게 이 책을 바칩니다.

사실 우리의 삶은 과거나 지금이나 똑같다.
수십만 년 동안 인간을 움직인 생리적, 심리적 프로세스가
지금도 여전히 작동 중이다.

― **카를 융**(Carl Jung)

어느 시대건 현자들은 항상 같은 말을 하고,
어리석은 대다수 사람은 하나같이 그 반대로 행동한다.

― **아르투어 쇼펜하우어**(Arthur Schopenhauer)

역사가 반복되는 것이 아니라
인간의 행동이 반복되는 것이다.

― **볼테르**(Voltaire)

내가 깨달은 중요한 비결은 이것이다.
미래를 보는 통찰력을 키우려면 과거를 들여다봐야 한다.

— **제인 맥고니걸**(Jane McGonigal)

지금까지 죽은 사람의 수는 살아 있는 사람보다 열네 배나 많다.
그처럼 엄청나게 많은 이들이 축적해놓은 경험을 무시하는 것은
위험을 자초하는 것과 매한가지다.

— **니얼 퍼거슨**(Niall Ferguson)

역사를 모르는 사람에게는
모든 사건이 유례없는 특이한 일로 느껴진다.

— **켈리 헤이스**(Kelly Hayes)

— 모건 하우절이 또 한 번 해냈다. 이 책에는 지혜와 재치가 넘쳐 난다. 하우절은 돈, 인생, 인간의 욕망과 만족에 관한, 시간을 초월 한 교훈을 전달하기 위해 우리가 도저히 잊을 수 없는 완벽한 이 야기를 들려준다. 감히 말하건대 이 작은 책 한 권에 거대한 도서 관의 지혜가 담겨 있다.

— **데릭 톰슨**Derek Thompson,
〈애틀랜틱〉 부편집장이자 《히트 메이커스》 저자

— 《불변의 법칙》에 담긴 개념을 이해하라. 당신이 이 개념을 더 빨 리 이해할수록 더 빨리 풍요로운 삶을 시작할 수 있을 것이다.

— **스콧 갤러웨이**Scott Galloway,
뉴욕대학교 스턴경영대학원 교수이자 《표류하는 세계》 저자

— 변화하는 세상을 이해하고 싶은가? 그렇다면 무엇이 변하지 않 는지부터 알아야 한다. 이것이 모건 하우절의 이 매혹적이고, 유 용하고, 대단히 흥미로운 책의 결론이다.

— **아서 브룩스**Arthur C. Brooks,
하버드 케네디스쿨과 비즈니스스쿨 교수

— 역사의 통찰력을 현재의 예지력으로 바꾸고 싶은 이들을 위한 필독서이다.

— 셰인 패리시 Shane Parrish,

파남 스트리트 설립자이자 《클리어 씽킹》 저자

— 환상적인 이야기꾼이 전하는 인생을 바꿀 만한 대단한 통찰!

— 라이언 홀리데이 Ryan Holiday,

〈뉴욕 옵서버〉 칼럼니스트 겸 편집인이자 《데일리 필로소피》, 《에고라는 적》 저자

— 《불변의 법칙》에 담긴 깊은 사유는 도저히 책을 내려놓을 수 없을 정도로 대단히 중요한 것들이다. 하우절은 인간의 운명을 결정하는 많은 부분이 실에 매달린 듯 무작위한 것으로 보이지만, 사실은 그 안에 수세기 동안 한결같은 보편적인 진리들이 담겨 있다고 말한다. 모건 하우절이 이 책에서 보여주는 것은 그러한 불변의 진리를 어떻게 찾느냐, 하는 것이다.

— 배서니 맥린 Bethany McLean,

《엔론 스캔들 : 세상에서 제일 잘난 놈들의 몰락》 저자

— 수천 년 동안의 고전들에 담긴 지혜를 지난 백 년 동안의 사례들로 풀어 쓴 책!

— **김봉진, 우아한형제들 창업자**

— 재미있는 이야기들이 가득하다. 누구나 읽기 쉬우면서도 대단한 내공을 갖고 있다. 당신이 이 책을 읽는다면 내가 펀드매니저로 고통받으며 경험한 기간보다 훨씬 더 짧은 시간에, 내가 오랜 고뇌 끝에 얻은 것보다 더 많은 교훈을 얻을 것이다. 정제되고 함축된 언어로 표현된, 높은 수준의 투자에 관한 통찰력을 얻을 것이며, 책장을 덮는 마지막 순간에는 투자 구루와의 유익하지만 즐거웠던 저녁식사가 끝난 아쉬움을 느낄 것이다. 그리고 투자 경험이 쌓여갈수록 이 책을 읽은 사람과 안 읽은 사람의 차이는 더 깊어질 것이다. 오래오래 책장에 꽂아두고 다시 펼쳐보고 싶은 책이다.

— **목대균, KCGI자산운용 운용총괄대표**

— 돈과 역사와 심리에 관한 이 책을 읽다 보면 왜 많은 사람들이 투자에 실패하는지 그 이유를 알 수 있다. 시시각각 변화하는 세상 속에서 절대 변하지 않는 인간의 행동 방식과 특성을 먼저 이해해야 한다. 불확실성에서 확실성을 찾는 것이 바로 성공투자의 핵심이다. 웬만한 투자 서적을 모두 읽었음에도 불구하고 지금 당신의 계좌가 손실이 나고 있다면 이 책부터 읽기를 바란다.

— 박세익, 체슬리투자자문 대표, 《투자의 본질》 저자

— 불완전함의 유용성, 비효율성의 불가피함, 사소한 것들이 가져오는 놀라운 결과. 삶의 지혜를 이토록 통찰력 있고 흥미롭게 들려주는 저자가 또 있을까! 원고를 받자마자 앉은 자리에서 모두 읽어버렸다. 우리 인간이 어떤 존재인지, 우리가 살아가는 세상이 어떻게 작동하는지 알고 싶다면, 그리고 그 속에서 행복하고 가치 있는 삶을 살고 싶다면 반드시 읽어야 할 책이다.

— 박성진, 이언투자자문 대표

— 삶의 공식은 과연 있을까요? '모든 것이 변화한다는 사실만은 변하지 않는다'는 옛 현인의 깨달음은, 각자에게 한 번만 허락된 인생을 살아가는 우리 모두를 주눅들게 합니다. 그럼에도 저자는 삶을 잘 살아가기 위한 현명한 법칙을 알고 싶다는 우리의 소망을 다양한 이야기로 보듬어줍니다. 나의 운명이 생년월일시와 별자리만으로 결정되었다고 믿고 싶지 않은 모든 분들에게 일독을 권합니다.

— 송길영, 마인드 마이너, 《시대예보: 핵개인의 시대》 저자

— 경제는 숫자로 움직이지만 인간은 심리로 반응한다. 쏟아져 나오는 검증되지 않은 정보로 인해 복잡한 미로 안에서 느끼는 현기증을 투자의 본질에 입각한 정교한 마인드로 바꿔야만 성공이 가능한 세상이다. 저자가 말하는 돈에 관한 심리와 그에 따른 불변의 법칙들을 이해하고 적용한다면 부를 이룰 수밖에 없다고 본다. 이번 세대뿐만 아니라 과거와 미래 세대를 관통하는 부의 바이블이자 돈의 교과서라 부르고 싶다. 한 번에 읽어도 좋고, 침대맡에 두고 한 장씩 읽어도 좋다.

— 송희구, 《서울 자가에 대기업 다니는 김 부장 이야기》 저자

— 사람들은 역동적인, 변화하는, 발전하는 무언가를 좋아한다. 대부분의 투자자들이 엄청난 기술 혁신에 집중하는 가장 큰 이유라 할 수 있다. 저자는 이런 흐름과는 반대로 과거와 현재, 그리고 미래까지 변하지 않는 것에 집중한다. 바로 '인간이라는 심연'이다. 지금을 사는 사람들의 심리, 행동, 습성 등은 과거의 사람들과 크게 다르지 않다. 그렇기에 과거에서부터 쌓여왔던 역사가 지금을 사는 우리에게 거대한 울림을 주는 것이 아닐까? 매 챕터마다 경탄하면서 읽게 되는 책이다. 일독을 권한다.

— 오건영, 신한은행 WM사업부 팀장, 《위기의 역사》 저자

인생의 작은 법칙들

언젠가 워런 버핏^{Warren Buffett}과 가깝게 지내는 남자를 만나 점심 식사를 함께했다. 편의상 그를 짐이라고 부르겠다. 그에게 들은 이야기다.

짐은 2009년 말 워런을 차에 태우고 네브래스카주 오마하의 시내를 달리고 있었다. 세계 경제가 침체의 늪에 빠져 있던 때였고 오마하도 예외는 아니었다. 많은 상점과 사업체가 문을 닫은 상태였다.

짐이 워런에게 물었다. "암울하군요. 과연 경기가 회복될까요?"

그러자 워런은 이런 질문을 던졌다. "짐, 1962년에 가장 많이 팔린 초코바가 뭔지 알아요?"

"모르겠는데요."

"스니커즈였어요. 그럼 현재 가장 많이 팔리는 초코바는 뭘

까요?"

"모르겠습니다."

"스니커즈예요."

그리고 침묵. 대화는 거기서 끝났다.

내가 이 책에서 들려주고자 하는 것은 늘 변화하는 세상에서 절대 변하지 않는 것들에 관한 이야기다.

역사는 누구도 예상하지 못한 뜻밖의 사건들로 가득하다. 한편으론 시대를 초월한 지혜와 교훈을 가득 품고 있다. 타임머신을 타고 지금으로부터 500년 전 또는 500년 후로 간다고 상상해보자.

아마 당신은 현재와 너무나도 차이가 큰 기술과 의학 수준에 깜짝 놀랄 것이다. 지정학적 질서도 지금과 완전히 딴판이라 이해하기 힘들 테고, 언어와 방언도 낯설게 느껴질 것이다.

하지만 오늘날과 마찬가지로 그 세상의 사람들도 탐욕과 두려움의 노예가 되곤 한다는 사실을 깨달을 것이다. 오늘날과 별반 다르지 않게 리스크에 영향을 받고, 시기심에 휩싸이며, 집단 소속감을 중시하는 사람들을 목격할 것이다. 그들의 지나친 자신감과 근시안적 태도 역시 현재 우리의 모습을 떠올리게 할 것이다. 또 그들 역시 행복한 인생의 비결을 알고 싶어 하고, 아무것도 확실하지 않은 삶에서 확실한 답을 얻고 싶어 할 것이다.

지금과는 모든 것이 다른 낯선 세상임에도, 당신은 그들을 지켜본 뒤 입에서 절로 이런 말이 튀어나올 것이다. "똑같네, 똑같아. 변한 게 없구나."

변화는 우리의 주의와 호기심을 끌어당긴다. 새롭고 놀랍고 흥미롭기 때문이다. 그러나 인간의 변하지 않는 행동 방식이야말로 우리에게 커다란 깨달음을 주는 보고다. 미래를 엿볼 수 있는 창이 되기 때문이다. 당신의 미래, 그리고 '우리 모두'의 미래 말이다. 당신이 어떤 사람이든, 어디에 살든, 나이가 몇 살이든, 돈을 얼마나 많이 벌든, 인간의 행동 방식에서 시대를 초월한 값진 교훈을 얻을 수 있다.

어찌 보면 간단한 얘기다. 하지만 이것을 아는 사람은 그리 많지 않다. 세상사의 변하지 않는 특성과 인간의 변하지 않는 행동 방식을 이해하고 나면 당신 자신의 삶을, 그리고 세상이 지금과 같은 모습인 이유를 더 깊이 이해할 수 있다. 다가오는 미래를 더 준비된 상태로 맞이할 수 있다.

아마존의 창업자 제프 베이조스Jeff Bezos는 앞으로 10년 동안 무엇이 변할 것 같으냐는 질문을 자주 받는다고 한다. 거기에 대해 이런 말을 덧붙였다. "그런데 '앞으로 10년 동안 변하지 않을 것은 무엇입니까?'라는 질문을 받는 경우는 거의 없습니다. 나는 사실 이 두 번째 질문이 더 중요하다고 생각하거든요."

변하지 않는 것들은 중요하다. 그것을 알면 확신을 갖고 미래를 가늠할 수 있기 때문이다. 베이조스는 저렴한 가격과 빠른 배송을 원하는 아마존 고객들의 욕구가 사라진 미래는 상상할 수 없다고 말했다. 그래서 그 두 가지를 유지하는 데 주력하는 것이다. 이런 접근법은 삶의 거의 모든 영역에서 유효하다.

나는 내년에(또는 그 어떤 해라도) 주식 시장이 어떻게 될지 모른다. 하지만 사람들이 탐욕과 두려움에 쉽게 빠진다는 것, 그런 경향이 절대 변하지 않는다는 것은 자신 있게 말할 수 있다. 그런 변하지 않는 특성은 나의 흥미를 자극한다.

나는 다음 대선에서 누가 대통령이 될지 모른다. 하지만 집단 정체성에 대한 집착이 사람들의 사고방식에 영향을 미친다는 것은 확실히 안다. 집단 정체성은 오늘날뿐 아니라 1,000년 전에도 사람들의 심리를 지배했고 1,000년 후에도 마찬가지일 것이다.

나는 향후 10년간 어떤 기업이 시장을 장악할지 모른다. 그러나 성공에 취해 자만한 기업의 리더는 나태함과 특권 의식에 빠져 결국 경쟁에서 밀려날 것이라 장담할 수 있다. 그런 스토리는 수백 년 동안 목격돼왔고 앞으로도 그럴 것이다.

그동안 철학자들은 우리에게 이렇게 말했다. 가능한 삶의 버전은 무한한 수로 존재하며 우리는 그중 하나인 '지금의 이 삶'을 살고 있는 것이라고 말이다. 이는 무척 흥미로운 생각거리인 동시에 다음의 질문을 떠올리게 한다. 지금 살고 있는 이 삶뿐만 아니라 '상상 가능한 모든' 삶의 버전에서 변함없이 참인 것은 무엇일까? 그 보편적인 진실이 우리가 주목해야 할 가장 중요한 부분이다. 그것은 운이나 우연과는 무관하기 때문이다.

기업가이자 투자자인 나발 라비칸트Naval Ravikant는 이렇게 말했다. "1,000개의 평행우주가 존재한다면 그중 999개에서 부를 쌓을 줄 아는 사람이 돼라. 그저 운이 좋아 50개의 평행우주에서 부자가 되는 것은 의미가 없다. 행운은 성공을 좌우하는 중요한 요인이 아니다. ……만일 인생을 1,000번 산다면 그중 999번의 인생에서 성공을 이룰 줄 아는 사람이 되고 싶다."

이 책의 주제는 이렇게 표현할 수 있다. 1,000개의 평행우주가 존재한다면 그 모두에서 변함없이 참인 것은 무엇일까?

이 책의 23개 장은 독립적으로 구성했으므로 꼭 순서대로 읽지 않아도 된다. 끌리는 장부터 골라 읽어도 상관없다. 각각의 독립적인 내용이지만 다음의 공통점은 있다.

각 장의 주제는 수백 년 전의 세계에서 유의미했듯이 수백년 후에도 여전히 유의미할 것들이라는 것, 그리고 모든 장이길지 않은 편이라 나에게 고마운 마음이 들지도 모른다는 것이다.

덧붙여 책 내용의 많은 부분은 콜라보레이티브 펀드 Collaborative Fund 웹사이트의 블로그에 올린 글을 토대로 하였음을 전한다. 이곳은 내가 돈과 역사와 심리학에 관해 글을 쓰는 공간이다.

가장 먼저 이 세상이 얼마나 아슬아슬한 곳인지 살펴보려한다. 내 평생 가장 끔찍했던 하루의 이야기도 함께 들려줄것이다.

I

이토록 아슬아슬한 세상

지나온 과거를 돌아보면,
앞으로의 미래는 알 수 없단 사실을 깨닫게 된다.

Hanging by a Thread

If you know where we've been,
you realize we have no idea where we're going.

역사를 보면 세상이 얼마나 아슬아슬한 곳인지 깨닫게 된다. 때로 역사의 흐름을 바꾼 중대한 사건은 전혀 예상치 못한 접촉이나 별생각 없이 무심코 내린 결정 때문에 일어났다. 그것이 경이로운 결과를 낳기도 하고, 비극을 불러오기도 한다.

작가 팀 어번^{Tim Urban}은 말했다. "만일 당신이 시간여행을 해서 태어나기 전의 세상으로 간다면 그 어떤 행동도 섣불리 하지 못할 것이다. 아주 사소한 행동 하나도 미래에 어마어마한 영향을 미칠 수 있음을 알기 때문이다."

곱씹을수록 맞는 말이다. 이 문제에 관심을 갖는 계기가 된, 나의 개인적인 경험담을 들려주겠다.

*

　나는 학창 시절에 타호 호수 근처에서 스키 레이싱을 즐겼다. 스쿼밸리Squaw Valley 스키 팀에 소속해 활동했었는데 스키는 오랫동안 내 삶의 중심이었다.

　우리 팀의 선수는 12명이었다. 2000년대 초 10대였던 우리는 늘 함께였다. 일주일에 6일 스키를 탔다. 눈이 있는 곳이면 세계 어디에라도 찾아가 1년에 열 달은 스키를 탔다.

　나는 팀원 대부분과 별로 친하지 않았다. 하도 붙어 있다 보니 그만큼 부딪치는 일도 많아서 으르렁대며 싸우곤 했기 때문이다. 하지만 세 명과는 유독 친해져서 죽고 못 사는 사이가 됐다. 이것은 그중 두 명인 브렌던 앨런과 브라이언 리치먼드에 관한 이야기다.

　2001년 2월 15일, 우리 팀이 콜로라도주에서 열린 스키 경기를 마치고 돌아올 때 비행기가 연착됐다. 타호 호수 일대에 이례적으로 강력한 눈보라가 몰아쳤기 때문이다.

　새로 내린 눈이 쌓인 직후에는 스키 레이싱을 할 수가 없다. 레이싱을 하려면 단단한 눈 표면이 필요하기 때문이다. 자연히 팀 훈련은 취소되었다. 그래서 브렌던과 브라이언과 나는 일명 '자유 스키' 주간을 보내기로 계획했다. 일주일 동안 훈련이나 목표에 대한 압박감을 내려놓고 마음껏 즐기면서 그야말로 자유롭게 스키를 타기로 했다.

그달 초에는 기온이 매우 낮은 탓에 입자가 작고 밀도가 낮은 눈이 잔뜩 내렸다. 하지만 중순에 찾아온 눈보라는 달랐다. 날씨가 따뜻해서(0도 근처였다) 수분 함량이 높은 무거운 눈이 1미터 가까이 내렸다.

당시에 우리는 미처 몰랐지만, 가벼운 눈 위에 무거운 눈이 쌓인 산은 눈사태가 일어나기 딱 좋은 조건이 된다. 무거운 눈이 엉성한 눈 위에 올라앉아 있으니 여차하면 무너지기 쉬운 것이다.

타호 호수 근처의 스키 리조트들은 손님들을 눈사태에서 보호하기 위해 위험한 슬로프의 출입을 통제하고 밤늦은 시간에 폭약을 이용해 일부러 눈사태를 일으킨다. 그런 식으로 안전 조치를 한 뒤 다음 날 아침에 손님을 받는다.

하지만 리조트 구역을 벗어난다면, 즉 '출입 금지' 표지판을 무시하고 들어가 금지된 구역에서 스키를 탄다면, 그런 안전 시스템은 아무 소용이 없다.

2001년 2월 21일 아침, 브렌던과 브라이언과 나는 평소처럼 스쿼밸리 스키 팀 로커 룸에서 만났다. 그날 아침 집을 나서면서 브라이언은 말했다. "걱정 마세요, 엄마. 리조트 구역에서 벗어나지 않을 거예요."

그러나 우리는 스키를 신자마자 그 말과 반대로 행동했다.

*

스쿼밸리(현재는 팰리세이즈 타호Palisades Tahoe로 이름을 바꿨다) 리조트의 뒤쪽, 그러니까 KT-22 리프트 너머에는 1.5킬로미터쯤 길게 펼쳐진 산악 구간이 있다. 이 구간은 스쿼밸리와 알파인 메도스 스키 리조트를 구분하는 경계선 역할을 했다.

그곳은 한마디로 끝내주는 구간이었다. 스릴이 보장되는 가파른 경사에 널찍하게 탁 트인 시야, 적당한 굴곡까지 갖추고 있었다. 전에도 그곳에서 열 번쯤 스키를 타보긴 했지만 자주 가는 곳은 아니었다. 돌아오는 데에 시간이 너무 많이 걸렸기 때문이다. 스키를 타고 내려오면 산자락 밑의 외진 도로여서 히치하이크를 해서 로커 룸으로 이동해야 했다.

그날 아침 우리는 거기서 스키를 타기로 했다. 그런데 '출입 금지' 문구가 붙은 경계선을 넘어가자마자 나는 눈사태를 만났다. 생전 처음 겪어보는 상황이었고, 잊을 수 없는 경험이었다. 눈이 무너져 내리는 기미도 느끼지 못했는데 갑자기 두 발이 땅을 딛고 있지 않은 상태가 됐다. 나는 말 그대로 눈으로 된 구름에 휩싸여 떠내려가고 있었다.

이런 상황이 되면 정말 속수무책이다. 내가 스키로 눈을 밀어내면서 생긴 마찰력으로 미끄러지며 질주하는 것이 아니라 이제 눈이 나를 밀어내기 때문이다. 이때 할 수 있는 일은 최대한 몸의 균형을 잡으며 넘어지지 않으려 애쓰는 것뿐이다.

다행히 작은 규모의 눈사태였고 금방 멈췄다. 산자락 밑의 도로에 도착한 뒤 두 녀석을 향해 말했다. "봤어? 아까 그 산사태?"

"응, 대박이던데?" 브렌던이 대답했다.

히치하이크로 로커 룸까지 돌아가는 동안 우리는 산사태에 대해 더는 이야기하지 않았다.

*

스쿼밸리 리조트에 돌아온 뒤 브렌던과 브라이언은 그곳에 다시 스키를 타러 가고 싶다고 말했다. 나는 왠지 모르겠지만 가기가 싫었다. 하지만 아이디어가 하나 떠올랐다. 브렌던과 브라이언은 스키를 타러 올라가고, 나는 친구들이 도착할 외진 도로에 차를 몰고 가서 두 녀석을 데려오는 것이다. 남의 차를 얻어 탈 필요가 없도록 말이다.

우리는 이 계획에 동의하고 각자의 길을 나섰다. 30분 뒤
나는 차를 몰고 산자락 밑의 외진 도로에 도착했다. 그런데
두 녀석이 보이지 않았다. 나는 30분을 더 기다린 뒤 포기했
다. 산 위쪽에서 아래쪽까지 스키로 내려오는 데에는 1분 정
도밖에 걸리지 않는다. 그 정도 기다렸는데 안 온다면, 안 오
는 거였다. 나는 두 녀석이 나보다 더 빨리 도착해서 이미 히
치하이크로 돌아갔으리라 생각했다.

나는 혼자 로커 룸으로 돌아왔다. 두 사람이 이미 와 있을
줄 알았는데, 아니었다. 사람들한테 물어봐도 브렌던과 브라
이언을 본 사람이 없었다.

오후 4시쯤, 집에 돌아와 있을 때 브라이언의 어머니에게서
전화가 왔다. 그때의 통화는 지금도 생생하다. "모건, 브라이
언이 오늘 일터에 안 나왔단다. 혹시 브라이언이 어디 있는지
아니?"

나는 있는 그대로 말씀드렸다. "저희 셋이 오늘 아침에 KT-
22 뒤쪽에서 스키를 탔어요. 브라이언이랑 브렌던은 또 타러
올라갔고, 저는 산 밑에서 둘을 차에 태워 돌아오기로 했거든
요. 그런데 못 만났어요. 그 뒤로도 계속 못 봤고요."

"아, 이런." 그녀의 입에서 짧은 탄식이 새어 나왔다.

브라이언의 어머니는 스키 베테랑이었다. 아마 그 순간에 머릿속으로 추정 가능한 시나리오를 떠올렸을 것이다. 나도 마찬가지였다.

몇 시간이 더 흘러갔다. 이제 모두가 걱정을 하기 시작했다. 결국 누군가가 경찰에 연락해 실종 신고를 했다. 경찰은 상황을 대수롭지 않게 여기는 눈치였다. 브렌던과 브라이언이 남들 몰래 어디 파티에라도 갔을지 모른다고 말했다.

나는 그렇지 않다고 확신했다. 로커 룸 바닥에 있는 두 사람의 운동화를 가리키면서 말했다. "신발이 저기 그대로 있잖아요. 그렇다면 두 사람은 지금 스키 부츠를 신고 있다는 뜻이에요. 지금은 밤 9시예요. 생각해보세요. 밤 '9시'인데 여전히 스키 부츠를 신고 있다고요." 그제야 모두가 이게 얼마나 심각한 상황인지 인지했다.

밤 10시경. 나는 스쿼밸리 소방서로 와달라는 요청을 받았다. 그곳에서 지역 수색 구조 팀을 만났다.

나는 그날 우리 셋이 무엇을 했는지를 빠짐없이 설명했다. 수색 팀은 헬리콥터에서 촬영한 것으로 보이는 커다란 사진 지도를 테이블에 펼쳐놓았다. 나는 우리가 출입 금지 구역으로 들어갔던 지점을 정확히 알려주었다.

그날 오전에 만난 작은 눈사태도 설명했다. 눈사태라는 단어가 나오자마자 구조대원들은 감을 잡은 듯했다. 내가 설명을 끝마쳤을 때 두 명이 서로를 쳐다보며 한숨을 내쉬었다.

한밤중에 수색 팀은 대형 투광 조명등과 수색견을 갖추고 브렌던과 브라이언을 찾으러 나섰다.

나중에 들은 바에 따르면, 수색 팀은 우리가 스키를 탄 출입 금지 구역에 들어가자마자 눈사태의 흔적을 발견했다. 발생한 지 얼마 안 된, 대형 눈사태였다. "마치 산의 절반이 부서져 내린 것 같았다"고 했다.

나는 자정쯤 차를 몰고 다시 로커 룸으로 향했다. 스쿼밸리 리조트 주차장은 수천 대의 차를 수용할 수 있는 규모다. 물론 그 시간에는 거의 비어 있었다. 다들 집에 돌아가고, 자동차 두 대만 나란히 서 있었다. 브렌던의 지프와 브라이언의 쉐비 픽업트럭이었다.

로커 룸 벤치에서 잠을 자려고 해봤지만 도저히 잠이 오지 않았다. 나는 브렌던과 브라이언이 로커 룸 문을 열고 뛰어 들어오는 모습을, 경찰에 실종 신고까지 했다는 얘기를 나누면서 셋이 웃어젖히는 모습을 상상했다.

이튿날 오전 9시, 로커 룸이 다른 스키 선수들과 가족들, 친구들로 꽉 찼다. 다들 어떻게든 돕고 싶어 했다. 로커 룸은 수색 작업을 위한 본부가 됐다.

나는 다시 벤치에 누웠다가 까무룩 잠이 들었다.

그리고 잠시 후 울음 섞인 절규와 소란스러운 소리에 잠에서 깼다. 그것이 무슨 뜻인지 직감적으로 알 수 있었다. 누구의 설명도 필요하지 않았다.

로커 룸 2층으로 올라가니 브라이언의 어머니가 의자에 앉아 있었다. 울음 섞인 절규를 토해낸 것은 그분이었다.

"정말 죄송해요." 그렇게 말하는 내 눈에서도 눈물이 쏟아져 내렸다.

그 순간을 어떻게 설명할 수 있을까. 그 자리에서 달리 어떤 말을 해야 할지 알 수가 없었다. 그건 지금도 마찬가지다.

눈사태 현장에서 수색견들이 특정 지점에 반응을 보였고, 구조대원들이 탐침봉을 이용해 1.8미터 깊이의 눈 속에 매몰된 브렌던과 브라이언을 발견했다.

브렌던과 브라이언은 하루 차이로 세상에 태어났고, 서로에게서 3미터 떨어진 채 세상을 떠났다.

그날 오후 일터에 있는 아버지에게 갔다. 어쩐지 가족과 함께 있고 싶었다. 아버지는 주차장에서 나를 만나자마자 말했다. "너를 볼 수 있다는 게 이렇게 기쁜 일이라니." 아버지가 우는 모습을 본 것은 그때가 내 평생 처음이자 마지막이었다. 그제야 나는 내가 브렌던, 브라이언과 같은 운명에 묶이기 직전까지 갔었다는 사실을 깨달았다.

왜 나는 그날 아침 그곳에서 스키를 탄 뒤 두 번째에는 가지 않겠다고 했을까? 그것은 내 목숨을 살린 결정이었다. 백만 번도 더 생각해봤다. 하지만 모르겠다. '정말' 모르겠다. 설명할 도리가 없다.

나는 심사숙고하지도 않았고, 위험을 계산해보지도 않았다. 전문가에게 조언을 들은 것도 아니고, 갈 경우와 안 갈 경우의 장단점을 따져본 것도 아니다.

그것은 순전히 운이었다. 별생각 없이 무심코 내린 결정이 내 인생의 가장 중요한 결정이 됐다. 그때까지 살면서 내린 그 어떤 결정보다도, 그리고 앞으로 내리게 될 그 어떤 결정보다도 훨씬 중요한 결정이었다.

여기까지가 나의 개인적 경험담이다. 어쩌면 당신에게도 비슷한 경험이 하나쯤 있을지 모른다. 그런데 잘 살펴보면 역사에도 그런 사례가 꽤 많다.

다음의 흥미로운 세 사례를 읽어보라. 세상사가 생각지도 못한 작은 것들에 의해 얼마나 크게 좌우되는지 알 수 있을 것이다.

1776년 롱아일랜드 전투는 조지 워싱턴^{George Washington}이 이끈 대륙군에게 재앙이었다. 1만 명 병력의 대륙군이 배 400척의 함대를 거느린 영국군에게 대패했기 때문이다.

사실 그보다 훨씬 더 나쁜 결과를 맞을 수도 있었다. 미국 독립전쟁이 그대로 끝나버릴 수도 있었다. 영국 해군이 이스트강 상류로 올라갔다면 워싱턴의 대륙군은 독 안에 든 쥐 신세가 되어 전멸했을 것이다.

하지만 그런 일은 일어나지 않았다. 바람이 도와주지 않아 영국 해군이 이스트강 상류로 올라갈 수 없었기 때문이다.

언젠가 역사학자 데이비드 매컬로프^{David McCullough}는 인터뷰어 찰리 로즈^{Charlie Rose}에게 이렇게 말했다. "만일 1776년 8월 28일 밤에 바람이 반대 방향으로 불었다면 모든 게 끝났을 겁니다."

"만약 그랬다면 미국이 탄생할 수 없었다는 뜻입니까?" 로즈가 물었다.

"그렇습니다."

"고작 바람 하나 때문에 역사가 바뀐 거네요?"

"맞습니다."

미국 뉴욕을 출항해 영국 리버풀로 향하던 대형 여객선 루시타니아호Lusitania의 선장 윌리엄 터너William Turner는 비용을 절약하기 위해 제4호 보일러실의 가동을 중단했다. 이 때문에 선박 속도가 느려져 전체 항해 날짜가 하루 늘어났다. 반가운 결과는 아니었지만, 여객선 산업이 경제적으로 힘든 시기였으므로 비용 절감은 의미가 있었다. 이 결정이 얼마나 어마어마한 결과를 초래할지 터너 선장도, 그 누구도 알지 못했다.

속도가 느려진 루시타니아호는 이제 독일 잠수함의 경로에 들어가게 됐다. 루시타니아호는 독일 어뢰에 격침되었다. 이로 인해 약 1,200명의 승객이 사망했고, 이 사건은 미국인의 분노를 자극해 미국의 제1차 세계대전 참전을 지지하는 쪽으로 여론을 기울인 중요한 계기가 됐다.

만약 제4호 보일러실이 가동됐다면 이 배는 켈트 해에서 독일 잠수함과 경로가 교차하기 하루 전에 리버풀에 도착했을 것이다. 그랬다면 어뢰 공격을 피했을 것이다. 그랬다면 미국은 이후 20세기 역사의 흐름을 완전히 바꿔놓은 전쟁에 참전하지 않았을지도 모른다.

주세페 장가라Giuseppe Zangara는 키가 152센티미터밖에 안 되는 작은 체구였다. 그는 1933년 마이애미의 정치 집회장에서 청중 너머에 있는 목표물을 조준하기 위해 불안정한 의자에 올라서야 했다.

장가라는 모두 다섯 발을 발사했다. 그리고 그가 표적으로 삼은 인물과 악수하고 있던 시카고 시장 안톤 서맥Anton Cermak이 그중 한 발을 맞았다. 서맥은 사망했다. 그의 표적이었던 프랭클린 델러노 루스벨트Franklin Delano Roosevelt는 그로부터 2주 뒤 미국 대통령으로 취임했다.

루스벨트는 대통령이 되자마자 뉴딜New Deal 정책을 추진해 미국 경제를 회복시켰다. 만일 장가라가 루스벨트 암살에 성공했다면 부통령 존 낸스 가너John Nance Garner가 대통령 자리에 올랐을 것이다. 가너는 뉴딜의 적자 재정 지출에 반대하는 인물이었다. 십중팔구 그는 오늘날 경제에도 여전히 영향을 미치고 있는 뉴딜 정책의 상당 부분을 추진하지 않았을 것이다.

*

비슷한 사례는 찾으려고만 들면 끝없이 찾을 수 있다. 아주 하찮고 아무것도 아닌 요인이 다른 방향으로 움직였다면, 역사 속의 큰 사건들은 지금 우리가 아는 것과 전혀 다른 결과를 맞았을 것이다. 그만큼 이 세상은 아슬아슬한 곳이다.

역사를 들여다볼 때 느껴지는 아이러니가 있다. 스토리가 어떻게 끝나는지는 대개 알지만 그 스토리의 시작점은 알 수 없다는 사실이다. 예를 하나 들어보겠다.

무엇이 2008년 금융 위기를 일으켰을까?

그 답을 알려면 먼저 모기지 시장의 구조를 이해해야 한다.

그렇다면 모기지 시장에는 무엇이 영향을 미쳤을까?

그걸 이해하려면 이전 30년간 금리가 하락한 과정을 알아야 한다.

금리 하락을 초래한 요인은 무엇일까?

그걸 이해하려면 먼저 1970년대의 인플레이션을 알아야 한다.

1970년대의 인플레이션은 왜 일어났을까?

그걸 알려면 1970년대의 통화 제도와 베트남전쟁의 영향을 들여다봐야 한다.

베트남전쟁은 왜 일어났을까?

그걸 이해하려면 제2차 세계대전 이후 냉전을 거치며 미국인들이 공산주의에 공포심을 갖게 된 과정을 알아야 한다.

이런 식으로 짚어 올라가면 꼬리에 꼬리를 물고 끝도 없이 계속된다.

작든 크든 지금 세상에서 일어나는 모든 사건은 부모와 조

부모, 증조부모, 형제자매, 사촌을 갖고 있다. 이러한 가계도를 배제한 상태에서는 사건을 제대로 이해할 수 없다. 즉 그 일이 왜 일어났는지, 얼마나 오래 지속될지, 어떤 상황에서 그런 일이 또다시 발생할 가능성이 있는지 알기 힘들다. 기나긴 뿌리를 생각하지 않고 각 사건을 따로 뚝 떼어놓고 보기 때문에 앞일을 예측하는 것이 어려우며 정치판이 시끄럽고 복잡해지는 것이다.

흔히들 "미래를 알려면 먼저 과거를 보라"고 말한다. 하지만 현실적인 관점에서 보면 다음을 인정해야 한다. 과거를 보아도 미래는 알 수 없다는 사실 말이다. 세상 모든 일은 예측 불가능한 방식으로 서로 영향을 주고받고, 혼합되고, 그 결과가 증폭되기 때문이다.

운과 우연에 이토록 취약한 세상에서 나는 두 가지를 늘 기억하려 애쓴다.

하나는 특정한 사건이 아니라 사람들의 행동 패턴을 토대로 예측해야 한다는 것이다. 이는 이 책의 전제이기도 하다. 앞으로 50년 후에 세상이 어떤 모습일지 예측하기는 불가능하다. 그러나 그때도 여전히 사람들이 탐욕과 두려움에 지배당하고, 기회와 리스크, 불확실성, 집단 소속감, 사회적 설득에 반응할 것이라는 사실은 장담할 수 있다.

사건을 예측하기 어려운 이유는 "그 후엔 어떻게 될까?"라는 질문을 건너뛰기 때문이다. "기름 값이 올라가면 사람들이 운전을 덜 할 것이다"라는 말은 얼핏 옳아 보인다. 하지만 그후엔 어떻게 될까?

기름이 비싸도 어쨌든 차는 몰아야 하므로 사람들은 연료 효율이 높은 차를 찾기 시작할 것이다. 그들이 정치가에게 불만을 토로할 것이고, 정치가는 연료 효율이 높은 차를 구매하는 사람에게 세금 우대 조치를 제공하는 정책을 실행할 것이다. OPEC(석유수출국기구)은 석유 공급량을 늘리라는 압박을 받을 것이고, 에너지 기업들은 기술 혁신을 추진할 것이다.

그리고 석유 업계는 호황과 불황을 극단적으로 오가는 경향이 있다. 따라서 아마도 필요 이상으로 많은 석유를 생산할 것이다. 그러면 이후 기름 값이 떨어질 것이다. 연료 효율이 높은 차를 가진 사람이 늘어난 상태에서 말이다. 고효율 차량 덕에 통근 비용이 낮아지므로 교외 인구가 늘어날 테고, 사람들은 과거보다 훨씬 더 많이 운전을 하게 될 것이다. 그러니 어찌 예측이 쉽겠는가.

세상의 모든 사건은 나름의 후속 결과를 낳고, 이는 또다시 각자의 방식으로 세상에 영향을 미친다. 그렇기 때문에 앞일을 예측하기가 지독히도 어려운 것이다. 예측 불허의 비논리적인 방식으로 연결된 과거 사건들을 보면, 미래 사건을 정확히 예측할 수 있다는 자신감은 접을 수밖에 없다.

내가 기억하려 애쓰는 또 다른 하나는 열린 상상력을 지녀야 한다는 점이다. 즉 현재 상황을 뛰어넘어 늘 다양한 가능성을 고려해야 한다.

오늘의 세상 모습이 어떻든, 무엇이 당연해 보이든, 내일이 되면 그 누구도 생각하지 못한 작은 우연 때문에 모든 게 달라질 수 있다. 돈과 마찬가지로 사건도 복리 효과를 낸다. 그리고 복리 효과의 가장 주요한 특징은 미약하게 시작된 뭔가가 나중에 얼마나 거대해질 수 있는지를 처음에는 직관적으로 느낄 수가 없다는 사실이다.

*

다음 장에서는 리스크에 대한 이야기를 해보려 한다. 리스크를 간과하기가 얼마나 쉬운지에 대해 생각할 시간이 될 것이다.

2

보이지 않는 것, 리스크

사실 우리는 미래를 예측하는 능력이 꽤 뛰어나다.
다만 뜻밖의 놀라운 일을 예측하지 못할 뿐이다.
그리고 그것이 모든 것을 좌우하곤 한다.

Risk Is What You Don't See

We are very good at predicting the future,
except for the surprises—which tend to be all that matter.

알다시피 우리는 미래를 예측하는 능력이 형편없다. 하지만 이것은 중요하고 미묘한 차이를 놓친 말이다. 사실 우리는 미래를 예측하는 능력이 꽤 뛰어나다. 다만 뜻밖의 일을 예측하지 못할 뿐이다. 그리고 그것이 모든 것을 좌우하곤 한다.

언제나 가장 큰 리스크는 아무도 예상하지 못하는 리스크다. 아무도 예상하지 못하므로 아무도 대비할 수 없기 때문이다. 그리고 전혀 대비되어 있지 않다면 그 리스크가 현실이 됐을 때 피해가 엄청나기 마련이다.

예상치 못한 리스크로 크나큰 대가를 치른 한 남자의 이야기를 들려주겠다.

※

　NASA(미국 항공우주국)의 우주비행사들은 로켓을 타고 우주에 올라가기에 앞서 열기구를 타고 높은 고도에 올라가 테스트를 했다.

　1961년 5월 4일 한 열기구가 미국인 빅터 프래더[Victor Prather]와 또 다른 조종사를 태우고 지구와 우주의 경계선에 가까운 11만 3,720피트 상공까지 올라갔다. 이는 NASA에서 새로 개발한 우주복을 테스트하는 프로젝트였다. 비행은 성공적이었고 우주복도 제 역할을 훌륭하게 해냈다.

　프래더는 지구를 향해 하강하면서 숨을 쉴 수 있는 고도에 이르자 신선한 공기를 마시려고 헬멧의 안면 보호용 유리를 열었다.

　그는 예정대로 바다 위에 착수했고, 헬리콥터가 그를 안전하게 끌어올릴 계획이었다. 하지만 작은 사고가 발생했다. 헬리콥터에서 내려온 줄을 붙잡는 과정에서 그만 미끄러져 바다에 빠진 것이다.

　사실 이것은 그다지 위험한 상황이 아닐 수도 있었다. 헬리콥터에 있던 사람들도 별로 당황하지 않았다. 우주복은 방수 기능이 있고 물에 뜨게 되어 있었기 때문이다.

하지만 안면 보호용 유리를 열어놓은 탓에 프래더는 바닷물에 그대로 노출되었다. 우주복 안으로 물이 들어오기 시작했고, 그는 결국 익사했다.

인간을 우주로 보내는 프로젝트에서 얼마나 많은 것을 대비하고 계획했을지를 생각해보라. 엄청난 전문 지식을 동원해 수많은 만일의 사태를 예상했다. 발생 가능성이 있는 온갖 시나리오와 그에 대한 대응책을 구상해뒀다. 수많은 전문가가 달라붙어 모든 디테일을 검토했다.

NASA는 지구상에서 가장 계획적이고 철저한 조직이라 해도 과언이 아니다. 거기다 그저 두 손 모으고 잘되기를 기도한다고 인간을 달에 보낼 수 있는 것은 아니니 더욱 철두철미하게 준비했을 것이다. NASA는 상상 가능한 모든 리스크에 플랜 A와 플랜 B, 심지어 플랜 C까지 세웠다.

하지만 그럼에도 아무도 생각하지 못한 아주 작은 실수 하나가 재앙을 불러왔다. 재무 설계사 칼 리처즈^Carl Richards는 다음과 같이 말했다. "당신이 모든 시나리오를 남김없이 고려했다고 생각한 후에 남는 것이 리스크다."

리스크의 정확한 정의가 아닐 수 없다. 상상할 수 있는 모든 위험에 대비한 후에 남는 것. 리스크는 보이지 않는다.

＊

세상에 큰 변화를 가져온 굵직한 사건을 생각해보라. 코로나19, 9·11 테러, 진주만 공습, 미국의 대공황 등. 이것들의 공통점은 큰 사건이었다는 점뿐이 아니다. 이것들은 모두 누구도 예상치 못한 일이었으며, 일어나기 전까지는 누구의 레이더에도 잡히지 않은 사건이었다.

"호황 뒤에 불황이 온다"는 것은 거의 경제 법칙에 가깝다. 역사를 들여다보라. 1920년대, 1990년대 말, 2000년대 초의 호황 이후 경기 침체가 찾아온 것은 당연해 보인다. 불가피한 현상으로 보이기까지 한다.

1929년 10월, 다시 말해 주식시장 버블이 최고조에 이르러 대공황이 터지기 직전에 이르렀을 때 경제학자 어빙 피셔Irving Fisher는 "주가가 장기적으로 하락하지 않을 고지대에 도달했다"라고 단언했다.

지금 그의 말을 보면 피식 웃음이 새어나온다. 어떻게 그토록 똑똑한 전문가가 그처럼 불가피한 무언가를 전혀 예상하지 못할 수가 있을까? 시장이 과열될수록 버블은 더 세게 터진다는 법칙을 감안한다면, 대공황은 당연히 예상됐어야 했다.

그러나 피셔는 똑똑한 인물이었음에도 예상하지 못했다. 그리고 대공황을 예견하지 못한 것은 그뿐만이 아니었다.

시장의 버블에 관한 연구로 노벨경제학상을 받은 로버트 쉴러Robert Shiller를 인터뷰할 때, 대공황의 불가피성에 대해 묻자 그는 이렇게 답했다.

— 그 일은 아무도 예견하지 못했습니다. 그 누구도요. 물론 주식시장이 고평가돼 있다고 말하는 일부 전문가는 있었습니다. 하지만 그것이 경제 침체가 목전에 와 있다는 의미였을까요? 10년이나 이어질 침체가? 아무도 그런 말은 하지 않았습니다.

나는 경제사학자들에게 대공황을 예측한 사람이 있었느냐고 물어봤습니다. 아무도 없었습니다.

이 문제는 내 머릿속을 좀처럼 떠나지 않았다. 현재 시점에서 되돌아보면 '광란의 20년대Roaring Twenties' 이후 대공황이 터진 것이 당연하고 필연적인 일로 보인다. 그러나 1930년대가 아직 오지 않은 미래일 뿐이었던 당시 사람들에게는 결코 그렇지 않았다.

뭔가가 우리 눈에는 필연적으로 보이지만 그것을 겪은 과거 사람들은 미리 예측하지 못한 것을 두고 이렇게 두 관점으로 말할 수 있다.

- 과거 사람들이 잘못된 판단력으로 눈이 멀어 있었다.
- 또는 현재의 우리에게는 다 지나고 난 뒤에 보니까 그렇게 보이는 것이다.

물론 우리는 절대 후자가 아니라 전자라고 믿고 싶어 한다. 〈이코노미스트The Economist〉는 매년 1월 발간 호에 그해에 대한 예측을 싣는다. 2020년 1월에 발간된 〈이코노미스트〉에는 코로나19 팬데믹에 대한 언급이 한마디도 없다. 2022년 1월 발간 호에는 러시아의 우크라이나 침공에 대한 언급이 전혀 없다.

그게 잘못됐다고 비판하는 것이 아니다. 두 사건 모두 잡지 간행을 준비하고 있을 때는 알 수 없는 사건이었다. 바로 그것이 포인트다. 가장 큰 뉴스, 가장 큰 리스크, 가장 중대한 결과를 초래하는 사건은 늘 예상하지 못한 사건이다.

바꿔 말하면 이렇다. 경제적 불확실성이 높거나 낮은 것이 아니라, 사람들이 잠재 리스크를 파악하는 정도가 달라지는 것이다. 가장 큰 리스크가 무엇이냐고 묻는 것은 발생했을 때 가장 놀랄 일이 무엇이냐고 묻는 것과 마찬가지다. 만일 가장 큰 리스크가 뭔지 안다면 뭔가 대비책을 세울 테고, 대비책을 세우면 그 일은 덜 위험한 것이 된다. 상상조차 할 수 없는 일은 곧 위험한 일이다. 그래서 리스크를 결코 완전히 정복할 수 없는 것이다.

장담하건대, 앞으로도 여전히 그럴 것이다. 향후 10년간 나타날 가장 큰 리스크와 가장 중요한 뉴스는 지금 아무도 언급하지 않는 무언가일 것이다. 당신이 이 책을 읽고 있는 때가 몇 년도이든 마찬가지다. 내가 이것을 자신 있게 말할 수 있는 이유는 지금까지 늘 그래왔기 때문이다. 예측할 수 없다는 속성이 리스크를 위험한 것으로 만든다.

대공황은 거대한 사건이었음에도, 그리고 그 재앙이 이미 꽤 진행된 상태에서도 사람들은 무슨 일이 벌어지고 있는지 알지 못했다.

우리가 아는 바에 따르면 대공황은 1929년에 시작됐다. 하지만 1930년 미국경제연맹National Economic League의 똑똑한 회원들을 대상으로 진행한 여론 조사에서 미국이 직면한 가장 중요한 문제가 무엇이라 생각하느냐고 물었을 때 나온 답변은 다음과 같았다.

1위 - 사법 정의 구현

2위 - 금주법

3위 - 법을 무시하는 세태

4위 - 범죄

5위 - 법 집행

6위 - 세계 평화

그리고 '18위'가 실업률이었다.

1년 뒤인 1931년, 그러니까 대공황이 시작되고 2년이 지났을 때 여론 조사에서 실업률은 금주법, 사법 정의 구현, 법 집행에 뒤이어 고작 4위였다.

그렇기 때문에 대공황이 끔찍했던 것이다. 아무도 예측하지 못했으므로 아무도 대비하지 못했다. 그랬기 때문에 사람들은 재정적으로나(부채 증가) 심리적으로(갑작스러운 손실이 가져온 충격과 고통) 제대로 대응할 수 없었다.

*

중요한 것은 현실에 대한 우리의 관점과 지식이 제한적일 수 있다는 사실을 받아들이는 일이다.

프랭클린 델러노 루스벨트는 1941년 대통령 도서관 개관 당시 방 안을 둘러보며 빙그레 웃었다. 한 기자가 루스벨트에게 웃는 이유를 묻자 그는 이렇게 답했다. "자신의 의문에 대한 답을 찾을 수 있으리라 믿고 앞으로 이곳을 방문할 수많은 역사학자가 떠올랐습니다."

세상에는 우리가 모르는 것이 너무나도 많다. 미래에 대해서뿐 아니라 과거에 대해서도 마찬가지다.

역사가 아는 것은 세 가지다.

1) 사진으로 남은 것
2) 누군가가 기록한 내용
3) 역사학자나 저널리스트의 인터뷰 요청에 응한 사람들이 한 말

지금껏 일어난 중요한 모든 일 중 몇 퍼센트가 이 세 범주 중 하나에 들어갈까? 정확히는 모른다. 하지만 아주 극미한 퍼센트일 것이다. 게다가 위의 세 자료는 모두 잘못된 해석, 미완성, 윤색, 거짓말, 선택적 기억을 겪는다.

세상에서 지금 일어나는 일과 과거에 일어난 일에 대한 관점과 지식이 매우 제한적이면, 자신이 무엇을 모르는지, 현재

자신이 모르는 어떤 일이 진행 중일 수 있는지, 상상하지 못한 어떤 문제가 생길 수 있는지를 과소평가하기 쉽다.

화창한 하늘 아래서 장난감을 갖고 놀면서 마냥 행복해하는 어린아이를 떠올려보라. 아이에게는 모든 게 만족스럽다. 아이의 세계는 바로 곁에 있는 주변 환경이 전부다. 엄마와 아빠, 장난감, 배고플 때 먹는 음식이 곧 아이의 세계다. 아이에게 삶은 완벽하다. 그 상태에서 더 필요한 지식은 없다.

아이가 알지 못하는 것은 훨씬 더 큰 세상이다. 세 살배기의 마음속에는 지정학이라는 개념이 아예 존재하지 않는다. 금리 인상이 경제에 미치는 영향도, 누군가에게 월급이 필요한 이유도, 직업이 무엇인지도, 암이라는 질병의 위험도 아이에게는 전혀 보이거나 상상되지 않는 무언가다.

심리학자 대니얼 카너먼Daniel Kahneman은 말했다. "우리는 자신이 모르는 무언가가 자신이 믿는 모든 것을 무효화할 수도 있다는 생각을 아예 하지 못한다." 아이든 어른이든 우리 모두는 세상에서 일어나고 있는 일을 알지 못한다.

2001년 9월 11일 아침, 뉴욕의 지역 뉴스에서 본 영상이 나는 지금도 잊히지 않는다. 테러리스트의 공격이 일어나기 직전이었다. 영상은 이런 말로 시작한다. "안녕하십니까, 시청자 여러분. 8시 현재 기온은 17도입니다. 9월 11일 화요일입니다.

……오늘은 종일 날씨가 화창할 것으로 예상됩니다. 정말 멋진 가을날이죠. 오후 기온은 26도쯤 되겠습니다."

그날 다가오고 있던 거대한 리스크를 아는 사람은 아무도 없었다.

*

당연히, 우리가 이와 관련해 할 수 있는 일은 별로 없다. 많은 일이 으레 그렇듯 세상은 원래 그런 곳이다.

상상할 수 없는 일의 대비책을 세우기는 불가능하다. 상상 가능한 모든 경우의 수를 검토했다고 믿을수록, 그 경우의 수에서 벗어난 일이 발생했을 때 충격만 더 커진다.

하지만 아래 두 가지를 기억한다면 그나마 도움이 될 것이다.

첫째, 캘리포니아 사람들이 지진을 바라보는 것처럼 리스크를 바라보라. 그들은 대규모 지진이 언제고 반드시 일어날 것이라 생각한다. 하지만 언제, 어디서, 어떤 강도로 일어날지는 모른다. 비록 정확히 예측할 수는 없지만 구급 대원들이 준비돼 있고, 어쩌면 지진이 100년 동안 일어나지 않을 수도 있지만 건물이 지진을 견딜 수 있도록 설계돼 있다.

나심 탈레브^{Nassim Taleb}는 말했다. "예측이 아니라 준비성에 투자하라." 핵심을 찌르는 말이다.

정확한 예측이 있어야 대비를 하겠다고 생각할 때 리스크는 위험한 것이 된다. 오로지 예측에만 의존하기보다는, 언제 어디서 닥칠지 모를지라도 리스크가 언제고 반드시 올 것이라고 예상하고 있는 편이 낫다.

사실 예측은 헛소리이거나 이미 누구나 아는 내용인 경우가 대부분이다. 예상과 예측은 다르다. 그리고 다가오는 리스크를 알 수 없는 세상에서는 후자보다 전자가 더 유용하다.

둘째, 상상할 수 있는 리스크만 대비하면 상상하지 못한 리스크는 준비되지 않은 채로 맞아야 한다는 사실을 기억하라. 그러니 개인 재정을 관리할 때는 너무 많다 싶은 액수가 적절한 저축액이라고 생각하라. 저축액은 과하다고 느껴질 정도가 돼야 한다.

스스로 감당할 수 있다고 생각하는 부채 액수의 경우도 마찬가지다. 그 선을 어느 정도로 생각했든, 실제로 당신이 감당할 수 있는 액수는 그보다 적을 가능성이 크다. 당신의 현재 대비 수준이 합당하게 느껴져서는 안 된다. 세상을 뒤흔든 중요한 역사적 사건들은 그 일이 실제로 터지기 전에는 비현실적이고 터무니없는 시나리오로만 보였다는 점을 떠올려보라.

대개의 경우 충격적 사건 앞에서 당황하는 것은 대비책을 세우지 않았기 때문이 아니다. 쉼 없이 노력하면서 상상 가능한 모든 시나리오를 검토한 가장 똑똑한 사람도 때로는 실패한다. 가능하다고 여겨지는 모든 상황에 대한 대비책을 세우고도 전혀 상상치 못한 일에 급습당하는 것이다.

*

마술사 해리 후디니Harry Houdini는 관중 가운데 가장 건장한 남성을 무대 위로 부르곤 했다. 그러고는 자신의 복부를 최대한 세게 때리게 했다. 아마추어 복서이기도 했던 후디니는 아무리 강한 펀치도 눈 하나 깜짝하지 않고 견딜 수 있다고 장담했다. 강펀치를 견디는 묘기의 매력은 사람들을 열광시키는 그의 유명한 탈출 묘기와 같았다. 즉 그의 몸이 일반적인 물리적 한계를 넘어선 능력을 지녔다는 것이었다.

1926년 공연이 끝난 후 후디니는 대학생 몇 명을 무대 뒤 분장실에서 만났다. 그런데 그중 한 명인 고든 화이트헤드Gordon Whitehead가 후디니에게 다가가 느닷없이 배를 때리기 시작했다. 화이트헤드는 후디니를 해치려는 의도로 그런 것이 아니었다. 그저 무대에서 봤던 후디니의 묘기를 눈앞에서 다시 보고 싶었을 뿐이다.

하지만 후디니는 무대에 올라갈 때와 달리 강편치를 맞을 준비가 되어 있지 않았다. 명치 부위의 근육에 힘을 주지도, 적절한 자세를 유지하지도, 숨을 참고 있지도 않았다. 한마디로 무방비 상태에서 화이트헤드의 편치를 맞은 것이다. 후디니는 고통스러웠는지 화이트헤드에게 그만하라는 손짓을 했다.

이튿날 잠에서 깬 후디니는 고통으로 몸을 웅크려야 했다. 맹장이 파열된 것이었다. 화이트헤드의 편치 탓이 틀림없었다. 결국 후디니는 사망했다.

후디니는 엄청난 리스크를 이겨내는 일에서 둘째가라면 서러운 인물이었다. 손발을 사슬로 묶어 강물에 던져도 보란 듯이 빠져나왔고, 산 채로 모래에 묻어도 금방 탈출하곤 했다. 그에게는 계획과 대비책이 있었기 때문이다. 하지만 전혀 예상할 수 없었기에 대비하지 못한 대학생의 편치는? 그것이야 말로 가장 큰 리스크였다. 예상할 수 없는 리스크는 언제나 존재한다.

*

　지금까지의 리스크에 대한 이야기가 부디 흥미로웠기를 바란다. 다음 장에서는 기대치에 대해 얘기하겠다. 모든 게 좋아져도 행복은 잡을 수 없는, 어찌 보면 인생의 비극에 대한 이야기다.

3

기대치와 현실

행복을 위한 제1원칙은 기대치를 낮추는 것이다.

Expectations and Reality

The first rule of happiness is low expectations.

행복은 기대치에 달려 있다. 그러므로 대다수 사람들의 삶이 좋아지는 세상에서 인생에 필요한 기술 중 하나는, 지향하는 기준선을 자꾸 바꾸지 않는 것이다. 물론 쉽지 않은 일이다.

세상사는 흔히 이렇게 진행된다. 더 살기 좋아지고, 더 풍족해지고, 새로운 기술이 효율성을 높이고, 의학 기술이 더 많은 이들의 생명을 구한다. 그렇게 해서 삶의 질이 높아진다.

그런데 문제는 삶의 질이 높아지면 사람들의 기대치 또한 높아진다는 사실이다. 삶의 질의 상승 폭, 그 이상은 아닐지라도 최소한 그만큼은 기대치의 상승 폭도 커지기 마련이다. 왜냐하면 주변 사람들 역시 그런 발전에서 덕을 보고 있고, 우리는 그들의 나아진 삶을 보며 자신의 기대치를 조정하기 때문이다. 따라서 세상이 발전해도 나의 행복도는 별로 높아지지 않는다. 과거부터 지금까지 죽 그래왔다.

몽테스키외^{Montesquieu}는 275년 전에 말했다. "그저 행복해지고 싶다면 그 목표는 쉽게 이룰 수 있다. 하지만 우리는 남들보다 더 행복해지길 원한다. 이는 언제나 어렵다. 왜냐하면 우리는 남들이 실제보다 더 행복하다고 믿기 때문이다."

존 록펠러^{John D. Rockefeller}는 페니실린도 자외선 차단제도 애드빌❖도 없는 시절을 살았다. 하지만 오늘날 저소득층 미국인이 대부호 록펠러도 누리지 못했던 애드빌과 자외선 차단제를 누린다고 해서 록펠러보다 더 행복할 것이라 말할 수는 없다. 인간의 머리는 그런 식으로 작동하지 않기 때문이다.

우리는 자신의 행복을 남들과 비교해 평가한다. 주변 사람들이 잘살게 되면 사치품으로 간주되던 것이 놀랍도록 짧은 기간 내에 필수품이 된다.

투자자 찰리 멍거^{Charlie Munger}는 언젠가 이렇게 말했다. 세상을 움직이는 것은 탐욕이 아니라 시기심이라고. 그 말의 뜻을 이해하기 위해 먼저 1950년대부터 살펴보자.

❖ Advil. 진통제 상표명

✱

"가까운 미래도 현재만큼이나 무척 살기 좋은 시대가 될 것이다." 1953년 1월 〈라이프Life〉의 커버스토리는 이렇게 시작한다. "지난해 미국은 역사상 경제적으로 가장 뛰어난 성과를 냈다. ……10년 연속 완전 고용을 달성했으며, 노동자들이 충분한 임금을 받으며 건강하고 좋은 환경에서 일하는 것이 중요함을 인식하는 경영자가 늘어났다."

믿기지 않을 만큼 빠른 속도로 많은 이들이 부와 풍요를 누리게 됐다. 〈라이프〉는 한 택시 운전사의 말을 이렇게 인용했다. "1930년대에는 입에 풀칠할 일을 걱정했다. 하지만 지금은 주차할 곳을 걱정한다."

알다시피 1950년대는 중산층의 황금기였다. 미국인들에게 미국이 최고 시절을 구가한 때가 언제였느냐고 물어보면, 1950년대는 거의 항상 상위권에 있다. 1950년대를 오늘날과 비교한다면? 그때와 지금은 너무 다른 세상이라 비교가 불가능하다. 하지만 어쨌든 사람들은 '그때가 더 좋았다'고 느낀다.

1950년대의 전형적인 미국인의 삶에 향수를 느끼는 이들이 많다. 국제 정세 분석 및 예측의 전문가인 조지 프리드먼George Friedman은 이렇게 말했다.

— 1950년대와 1960년대의 중위소득은 외벌이 가구(대개 남편이 돈을 벌고 아내는 전업주부였다)에서 자녀 셋을 키우는 것을 가능하게 했다. 사람들은 적당한 수준의 주택을 구매하고 최신 모델과 조금 철 지난 모델로 자동차를 두 대 장만할 수 있었다. 또 차를 몰고 휴가를 떠났으며 수입을 잘만 관리하면 저축까지 할 수 있었다.

1950년대 삶의 풍경에 대한 이런 그림은 맞다. 실제로 중위소득 구간의 미국인 가정에는 셋쯤 되는 자녀와 애완견과 공장에서 일하며 돈을 버는 남편이 있었으니까.

하지만 만일 당시의 일반적인 가정이 오늘날보다 더 잘살았다고 말한다면, 그 말은 쉽게 논박할 수 있다.

물가상승률을 감안한 중위가계소득은 1955년에 2만 9,000달러, 1965년에 4만 2,000달러, 2021년에 7만 784달러였다. 〈라이프〉는 1920년대 사람들이 1950년대의 부를 보면 놀라 입을 다물지 못할 것이라고 표현했다. 1950년대와 오늘날을 비교해도 마찬가지다. 1950년대 사람들은 손자가 자신보다 두 배도 더 넘게 돈을 벌게 되리라고 상상하지 못했을 것이다.

소득 증가는 노동 시간이 늘어났기 때문도 아니고, 여성의 노동 참가율이 늘어났기 때문만도 아니다. 물가상승률을 감안한 중위시급은 현재 1955년보다 약 50퍼센트 더 높다.

1950년대 사람들이 오늘날 사람들이 경제를 걱정하는 소리를 들으면 고개를 갸우뚱거릴 것이다.

1950년에 주택 보유 비율은 오늘날보다 12퍼센트포인트 낮았다. 당시의 평균적인 주택은 요즘 주택보다 3분의 1 더 작았다. 그럼에도 그 안에 사는 식구 수는 더 많았다. 1950년 평균 가계 예산에서 식비가 차지하는 비율은 29퍼센트였고 오늘날은 13퍼센트다. 산업재해 사망자 수는 오늘날의 세 배였다. 그런 시대를 그리워하다니, 이해가 되는가?

그걸 이해하려면 그 이유를 살펴볼 필요가 있다.

*

벤 페렌츠^{Ben Ferencz}는 힘든 어린 시절을 보냈다. 이민자였던 그의 아버지는 영어를 할 줄 몰라서 일자리를 구할 수 없었고, 뉴욕에서 이탈리아 마피아가 장악한 지역에 정착했다. 폭력과 범죄가 끊이지 않는 동네였다.

하지만 페렌츠의 부모는 이런 조건과 환경을 전혀 아랑곳하지 않았다. 오히려 감격스러워했다. 페렌츠는 이렇게 회상했다.

— 힘든 삶이었지요. 하지만 부모님은 그렇게 느끼지 않았어요. 미국에 오기 전에는 더 힘든 삶을 살았으니까요. 그러니 그분들로서는 무조건 나아진 것이었죠.

페렌츠의 가족은 홀로코스트 당시 유대인 박해를 피해 루마니아를 탈출했다. 지독히 추운 겨울에 배의 갑판 위에서 오들오들 떨면서 미국으로 향했다. 훗날 페렌츠는 변호사가 되었고 나치 전범戰犯을 처벌하기 위해 열린 뉘른베르크 재판에서 검사로 활동했다. 그는 자신이 무척 행복하다고 느꼈다. 기대치가 현재의 상황을 바라보는 시각을 바꾸는 것이다.

내 지인 한 명은 아프리카에서 극심한 빈곤 속에 자랐다. 현재는 캘리포니아주의 기술 기업에서 일한다. 그는 지금도 따뜻한 밥을 먹을 때 감동한다고 한다. 미국에 먹을거리가 넘쳐나는 것이 여전히 놀랍다고 말한다. 내게는 너무나 당연한 무언가에서 그는 엄청난 만족을 느낀다니, 나는 그런 그가 놀라웠다.

2007년 〈뉴욕타임스The New York Times〉는 온라인 데이팅 사이트 매치닷컴Match.com의 설립자 게리 크레멘Gary Kremen을 인터뷰했다. 인터뷰 당시 43세의 크레멘은 재산이 1,000만 달러나 됐다. 그 정도면 미국에서 상위 0.5퍼센트에 드는 부자였고, 전 세계에서는 상위 0.001퍼센트에 들었을 것이다. 하지만 실리콘밸리에서는 평범한 사업가에 불과했다. 그는 "여기서 1,000만 달러는 명함도 못 내밉니다"라고 했다. 〈뉴욕타임스〉는 이렇게 적었다. "크레멘은 일주일에 60~80시간 일한다. 일을 줄이고 쉬어도 될 만큼 충분한 돈을 벌지 못했다고 생각하기 때문이다."

객관적 부라는 것은 존재하지 않는다. 모든 것은 상대적이며, 대개는 자신의 주변 사람들과 비교하기 마련이다. 그것은 내가 삶에서 무엇을 얻을 자격이 있는지, 무엇을 기대해야 하는지 결정하는 가장 쉬운 방법이다. 모두가 그렇게 한다. 무의식적으로든 의식적으로든 모두가 주변을 둘러보며 이렇게 중얼거린다. "남들은 뭘 갖고 있지? 남들은 무엇을 하지? 나도 저걸 가져야 하는데. 나도 저걸 해야 하는데."

그리고 이것이 어떤 기준으로 봐도 현재가 더 나은데도 우리가 1950년대를 그리워하는 이유를 알려주는 단서다.

*

돈이 행복을 가져다주는 원리는 마약이 즐거움을 주는 원리와 비슷하다. 현명하게 활용하면 행복을 맛볼 수 있고, 약점을 감추기 위해 사용하면 위험하며, 아무리 많은 양도 충분하게 느껴지지 않으면 재앙이 초래된다.

1950년대의 독특한 특징은 이전이나 이후 시대와 달리 사람들이 재정적 균형을 이루었다는 점이다.

제2차 세계대전은 미국 사회에 경제적으로나 사회적으로 여러 큰 흔적을 남겼다. 일례로 1942년에서 1945년 사이에는 거의 모든 임금 수준을 미국 전시노동위원회National War Labor Board에서 정했다. 이 위원회는 평등한 임금 체계를 지향했다. 즉 저소득 노동자와 고소득 노동자의 격차를 줄이고자 했다.

이런 접근법은 임금 규제 시스템이 폐지된 이후에도 계속됐다. 그러면서 전쟁 전에 존재했던 계층 간 소득 차이가 크게 줄었다. 전쟁이 끝나고 몇 년 후 역사가 프레더릭 루이스 앨런 Frederick Lewis Allen이 밝힌 바에 따르면, 퍼센트로 따질 때 가장 큰 소득 증가를 경험한 것은 소득이 가장 낮은 계층의 사람들이었다. 따라서 부자와 가난한 사람의 격차가 크게 좁혀졌다.

"사람들이 1950년대가 좋았다고 느끼는 이유는 무엇일까?"라고 묻는다면, 그 답의 일부는 적어도 여기에 있다. 나와 주변 사람 대다수의 차이가 그다지 크지 않았기 때문이다.

당시는 기대치가 쉽게 높아지지 않는 시대였다. 주변에 나보다 훨씬 더 잘사는 사람이 거의 없었기 때문이다. 전부는 아닐지라도 대다수 미국인이 풍족한 삶을 살았을 뿐 아니라, 자신과 주변 이들을 비교해도 그 풍족함의 수준이 비슷했다. 그것이 1950년대가 다른 시대와 달랐던 점이다. 따라서 오늘날과 비교할 때 상대적으로 소득은 더 적었지만 사람들은 만족했다. 남들도 역시 그만큼 벌었기 때문이다.

오늘날보다 작은 집도 만족스러웠다. 나뿐 아니라 남들도 그 정도 되는 집에 살았기 때문이다.

의료 서비스가 부족해도 받아들일 수 있었다. 나뿐 아니라 이웃 사람도 같은 상황이니까.

물려받은 옷을 입어도 괜찮았다. 남들도 다 그렇게 사니까.

휴가를 캠핑으로 보내도 충분했다. 남들도 다 그렇게 하니까.

그것은 자신의 소득 수준을 뛰어넘는 삶을 꿈꾸며 기대치를 높여야 한다는 사회적 압력을 별로 느끼지 못하는 시대였다. 경제적 성장이 곧장 행복으로 연결됐다. 사람들이 잘살게 되었을 뿐 아니라, '실제로' 자신의 삶에 만족과 행복을 느낀 것이다. 물론 이는 오래가지 않았다.

전쟁이 끝난 뒤인 1950년대와 60년대에는 공유된 경험에서 오는 결속력이 사회 분위기를 지배했지만, 1980년대 초에는 더 계층화된 성장이 나타났다. 즉 다수의 사람이 힘겹게 느릿느릿 나아가는 동안 소수의 사람은 급속도로 엄청난 부를 쌓았다. 소수의 화려한 삶이 다수의 기대치와 꿈을 크게 부풀렸다.

록펠러는 애드빌을 갈망하지 않았다. 애드빌이라는 것 자체를 몰랐기 때문이다. 하지만 오늘날의 소셜 미디어를 생각해보라. 소셜 미디어에서는 세상 사람 모두가 남들의 삶을 볼 수 있다. 그것은 부풀린 삶, 꾸며낸 삶, 보기 좋게 수정한 삶인 경우가 많다. 우리는 남들 삶의 하이라이트만 모아놓은 편집된 결과물을 보고는 이를 자신의 삶과 비교한다. 사람들은 소셜 미디어에서 자기 삶의 좋은 면은 더 좋게 꾸미고 나쁜 면은 꼭꼭 숨긴다.

심리학자 조너선 하이트Jonathan Haidt는 사람들이 소셜 미디어를 이용해 소통하기보다는 서로를 위해 공연을 한다고 지적한다. 우리는 남들이 모는 근사한 자동차를, 남들이 사는 멋진 집을, 남들이 다니는 좋은 학교를 본다. 요즘은 "나도 저게 갖고 싶어. 나한테는 왜 저게 없을까? 왜 저 사람은 갖는데 나는 못 가질까?"라고 생각하기가 불과 몇 세대 전보다 훨씬 더 쉬워졌다.

오늘날의 경제는 세 가지를 만들어내는 데 뛰어나다. 부, 부를 과시하는 태도, 타인의 부에 대한 불타는 시기심이다.

최근 몇십 년 사이에 주위를 둘러보며 이렇게 말하는 사람이 훨씬 많아졌다. "내가 가진 것은 예전보다 늘었어. 하지만 저기 저 사람에 비하면 아직 멀었지."

시기심의 어떤 측면은 유용하다. "저들이 가진 걸 나도 갖고 싶어"는 발전을 위한 강력한 자극제가 되기 때문이다.

그럼에도 다음과 같은 포인트는 여전히 유효하다. 소득이 높아지고 부를 쌓고 더 큰 집을 사도 기대치가 잔뜩 높아지면 그 모든 게 순식간에 아무것도 아닌 것이 된다.

1950년대가 더 좋거나 더 공정한 시대였다고, 또는 과거의 시스템을 다시 되살리려 노력해야 한다고 말하는 것이 아니다. 그것은 다른 관점의 논의가 필요한, 다른 이야기다. 1950년대를 떠올리며 향수를 느끼는 현상은 기대치가 현실보다 더 빨리 커질 때 어떤 일이 벌어지는지를 잘 보여주는 예다.

어느 모로 보나 지금까지 늘 그래왔고 앞으로도 그럴 것이다. 남들이 가진 것과 내가 못 가진 것을 비교하는 것은 거의 모든 인간이 가진 피할 수 없는 특성이다. 더불어 이 사실은 행복해지고 싶다면 기대치를 관리하는 일이 얼마나 중요한지를 상기시킨다.

*

기대치와 현실의 관계를 보여주는 사례는 많다. 배우 윌 스미스^{Will Smith}는 자서전에 다음과 같이 썼다.

- 유명해지는 것은 짜릿하다.
- 유명인의 삶은 좋고 나쁜 온갖 것이 섞인 자루다.
- 명성을 잃는 것은 비참하다.

명성과 인기의 강도 자체는 중요하지 않다. 평범했다가 유명해지면 자신이 삶에서 기대한 것과 실제 살아가는 현실 간의 큰 격차를 느끼게 된다. 반대로 명성을 잃었을 때도 마찬가지다. 하지만 유명인으로 사는 삶은 유명해지기 전에 예상한 그림에서 크게 벗어나지 않는다.

테니스 선수 오사카 나오미^{Osaka Naomi}는 선수 생활을 하는 동안 대회에서 우승을 해도 조금도 기쁘지 않은 시기가 있었다고 말했다. 압박감과 주변의 기대 때문에 "우승에 대한 기쁨보다는 안도감이 느껴졌다"고 한다.

실패한 상인이자 실패한 농부, 실패한 아연 광산 사업자였고 또한 석유 굴착 회사에 투자했다가 실패했으며 미주리주 사업가들의 영향력에 끌려다닌 상원의원이었던 해리 트루먼 Harry Truman은 프랭클린 루스벨트의 갑작스러운 사망 이후 미국 대통령이 되었을 때 사방에서 공격을 받았다. 모두가 그를 미심쩍어했다.

〈워싱턴포스트The Washington Post〉는 이렇게 썼다. "이 중대한 순간에 우리가 해리 트루먼의 경험과 그에게 맡겨진 책무 사이의 커다란 간극을 인정하지 않는다면, 그것은 솔직하지 못한 태도일 것이다." 역사학자 데이비드 매컬로프는 이렇게 썼다. "많은 이들이 가장 위대한 인물이 떠나고 가장 별 볼 일 없는 인물이 그의 자리에 올랐다고 생각했다."

하지만 오늘날 트루먼은 역사학자들이 뽑는 미국의 가장 위대한 대통령 10인에 항상 포함되며 종종 루스벨트보다도 높은 순위로 평가받는다.

해리 트루먼이 그토록 좋은 평가를 받는 이유 중 하나는 트루먼의 능력에 대한 기대치가 너무 낮았기 때문이다. 그 때문에 그가 대통령직을 수행하면서 보여준 리더십은 사람들에게 강렬하게 각인되었을 것이다. 작은 성과도 큰 승리로 보였고, 큰 성과는 기적처럼 느껴졌을 것이다.

이러한 사례에서 실제 현실이 하는 역할은 크지 않다. 각각의 상황에서 감정을 만들어내는 것은 현실 자체가 아닌, 기대치와 현실의 커다란 간극이다. 기대치의 힘이 얼마나 큰지 알 수 있을 것이다. 기대치는 할리우드 스타를 비참한 기분에 빠지게도 하고 가난한 가족에게 만족감을 안겨주기도 한다. 놀랍고 묘한 일이다.

사실 우리 모두는 어떤 일을 하며 살든 기대치와 현실의 차이를 좁히려고, 또는 기대치보다 더 나은 결과를 내려고 끊임없이 애쓴다. 하지만 우리는 기대치의 중요성을 쉽게 간과하곤 한다. 글렌에어Glenair의 CEO이자 누구보다 날카로운 명민함을 지닌 피터 카우프먼Peter Kaufman은 이렇게 말했다.

― 우리는 물질적 소유물을 지키기 위해 온갖 대책을 세운다. 그것의 가격을 알기 때문이다. 하지만 훨씬 더 중요한 것은 소홀하게 관리한다. 그것들에 가격표가 달려 있지 않은 탓이다. 시력이나 인간관계, 자유 같은 것들의 진짜 가치는 눈에 보이지 않는다. 금전 거래가 이뤄지는 품목이 아니기 때문이다.

기대치도 마찬가지다. 그 중요성이 가격표로 표시되지 않는 탓에 간과하기가 너무 쉽다.

그러나 우리의 행복은 전적으로 기대치에 달려 있다.

당신에 대한 상사의 평가는 기대치에 달려 있다.

소비자 신뢰 지수는 기대치에 달려 있다.

주식 시장을 움직이는 힘은 기대치에 달려 있다.

그런데도 어째서 우리는 기대치에 좀처럼 관심을 기울이지 않을까?

우리는 수입을 늘리고 기술을 쌓고 미래 예측 능력을 키우기 위해 온갖 노력을 기울인다. 물론 모두 충분히 관심을 기울일 가치가 있는 것들이다. 하지만 다른 한편으로 기대치에 대해서는 거의 신경 쓰지 않는다. 현실을 바꾸는 데에는 힘을 쏟으면서 기대치를 관리하는 데에는 그만큼의 노력을 기울이지 않는다.

삶의 모든 조건이 좋아지지만 그와 동시에 당신의 기대치도 똑같이 빨리 높아지는 탓에 결코 만족하지 못한다고 생각해보라. 얼마나 딱한 삶인가. 그것은 아무런 발전 없는 세상을 사는 것만큼이나 끔찍하다.

98세의 찰리 멍거에게 "당신은 매우 행복해 보입니다. 삶에 만족하는 것 같군요. 행복한 삶의 비결이 무엇입니까?"라고 물었다. 그러자 그는 이렇게 대답했다.

— 행복한 삶을 위한 제1원칙은 기대치를 낮추는 것입니다.

비현실적인 기대치를 갖고 있으면 평생 괴로워집니다. 합리적인 기대치를 갖고, 당신이 맞이한 결과가 좋든 나쁘든 침착함과 평정심을 갖고 받아들이십시오.

내 친구 브렌트는 결혼생활에 대해 다음과 같은 관점을 갖고 있다. 부부가 서로 상대방을 기꺼이 도와주되 그 대가로 아무것도 기대하지 않을 때 행복한 결혼생활이 유지된다는 것이다. 두 사람 모두 그렇게 하면 놀랄 만큼 관계가 좋아지고 행복해진다. 물론 이런 조언들은 말은 쉽지만 실천은 어렵다.

기대치를 관리해야 한다고 여러 번 언급했지만 사실 어려움이 있다. 높은 기대치와 동기를 구분하기 힘들 때가 많다. 또 낮은 기대치는 마치 포기를 뜻하는 것처럼, 자신의 잠재력을 눌러버리는 것처럼 느껴지기도 한다.

이런 난점을 감안한다면 다음 두 가지를 명심하는 것이 좋다.

첫째, 부와 행복은 두 가지 요소로 이뤄진 등식임을 항상 기억하자. 두 가지란 당신이 '가진 것'(현실)과 '기대하는 것'(기대치)이다. 이 둘은 똑같이 중요하다. 따라서 가진 것을 늘리는 데에는 엄청난 노력을 쏟으면서 기대치를 관리하는 데에는 거의 신경 쓰지 않는 것은 말이 안 된다. 특히 우리가 훨씬 더 쉽게 통제할 수 있는 것은 현실이 아닌 기대치이므로 더욱 그렇다.

둘째, 기대치 게임의 원리를 이해하라. 기대치 게임은 결국 멘탈 게임이다. 누구나 낙담하고 스트레스를 겪는다. 동시에 모두가 할 수밖에 없는 게임이다. 따라서 우리는 다음과 같은 게임의 규칙과 전략을 알아둬야 한다.

우리는, 우리가 자신과 세상을 위해 발전하기를 원한다고 생각하지만 대개의 경우 사실이 아니다. 정말로 원하는 것은 기대한 것과 실제 결과의 차이를 경험하는 일이다. 즉 우리는 기대한 것보다 더 좋은 결과를 얻었을 때 만족과 성취감을 느낀다. 그리고 이 등식에서 기대치 부분은 중요할 뿐 아니라 현실 상황보다 더 쉽게 통제할 수 있는 경우가 많다.

*

다음 장에서는 세상에서 가장 복잡한 주제 중 하나를 살펴보겠다. 바로 인간의 정신세계다.

4

인간, 그 알 수 없는 존재

독특하지만 훌륭한 특성을 가진 사람은
독특하지만 훌륭하지 않은 특성도 함께 갖고 있다.

Wild Minds

People who think about the world in unique ways
you like also think about the world in unique ways
you won't like.

2020년 도쿄 올림픽 현장. 세계 최고의 마라톤 선수 엘리우드 킵초게Eliud Kipchoge는 다른 두 선수(벨기에의 바시르 아브디Bashir Abdi, 네덜란드의 아브디 나게예Abdi Nageeye)와 함께 레이스가 끝난 뒤 메달을 받기 위해 대기실에서 기다리고 있었다. 킵초게에게는 두 번째 올림픽 금메달이었다.

시상식 준비 절차 때문에 선수들은 앉아 있는 것 말고는 할 수 있는 일이 없는 좁고 지루한 방에서 몇 시간을 기다려야만 했다. 아브디와 나게예가 훗날 말한 바에 따르면, 두 사람은 그런 상황에서 누구라도 할 법한 행동을 했다. 즉 휴대전화를 꺼내 와이파이 신호를 잡은 뒤 소셜 미디어를 들여다봤다.

그런데 킵초게는 그러지 않았다. 아브디와 나게예의 말에 따르면 킵초게는 그저 벽만 뚫어져라 쳐다보며 앉아 있었다. 완전한 침묵과 만족 속에서. 그것도 '몇 시간' 동안이나 말이다.

아브디는 농담처럼 말했다. "그는 인간이 아니에요."

인간이 아니라니. 그의 사고방식과 행동은 평범한 사람과 사뭇 다르다.

'인간이 아니다'라는 표현을 약간만 변형하면, 이를 당신이 롤모델로 삼는 대다수 인물에게도 사용할 수 있을 것이다. 당신이 그들을 좋아하는 것은 그들이 남들이 생각하지 못하는, 또는 이해할 수 없는 뭔가를 해내기 때문이다. 그들의 특성 중 어떤 것들은 경탄을 자아낸다. 당신은 그 점을 우러러보고 때로는 닮으려 노력한다.

하지만 그들의 특성 중 다른 '많은' 부분들은 그렇지 않다. 독특하지만 훌륭한 특성을 가진 사람은 거의 항상 독특하지만 훌륭하지 않은 특성도 함께 갖고 있다. 우리는 이 사실을 간과한다. 그래서 존경의 대상으로 삼을 인물을 잘못 판단하고, 그에게서 우리가 기대한 것과 다른 모습을 발견하고는 깜짝 놀란다.

사실 우리는 독특하고 걸출한 인물의 정신세계를 일종의 풀 패키지로 받아들여야 한다. 그들의 탁월한 점과 존경할 만한 특성을 바람직하지 않거나 경멸할 만한 특성과 분리할 수는 없기 때문이다.

모두에게 필요한 존재였지만 모두가 참기 힘들어했던, 한 전투기 조종사의 이야기를 들여다보자.

*

존 보이드John Boyd는 역사상 최고의 전투기 조종사라 해도 과언이 아니다. 그는 공중전의 전술을 유례없이 혁신적으로 변화시켰다. 매뉴얼 〈공중전 연구Aerial Attack Study〉를 집필하면서 엔지니어가 비행기 설계 시 사용하는 수준에 맞먹는 수학적 분석을 공중전 기동의 과학에 활용했다.

그의 통찰력은 단순하지만 탁월했다. 일례로 그는 전투기의 속도나 고도가 아니라 얼마나 신속하게 급회전을 할 수 있는가, 얼마나 빠르게 상승할 수 있느냐 하는 것이 전술적 우위를 가져온다고 생각했다.

이러한 그의 이론은 조종사들의 관점뿐 아니라 전투기 설계 방식마저 바꿔놓았다. 한마디로 그는 공중 전술의 최고 전문가였다. 그가 20대에 집필한 매뉴얼은 전투기 조종사들의 공식적인 전술 가이드가 되었으며 지금까지도 사용되고 있다.

보이드는 미군 역사상 가장 영향력 높은 전문가 중 한 명으로 알려져 있다. 하지만 언젠가 〈뉴욕타임스〉는 그를 두고 "심지어 공군 내에서도 무시당하는 인물"이었다고 썼다. 똑똑하기는 했지만 미치광이 같았기 때문이다.

보이드는 무례하고, 변덕스럽고, 반항적이고, 참을성이 없었다. 상관에게 소리를 질러 동료들을 놀라게 했고, 한번은 난방장치가 갖춰지지 않은 것에 불만을 품고 격납고에 불을 질러서 군법회의에 회부될 뻔했다. 또 회의 자리에서 손의 굳은살을 이로 뜯어내 테이블에 뱉곤 했다.

공군은 전투기 조종사 보이드의 탁월한 실력과 전문성을 반겼고 이를 필요로 했으나 인간으로서의 보이드는 참아주기 어려웠다.

보이드의 결정적 특징은 다른 조종사들과 완전히 다른 시각으로 전투기와 공중 전술을 바라본다는 점이었다. 마치 뇌의 다른 부분을 사용하면서 남들과는 다른 게임을 하는 듯했다. 그를 조직 내 관습을 개의치 않는 사람으로 만든 것도 바로 그런 특성이었다.

상관들은 성과 보고서에서 그의 공헌을 극찬했지만 그의 진급은 막으려 했다. 한 보고서에는 이런 내용이 담겼다. "이 똑똑한 젊은이는 매우 독창적인 전문가다. 하지만 격하기 쉬운 성격에 참을성이 없어서 엄격한 관리가 잘 통하지 않는다. 존 보이드는 자신이 생각한 계획을 지연시키는 이들을 절대 참지 못한다."

보이드가 공중전 기동에 관한 대단히 혁신적인 책을 썼음에도 대령 두 명은 그의 진급을 반대할 수밖에 없었다. 그럼에도 보이드는 결국 진급했다. 진급시키지 않기에는 능력이 너무나 탁월했기 때문이다. 하지만 군 생활 내내 모두에게 골칫덩이였다. 많은 이들이 보이드 때문에 울화통을 터뜨렸다.

그는 모든 면에서 독특한 인간이었다. 좋은 방식으로, 나쁜 방식으로, 경이로운 방식으로, 가끔은 법을 어기면서까지 말이다.

＊

존 메이너드 케인스^{John Maynard Keynes}는 경매에 나온 아이작 뉴턴^{Isaac Newton}의 다양한 저술과 메모를 확보했다. 대부분 이전에 세상에 공개된 적이 없는 진귀한 것들이었다.

뉴턴은 명실공히 인류 역사에서 가장 뛰어난 과학자다. 하지만 케인스는 자료의 대부분이 연금술과 마법, 영생을 가져다줄 묘약에 관한 것임을 발견하고 깜짝 놀랐다. 케인스는 이렇게 썼다.

— 나는 적어도 10만 단어는 되는 그 방대한 자료를 훑어봤

다. 그것이 마술에 관한 내용으로 가득하며 과학적 가치가 전혀 없다는 사실을 부정할 수 없다. 그리고 뉴턴이 거기에 상당한 세월을 쏟았다는 사실 또한 인정할 수밖에 없다.

문득 이런 질문이 떠오른다. 뉴턴은 마법에 심취했음에도 천재였을까? 말도 안 돼 보이는 것에 대한 호기심이 그를 뛰어난 과학자로 만든 어떤 요인이었을까? 알 수 없다. 그러나 미친 천재는 때로 '정말로' 미친 사람처럼 보인다.

영화 〈패튼 대전차군단^{Patton}〉에 이런 장면이 나온다. 제2차 세계대전에서 맹활약한 미국의 전설적 영웅 조지 패튼^{George Patton} 장군은 전쟁이 끝난 후 소련 장군을 만난다. 이 자리에서 소련 장군은 통역가를 통해 패튼에게 건배를 제안한다.

그러자 패튼이 말한다. "장군께 경의를 표합니다. 하지만 장군과는, 또는 그 어떤 소련 개자식과도 함께 술을 마시고 싶지 않다고 전해주십시오."

통역가는 당황한 표정을 지으며 그 말은 전달할 수 없다고 말한다. 하지만 패튼은 그대로 통역할 것을 요청한다.

통역가를 통해 패튼의 말을 들은 소련 장군은 이렇게 대답한다. 자신이 보기엔 패튼도 마찬가지로 개자식이라고.

그러자 패튼이 히스테리컬하게 웃으며 말한다. "그렇다면 건

배할 만하군요. 개자식과 개자식을 축복하며!"

이 장면은 극단적으로 탁월한 사람의 특징을 압축적으로 잘 보여주는 것 같다. 당연히 그들은 비정상적인 성격적 특성을 지니고 있다. 바로 그래서 성공하는 것이다! 그리고 우리는 그런 비정상적 특성이 전부 긍정적이거나 고상하거나 사랑스럽거나 매력적인 특성이라고 가정해서는 안 된다.

어떤 한 가지에서 비정상적으로 뛰어난 사람은 다른 어떤 것에서는 비정상적으로 형편없는 경향이 있다. 주변을 둘러보면 그런 사례를 쉽게 찾을 수 있다. 마치 그들의 뇌는 지식과 감정을 수용하는 용량이 제한돼 있어서, 한 부분에서 비정상적으로 뛰어난 능력이 발휘되는 대신 성격의 다른 부분이 희생되는 것 같다.

일론 머스크Elon Musk를 보라. 어떤 종류의 서른두 살 인간이 GM과 포드Ford, NASA 모두와 맞붙어 경쟁할 생각을 할까? '미친놈'이라는 소리를 듣는 인간이다. 사람들이 생각하는 일반적 한계가 자신에게는 적용되지 않는다고 믿는 인간이다. 오만해서가 아니라 진심으로 그렇게 믿는다. 트위터 에티켓을 신경 쓰지 않는 인간이다.

화성에 인간을 이주시키는 프로젝트에 개인 재산을 쏟아

붓는 사람은, 과장된 호언장담이 가져올 수 있는 부정적 결과를 걱정하는 사람이 아니다.

화성에 핵폭탄을 터뜨려 생명체가 살 수 있는 공간으로 만들자고 하는 사람은, 자신의 아이디어가 현실의 한계를 지나치게 넘어선다고는 생각하는 사람이 아니다.

이 세상이 컴퓨터 시뮬레이션일 확률이 99.9999퍼센트라고 말하는 사람은 주주들에게 비현실적인 약속을 하는 것을 신경 쓰는 사람이 아니다.

대형 텐트 시설에 테슬라 모델 3$^{Model\ 3}$의 생산 라인을 만들고, 얼마 안 있어 동굴에 갇힌 태국 어린이 축구팀의 구조를 지원하겠다고 밝히고, 또 얼마 안 있어 미시간주 플린트의 물 문제 해결에 자금을 제공하겠다고 약속하는 사람은, 법무 팀의 승인 같은 공식적 절차를 중요하게 여기는 사람이 아니다.

사람들은 천재적이고 대담한 비전가로서의 머스크를 좋아한다. 하지만 사회적 관습과 상식을 무시하고 독선적으로 행동하는 머스크는 싫어한다. 하지만 그 두 모습을 분리할 수는 없다. 그 둘은 리스크와 수익의 트레이드오프 관계와 비슷하다.

존 보이드도 마찬가지다.

천재인 동시에 끔찍한 상사였던 스티브 잡스도 마찬가지다.

지나치게 높은 포부 탓에 자신과 관계 맺은 많은 회사를 파산 위기로 몰아넣은 월트 디즈니^{Walt Disney}도 마찬가지다.

전 미국 국가안보보좌관 맥조지 번디^{McGeorge Bundy}는 언젠가 존 F. 케네디^{John F. Kennedy} 대통령에게 인간을 달에 보내는 것은 무리한 목표라고 말했다. 그러자 케네디는 이렇게 대답했다. "배짱이 없는 사람이라면 40대에 대통령에 출마하지도 못했을 겁니다."

＊

엄청난 성취를 이뤄내는 사람은 엄청난 실패를 가져올 수 있는 리스크를 감수하곤 한다.

어떤 사람이 성공한 기업 또는 위대한 국가의 리더가 될까?

단호하고, 낙관적이고, '노^{No}'라는 답을 허용하지 않고, 자신의 능력을 무조건 확신하는 사람이다.

어떤 사람이 무모한 열정으로 도를 넘어서고, 욕심에 휩싸이고, 남들 눈에는 뻔히 보이는 리스크를 무시할까?

단호하고, 낙관적이고, '노'라는 답을 허용하지 않고 자신의 능력을 무조건 확신하는 사람이다.

그런데 '평균으로의 회귀'는 역사 속에서 대단히 흔하게 나타나는 현상이다. 경제, 시장, 국가, 기업, 직업 등 모든 영역에서 나타난다. 평균으로의 회귀가 일어나는 여러 이유 중 하나는, 누군가를 최고의 자리에 올려놓는 그의 성격적 특성이 동시에 그를 위험에 빠트릴 가능성 또한 높이기 때문이다.

이것은 국가, 특히 제국의 운명에도 해당한다. 더 많은 땅을 차지해가며 영역을 확장하는 나라에 "그래, 이쯤이면 충분해. 지금까지 차지한 땅에 감사하고 다른 나라에 대한 침략을 중단하자"라고 말하는 왕이 있을 가능성은 적다. 왕은 계속해서 영토 확장을 밀어붙이고 그러다 결국 호적수를 만난다.

소설가 슈테판 츠바이크Stefan Zweig는 말했다. "역사 속에는 점령지 수에 만족한 정복자가 단 한 명도 없다." 원하는 것을 얻은 뒤 자리에서 내려오는 정복자는 없다는 의미다.

우리 모두에게 가장 중요한 것은 누구를 존경할지, 특히 어떤 사람이 되고 싶고 누구를 닮고 싶은지와 관련해 더 현명한 통찰력을 갖추는 일이다. 나발 라비칸트는 언젠가 이렇게 말했다.

― 어느 날 나는 내가 부러워하는 인물들을 떠올리며 그들 삶의 좋은 부분만 골라서는 안 된다는 사실을 깨달았다. 이 사람의 몸매만, 저 사람의 재력만, 또는 이 사람의 성격만 갖고 싶어 해서는 안 된다. 그 사람 전체를 받아들여야 한다. 생각해보라. 당신은 부러운 누군가의 행동, 욕망, 가족, 행복도,

인생관, 자아상까지 빠짐없이 포함해서 그 사람이 되고 싶은가? 그의 24시간을 기꺼이 그대로 살 의향이 없다면, 그의 인생 및 정체성과 당신의 것을 통째로 바꿀 의향이 없다면, 그를 부러워하는 것은 의미가 없다.

타인의 삶을 부러워하거나 부러워하지 않거나, 둘 중 하나다. 어느 쪽을 택하든 각자의 방식으로 당신의 삶에 영향을 미친다. 만일 롤모델을 찾으려거든 그 사람의 인생을 통째로 닮고 싶은 것인지, 특정한 측면을 닮고 싶은 것인지 잘 생각해보길 바란다.

존 보이드는 말했다. "모든 가정에 의문을 제기해야 한다. 그러지 않으면, 기존의 믿음과 원칙이 불변의 도그마로 영원히 굳어버린다."

그런 태도를 지닌 사람은 영원히 기억되기 마련이다. 좋은 쪽으로든 나쁜 쪽으로든 말이다.

*

이제 사람들이 얼마나 수학을 못하는지에 대해 이야기해보려 한다. 다음 장의 주제는 '확률과 확실성'이다.

5

확률과 확실성

사람들이 원하는 것은 정확한 정보가 아니다.
사람들이 원하는 것은 확실성이다.

Wild Numbers

People don't want accuracy.
They want certainty.

세상에 문제가 생기는 근본 원인은 바보들은 자신만만하고
똑똑한 이들은 의심이 가득하다는 데에 있다.

— 버트런드 러셀^{Bertrand Russell}

제리 사인펠드^{Jerry Seinfeld}는 그의 차에 지미 팰런^{Jimmy Fallon}을
태우고 달리는 중이었다. 1950년대에 생산된 오래된 자동차
였다.

팰런이 물었다. "차에 에어백이 없어서 불안해요?"

사인펠드가 답했다. "아뇨, 전혀요. 생각해보세요. 당신은
지금껏 살면서 에어백이 몇 번이나 필요했나요?"

물론 농담이었다. 하지만 이것은 사람들이 확률과 불확실
성을 제대로 이해하기가 얼마나 어려운지를 잘 보여주는 대
화다.

스탠퍼드대학교의 로널드 하워드[Ronald Howard] 교수는 학생들에게 이 문제를 일깨우기 위해, 시험에서 각 문제의 답 옆에 자신이 맞는 답을 적었을 가능성이 얼마라고 생각하는지 퍼센트로 적게 했다.

만일 답이 맞는다고 100퍼센트 확신했는데 답이 틀렸으면 학점을 못 받았다.

만일 답이 맞는다고 0퍼센트 확신했는데 답이 맞았어도 학점을 못 받았다.

0에서 100 사이의 퍼센트를 매긴 경우에는 그 확신도를 토대로 조정한 점수를 받았다.

인생에서 확률을 평가하고 다루는 일이 얼마나 중요한지를 일깨우는 지혜로운 방법이 아닐 수 없다. 하워드는 불확실하고 알 수 없는 것들로 가득한 이 세상에 확실성이 존재한다고 가정하는 것의 결과를 일깨웠다. 아마도 학생들은 정신이 번쩍 들었을 것이다.

인간의 흔한 행동 특성 하나는 불확실하고 확률론적인 세상에 살면서도 확실성을 애타게 원한다는 것이다.

리스크 및 불확실성과 관련된 수학적 계산을 이해하는 일은 어렵다. 지금까지 사람들은 그것과 늘 씨름해왔고 앞으로도 그럴 것이다. 때로는 발생 가능성이 높은 일이 발생하지 않고, 때로는 발생 가능성이 낮은 일이 발생한다. 이는 세상사의 가장 중요하고도 혼란스러운 현상 중 하나다.

*

다음은 영화 〈제로 다크 서티Zero Dark Thirty〉에 나오는 장면이다. 오사마 빈 라덴의 위치를 알아냈다고 말하는 일단의 정보 분석가들에게 CIA 국장이 묻는다. "곧 대통령께 보고해야 해. 내가 알고 싶은 건 이거야. 아주 간단해. 그 자가 거기 있나, 없나?"

분석가는 그들이 알아낸 은신처에 빈 라덴이 있을 확률이 60~80퍼센트라고 말한다.

국장은 다시 묻는다. "예스야, 노야?"

대부분 사람들은 확실성이 드물다는 것을 안다. 따라서 최선의 선택은 자신에게 유리할 가능성이 높다고 여겨지는 결정을 내리는 것이다. 그들은 똑똑해도 틀린 판단으로 나쁜 결과를 맞을 수 있고 멍청해도 옳은 판단으로 좋은 결과를 맞을 수 있다는 사실을 알고 있다. 운과 리스크가 영향을 미치기 때문이다.

그럼에도 실제 현실에서 확률을 토대로 사고하는 사람은 별로 없다. 특히 타인의 결정이나 예측 결과를 평가할 때 더 그렇다.

사람들은 이런 질문에만 관심을 갖는다. "그의 예측이 옳았는가, 틀렸는가?" "예스인가, 노인가?" 확률은 미묘한 차이와 다양한 수준의 가능성을 고려하는 개념이다. 그러나 현실에서 사람들은 이분법적 결과에만 주목한다.

누군가가 어떤 일이 일어날 거라고 말했는데 실제로 일어나면, 그 사람의 예측이 옳은 것이다. 누군가가 어떤 일이 일어날 거라고 말했는데 일어나지 않으면, 그 사람의 예측이 틀린 것이다. 사람들은 이런 식으로만 생각한다. 그렇게 생각하는 것이 정신적 에너지가 덜 들어가고 편하기 때문이다. 눈앞에 실제 결과가 나와 있는 상태에서 어쩌면 다른 결과가 나올 수도 있었다는 사실을 사람들에게(또는 자기 자신에게) 납득시키기는 어렵다.

포인트는 이것이다. 사람들은 자신이 미래를 바라보는 정확한 관점을 원한다고 믿지만, 사실 그들이 정말로 원하는 것은 확실성이다.

미래가 어떻게 될지 모른다는 사실이 주는 고통에서 벗어나고 싶은 것은 당연하다. "경기 불황이 시작될 가능성이 60

퍼센트다"라는 말은 고통을 별로 줄여주지 못한다. 어쩌면 오히려 고통이 더 심해질 수도 있다. 하지만 "올해에 경기 불황이 찾아올 것이다"라는 말은 사람들에게 꽉 붙잡고 의지할 수 있는 뭔가를 제공한다. 미래를 통제할 수 있다는 기분을 느끼게 한다.

오사마 빈 라덴 사살 작전이 완료된 후, 오바마 대통령은 빈 라덴이 실제로 그 은신처에 있을 확률이 반반이었다고 말했다. 몇 년 전 나는 이 작전에 참가한 미 해군 특수부대SEAL 대원의 강연을 들었다. 그의 말에 따르면, 팀원들은 빈 라덴이 은신처에 있든 없든 자신들이 작전 수행 중 전부 사망할 확률 역시 반반이라고 생각했다. 이 작전이 끔찍한 결과로 끝났을 확률이 꽤 높았던 것이다.

다행히 그런 일은 없었다. 하지만 사람들은 일어날 수도 있었을 다른 결과에는 별로 관심을 기울이지 않는다. 우리는 좀처럼 그러지 않는다. 우리는 확률과 불확실성을 제대로 이해하지 못한다.

＊

이와 관련한 중요한 문제가 하나 있다. 이 거대한 세상에서 우리는 희귀한 사건의 발생 가능성을 과소평가하기 쉽다는 사실이다. 대니얼 카너먼은 말했다. "인간은 아주 크거나 아주 작은 수를 제대로 이해하지 못한다. 우리는 이 사실을 인정해야 한다."

에벌린 마리 애덤스Evelyn Marie Adams는 1986년 뉴저지주 복권에 당첨돼 390만 달러를 거머쥐었다. 그리고 4개월 뒤 또 당첨돼 140만 달러를 받았다. 그녀는 〈뉴욕타임스〉 인터뷰에서 말했다. "이제 복권을 그만 사려고요. 다른 사람들에게도 기회가 돌아가야죠."

당시 그녀의 이야기는 세간을 떠들썩하게 했다. 수학적으로 계산할 때 두 번이나 복권에 당첨될 확률은 무려 17조분의 1이었기 때문이다.

3년 뒤 수학자 퍼시 디아코니스Persi Diaconis와 프레더릭 모스텔러Frederick Mosteller가 이 흥분감에 찬물을 끼얹었다. 어떤 사람이 복권을 살 때 두 번 당첨될 확률은 17조분의 1이 맞다. 그러나 매주 1억 명이 복권을 산다면(이는 미국 기준이다) 두 번 당첨되는 '누군가'가 나올 확률은 실제로 꽤 높다. 디아코니스와 모스텔러의 계산에 따르면 그 확률은 30분의 1이다. 이 숫자는 신문에 거의 보도되지 않았다.

모스텔러는 말했다. "표본이 충분히 커지면 희한한 일이 일어나기 쉽다." 그의 말은 세상이 비정상적으로 느껴지고 희귀한 사건이 늘 일어나는 이유를 어느 정도 설명해준다.

이 세상에는 80억 명의 사람이 있다. 따라서 매일 100만분의 1의 확률로 일어나는 사건이라 해도 하루에 8,000명에게 발생할 수 있다. 하루에 8,000번이면 1년에 290만 번이고, 당신의 평생 동안에는 2억 5,000만 번이다. 심지어 10억분의 1의 확률로 일어나는 사건도 당신의 일생 동안 수십만 명에게 일어날 것이다. 게다가 충격적이고 희한한 사건을 쫓아다니는 뉴스 미디어의 속성을 감안하면, 당신이 이런 사건을 알게 될 확률은 거의 100퍼센트다.

물리학자 프리먼 다이슨Freeman Dyson은 초자연적 힘이나 마법이 작동한 것처럼 보이는 희귀한 사건도 사실은 기본적인 수학으로 설명할 수 있다고 말했다.

— 평범한 사람의 생활에서 기적 같은 일은 대략 한 달에 한 번꼴로 일어난다. 이를 증명하기는 어렵지 않다. 하루 중 우리가 깨어서 적극적으로 활동하는 것은 약 8시간이며, 그 시

간 동안 1초에 한 번꼴로 뭔가를 보거나 듣는다. 따라서 우리에게 일어나는 사건의 수는 하루에 약 3만 개이며, 한 달로 치면 약 100만 개다.

만일 '기적'이 일어날 확률이 100만분의 1이라면, 우리는 평균적으로 한 달에 한 번 기적을 경험할 것이라 예상할 수 있다.

믿을 수 없는 일이 일어나는 것을 단순한 수학적 계산으로 설명할 수 있다는 사실은 중요하다. 왜냐하면 이는 끔찍한 일에도 해당하기 때문이다.

'100년 만의'라는 수식어가 붙는 사건을 생각해보자. 100년 만의 홍수, 허리케인, 지진, 금융 위기, 사기, 전염병, 정치적 붕괴, 경기 침체 등등. 수많은 끔찍한 사건을 100년 만의 사건이라고 부를 수 있다.

'100년 만의 사건'이란 100년에 한 번씩 일어난다는 뜻이 아니다. 어느 해에든 그 사건이 발생할 확률이 약 1퍼센트라는 의미다. 이는 낮은 확률로 느껴진다. 하지만 수백 가지의 개별적인 100년 만의 사건들이 있다면, 특정한 해에 그중 하나가 발생할 확률은 얼마나 될까? 꽤 높다.

내년에 새로운 치명적인 팬데믹이 발생할 확률이 1퍼센트이고, 심각한 경기 침체가 일어날 확률이 1퍼센트이고, 끔찍한 대규모 홍수가 발생할 확률이 1퍼센트이고, 정치적 붕괴가 일어날 확률이 1퍼센트이고, 그 외에도 발생 확률이 1퍼센트인 재앙이 무수히 많다면, 내년에(또는 다른 어떤 해든) '나쁜 일'이 일어날 확률은 별로 낮지 않다.

지금까지 항상 그랬다. 심지어 우리가 좋았다고 기억하는 시절도 혼란과 나쁜 일들로 얼룩져 있었다. 번영의 1950년대에도 사실은 우울한 일이 계속 일어났다. 인구 성장률을 감안할 때, 2008년 대침체Great Recession 때의 어느 달보다도 1958년 경기 침체 때 더 많은 미국인이 일자리를 잃었다. 1990년대도 마찬가지다. 우리는 1990년대를 평온한 시기로 기억하지만, 유례없는 경제 번영 한가운데서도 1998년에 글로벌 금융 시스템이 심각한 위기를 겪었다.

오늘날 달라진 점은 글로벌 경제의 규모다. 글로벌 경제의 규모가 커지면 믿기지 않는 사건이 일어날 수 있는 표본의 규모가 커진다. 80억 명이 상호작용하는 세상에서는 어느 날에든 어떤 사기꾼이나 천재, 테러리스트, 멍청이, 석학, 악당, 또는 비전가가 나타나 상황을 크게 변화시킬 확률이 대단히 높다.

＊

지금까지 지구에 산 인간은 대략 1,000억 명이다. 그들의 평균 수명을 약 30세로 잡으면 그들이 산 날의 수는 약 1,100조 일이다.* 그 시간 동안 발생 확률이 10억분의 1쯤 되는 놀라운 사건이 수백만 번은 일어났다.

그런데 오늘날은 끔찍한 재앙을 접할 가능성이 훨씬 더 높다. 십중팔구 앞으로는 더 그럴 것이다. 왜 그런지 설명하겠다.

프레더릭 루이스 앨런은 1900년에 미국인이 정보를 얻은 방식을 이렇게 설명했다.

― 지금의 우리는 상상하기 힘들지만 당시 각 지역사회는 서로 상당히 단절돼 있었다. ……메인주의 어부와 오하이오주의 농부와 시카고의 사업가가 만났을 때 정치를 주제로 어느 정도는 대화할 수 있었다. 그러나 전국의 여러 언론 매체에 동시에 게재되는 신디케이트 칼럼이 없었으므로 사람들이 가진 정보는 대부분 자신이 사는 곳의 지역 신문에 의존했다.

당시는 멀리까지 정보가 퍼지기 어려웠으며, 사람들은 국내의 다른 지역이나 해외에서 일어나는 일에 별로 관심이 없었다. 내가 사는 지역이 삶의 전부였으므로 내가 아는 정보도 그 범위를 벗어나지 않았다.

그러다 라디오가 등장하자 큰 변화가 찾아왔다. 라디오는 사람들이 공통된 정보를 얻게 해주었다. 텔레비전은 더 큰 변화를 일으켰다. 인터넷은 이를 또 다른 차원으로 도약시켰다. 소셜 미디어는 정보 공유의 규모와 속도를 다시 엄청나게 확대했다. 디지털 뉴스는 지역 신문의 소멸을 가속화했고 세계 어느 곳에서든 정보를 얻을 수 있게 했다. 미국에서는 2004년에서 2017년 사이에 1,800개의 인쇄 매체가 사라졌다.

지역 뉴스 매체의 감소는 여러 중요한 결과를 낳는다. 그중 하나는 뉴스 보도의 범위가 넓어질수록 더 부정적이고 비관적인 내용이 담길 가능성이 높다는 사실이다. 아래 두 가지 이유 때문이다.

- 좋은 뉴스보다 나쁜 뉴스가 더 많은 관심을 받는다. 나쁜 뉴스는 사람들을 더 쉽게 끌어당기고, 비관적 뉴스는 낙관적 뉴스보다 더 시급한 무언가로 느껴진다.
- 어느 특정한 때에 당신이 사는 동네에 나쁜 사건(사기, 부정부패, 재앙)이 발생할 확률은 낮다. 대상 범위를 전국

으로 넓히면 그 확률이 더 높아진다. 대상 범위를 전 세계로 넓히면 어느 때라도 끔찍한 사건이 발생할 확률은 100퍼센트다.

조금 과장해서 표현하면 이렇다. 지역 뉴스에서는 소프트볼 경기를 보도하지만, 글로벌 뉴스에서는 비행기 추락 사고와 집단 학살을 보도한다.

언젠가 한 전문가가 시간 흐름에 따른 뉴스 분위기의 변화를 분석했는데, 지난 60년 동안 전 세계 언론 매체의 보도 내용이 꾸준히 더 암울해져왔다는 사실을 발견했다. 이를 과거와 비교해보라. 프레더릭 루이스 앨런은 1900년의 삶을 두고 이렇게 썼다.

— 대다수 미국인은 자신이 아는 범위 바깥에 있는 요인들(경제적, 정치적, 국제적 상황 및 사건)에서 영향을 받아 불안감에 시달릴 가능성이 그들의 후손에 비해 적었다. 그들의 시야는 자신의 주변에 한정돼 있었다.

그렇다. 1900년에 살던 사람들의 시야는 자신의 주변에 한정돼 있었다. 그에 반해 오늘날 우리의 시야는 전 세계의 나라, 문화, 정치, 경제를 모두 아우른다. 물론 그럼으로써 얻는 이점과 긍정적 측면도 많다.

그러나 요즘 세상이 과거보다 더 암울하고 혼란스럽게 느껴진다고 해서 놀랄 필요는 없다. 세상이 더 암울하고 혼란스러워진 것이 아니다. 다만 과거에도 늘 일어난 나쁜 일을 현재의 우리는 과거 사람들보다 더 많이 접할 뿐이다.

세상을 뒤흔드는 파괴적 사건은 평균적으로 약 10년에 한 번씩 일어난다. 역사적으로 늘 그랬고, 앞으로도 늘 그럴 것이다. 때로는 그런 사건이 끔찍한 불운 탓으로 느껴진다. 때로는 나쁜 사건이 점점 더 늘어나는 것처럼 느껴진다. 하지만 대개 그것은 통계적 확률의 결과다.

어마어마하게 많은 수의 일이 잘못될 가능성이 있고, 따라서 어느 시점이든 적어도 그중 한 가지는 재앙을 초래할 가능성이 있다. 그리고 요즘 세상에서 모두가 연결돼 있음을 고려하면 우리는 그 소식을 거의 반드시 듣게 된다.

*

다음과 같은 몇 가지 사실을 기억하길 바란다.

사람들이 원하는 것은 정확한 정보가 아니다. 그들이 원하는 것은 확실성이다.

예측이라는 분야에서 주로 이뤄지는 활동은 사람들을 미래가 어떻게 될지 모른다는 사실이 주는 고통에서 벗어나게 하는 것이다. 사람들에게 유용한 수치 정보를 주는 것보다 확실성을 제공해 그들을 만족시키는 것이 더 낫다. 그렇기 때문에 확률을 토대로 사고하는 일이 드문 것이다.

찰리 멍거는 1990년대에 '오판의 심리학The Psychology of Human Misjudgment'이라는 제목의 강연을 했다. 여기서 잘못된 판단을 초래하는 심리적 편향 25가지를 소개했는데, 그중 하나인 '불확실성 회피 경향'에 대해 이렇게 설명했다.

— 인간의 뇌는 불확실성을 빨리 제거하고 결정을 내리도록 프로그램되어 있다.

동물들은 오랜 세월 진화를 통해 불확실성을 신속하게 제거하는 쪽으로 발달했다. 포식자를 맞닥뜨린 동물에게 전혀 도움이 되지 않는 행동은 어떻게 할지 결정하느라 오랜 시간을 들이는 것이다.

심리학자 필립 테틀록$^{Philip\ Tetlock}$ 교수는 오랜 세월에 걸쳐 자칭 또는 타칭 전문가들의 예측을 연구했다. 이 연구 결과를 보면 상당히 많은 전문가가 정치와 경제를 예측하는 능력이 형편없음을 알 수 있다.

그렇다면 사람들이 앞으로는 전문가를 무시하는 쪽을 택할까? 테틀록 교수는 "절대 그럴 리 없다"고 말한다. "사람들은 이 세상이 예측 가능하고 통제 가능한 곳이라고 믿고 싶어 한다. 따라서 그 욕구를 채워줄 것 같은 권위 있어 보이는 이들에게 의지한다."

과거에 했던 예측이 틀렸다는 사실은 미래를 예측하고 싶은 욕구에 영향을 미치지 못한다. 확실성은 너무나 소중해서 사람들은 그것을 얻으려는 시도를 절대 멈추지 않을 것이다. 그리고 대다수 사람은 만일 미래가 얼마나 불확실한지 확실히 깨닫는다면 하루를 시작할 의욕조차 생기지 않을 것이다.

표본 규모가 유의미한 수준으로 커지려면 너무 오래 걸리는 경우가 많다. 따라서 우리는 그저 추측할 수밖에 없다.

당신이 75세의 경제학자라고 치자. 25세에 그 분야에 뛰어들었다. 그러므로 50년 동안 향후의 경제를 예측해왔다. 당신은 이 분야에서 상당히 경험이 많은 축에 속한다.

그런데 지난 50년 동안 경제 침체가 몇 번 있었을까? 일곱 번이다. 그동안 당신의 예측 실력을 검증할 기회가 일곱 번밖에 없었다는 뜻이다.

만일 누군가의 예측 능력을 제대로 판단하려면 그가 한 수십, 수백, 또는 수천 번의 예측을 실제 결과와 비교해야 한다. 하지만 그렇게 많은 측정 기회가 생기는 분야는 별로 없다. 그것은 누구의 잘못도 아니다. 실제 현실이 깔끔하게 정리된 스프레드시트와 달리 매우 복잡하고 혼란스러운 탓이다.

만일 누군가가 경기 침체가 일어날 확률이 80퍼센트라고 말한다면, 그 말이 맞는지 알 수 있는 유일한 방법은 그가 수십 번 또는 수백 번 예측했던 말을 현실의 결과와 비교해 실제로 예측의 80퍼센트 정도가 현실이 됐는지 확인하는 것이다.

수십 번 또는 수백 번의 예측 사례가 없다면(때로는 사례가 한두 번뿐이다), A가 일어날 확률이 75퍼센트라고 또는 B가 일어날 확률이 32퍼센트라고 예측하는 사람의 말이 맞는지 틀린지 알 도리가 없다. 따라서 우리는 그저 추측할 수밖에 없다(또는 자신의 예측이 확실히 맞는다고 주장하는 이들에게 의

지한다).

**리스크가 가져오는 결과가 고통스러울 때는 확률적으로 예측
가능한 불운과 부주의함을 구분하기 어렵다. 확률이 분명할
때조차도 이분법적 시각을 갖기 쉽다.**

나는 대학 시절에 호텔 주차원 아르바이트를 했다. 우리 팀
은 한 달에 1만 대의 차를 주차했다. 그리고 거의 정확히 한
달에 한 번은 자동차 한 대를 어딘가에 박았다. 관리 팀에서
는 이를 용납하지 못했다. 우리는 몇 주에 한 번씩 불려가서
부주의하다고 크게 혼났다.

하지만 사실 1만 대를 주차하는데 한 번 사고가 나는 것은
대단히 양호한 성적이다. 만일 하루에 두 번 운전하는 사람
이 있다고 치면 그가 1만 번 주차하는 데에는 14년이 걸린다.
14년에 한 번 바퀴를 덮는 펜더를 약간 찌그러트린다면 보험
회사도 대수롭지 않게 여길 사고 빈도다.

하지만 툭하면 차량 손상 보고서를 제출하느라 손해사정사
의 이름까지 외우게 된 당신의 상사에게 그렇게 설명해보라.
상사는 자비를 베풀지 않을 것이다. 대신 이렇게 말할 가능성
이 높다. "왜 이렇게 부주의한 거야? 제발 천천히 조심해서 하

라고. 그러지 않으면 잘릴 줄 알아."

삶의 다른 많은 영역에서도 마찬가지다. 주식 시장을 예로 들어보자. 당신은 사람들에게 역사적 데이터와 패턴에 따르면 주식 시장이 약 5~7년에 한 번씩 폭락한다는 사실을 알려줄 수 있다. 하지만 5~7년마다 사람들은 말한다. "말도 안 돼. 뭔가 단단히 잘못됐어. 그 투자 상담사 때문에 다 망했어."

어떤 일이 일어났을 때 고통스러운 결과를 겪게 된다면 그 일이 일어날 확률이 높다는 사실을 아는 것은 별 의미가 없다. 확률 따위는 머릿속에서 사라진다.

늘 경계하고 집중해야 할 것은 심각한 결과를 초래하는 치명적인 리스크다. 예컨대 조종사가 1만 번의 비행 중 단 한 번 추락하는 것은 치명적 리스크다.

그러나 우리는 확률과 큰 숫자를 제대로 이해하지 못하기 때문에 일상적이고 필연적인 리스크, 확률적으로 볼 때 언제고 일어나게 되어 있는 리스크에 과도하게 민감해진다. 인간은 지금까지 늘 그래왔다.

＊

다음 장에서는 마틴 루터 킹 주니어^{Martin Luther King Jr.}의 유명한 연설과 관련된, 잘 알려지지 않은 이야기를 들려주겠다. 그리고 스토리의 놀라운 힘에 대해 살펴볼 것이다.

6

뛰어난 스토리가 승리한다

스토리는 언제나 통계보다 힘이 세다.

Best Story Wins

Stories are always more powerful than statistics.

뛰어난 스토리가 승리한다. 뛰어난 아이디어나 옳은 설명, 또는 합리적인 이론이 승리하는 것이 아니다. 청중의 마음을 사로잡아 공감을 끌어내는 스토리를 들려주는 사람이 대개 성공한다.

탁월한 아이디어도 형편없는 방식으로 전달하면 실패할 수 있고, 낡았거나 엉뚱한 아이디어도 설득력 있게 전달하면 혁신을 일으킬 수 있다. 중후한 카리스마가 넘치는 목소리를 지닌 영화배우 모건 프리먼Morgan Freeman은 식료품 목록을 읽는 것으로도 사람들을 감동시킬 수 있지만, 커뮤니케이션 능력이 떨어지는 과학자는 획기적인 질병 치료법을 발견하고도 그 업적이 묻혀버릴 수 있다.

세상은 정보로 넘쳐난다. 사람들은 그 모든 정보를 꼼꼼하고 차분하게 살펴보면서 가장 합리적이고 옳은 답을 찾기 어렵다. 사람들은 늘 바쁘다. 또 감정에 쉽게 좌우된다. 따라서 언제나 훌륭한 스토리가 차디찬 통계자료보다 더 큰 설득력을 발휘한다.

당신이 옳은 답을 갖고 있다면 당신은 성공할 수도 있고 실패할 수도 있다.

당신이 틀린 답을 갖고 있지만 뛰어난 스토리텔러라면 (당분간은) 성공할 가능성이 크다.

당신이 옳은 답을 갖고 있으면서 동시에 뛰어난 스토리텔러라면 성공할 가능성은 거의 100퍼센트다.

지금까지 늘 그래왔고, 앞으로도 그럴 것이다. 역사에는 그런 사례가 부지기수다.

*

1963년 8월 28일 마틴 루터 킹 주니어가 링컨 기념관 앞에서 한 유명한 연설은 원래의 계획대로 진행되지 않았다.

킹의 측근이자 연설문 작성자인 클래런스 존스Clarence Jones는 '두 사람이 함께 얘기를 나눈 내용'을 토대로 킹의 연설 원고를 작성했다. 처음 몇 분간 연설은 원고대로 진행됐다. 당시 영상을 보면 킹은 종종 원고를 내려다보며 그대로 읽어나간다.

"조지아로 돌아가십시오. 루이지애나로 돌아가십시오. 북부 도시들의 빈민가와 흑인 거주 지역으로 돌아가십시오. 어떻게든 이 상황이 달라질 수 있고 달라질 것이라고 믿고 돌아가십시오."

연설의 중반을 조금 넘어선 그때, 킹에게서 왼쪽으로 3미터쯤 떨어진 곳에 있던 가스펠 가수 마할리아 잭슨^{Mahalia Jackson}이 외쳤다. "사람들에게 꿈 이야기를 해주세요! 꿈 이야기요!"

존스는 이렇게 회상했다. "킹은 그녀를 쳐다본 뒤 연설대에 놓인 원고를 옆으로 치웠습니다. 그러고는 25만 명의 청중에게 다시 시선을 돌렸습니다."

6초쯤 연설이 멈췄다. 그리고 킹은 하늘을 잠시 일별한 뒤 이렇게 연설을 이어갔다.

— 나에게는 꿈이 있습니다. 그것은 아메리칸 드림에 깊이 뿌리를 둔 꿈입니다.

나에게는 꿈이 있습니다. 언젠가는 이 나라가 "우리는 모든 인간이 평등하게 태어났다는 진실을 자명한 것으로 여긴다"라는 미국의 신조에 담긴 진정한 의미를 실행할 날이 올 것이라는 꿈입니다.

나에게는 꿈이 있습니다. 나의 네 자녀가 피부색으로 평가받지 않고 인격에 따라 평가받는 나라에 살게 되는 날이 오리라는 꿈입니다.

오늘 나에게는 꿈이 있습니다!

그다음은 우리 모두가 아는 이야기다.

존스는 말했다. "이 연설 중 미국 내에서 그리고 전 세계적으로 가장 유명한 부분은 원래 연설문에 없던 내용입니다." 그것은 킹이 미리 준비한 내용이 아니었다. 그 내용이 청중에게 가장 큰 울림을 주리라고는 킹도 연설문 작성자도 예상하지 못했다.

하지만 그것은 역사상 가장 훌륭한 스토리 중 하나가 되었다. 수많은 이들의 가슴을 뜨겁게 흔들어 역사를 바꾸어놓는 스토리가 되었다.

그것이 훌륭한 스토리가 하는 일이다. 훌륭한 스토리에는 긍정적 감정을 불러일으키는 특별한 힘이 있다. 사실적 정보와 수치를 제시할 때는 외면당하던 주제라도 스토리를 가미하면 사람들의 관심을 끌어당길 수 있다.

마크 트웨인Mark Twain이 현대의 가장 탁월한 스토리텔러라는 데 이의를 제기할 사람은 없을 것이다. 그는 원고를 수정할 때면 아내와 아이들에게 읽어주곤 했다. 어떤 단락을 읽었는데 그들이 지루해하면 그 단락은 삭제했다. 그들의 눈이 초롱초롱해지거나 몸을 앞으로 더 기울이거나 미간이 찌푸려지면, 트웨인은 그 부분을 늘리고 한층 더 세심하게 보완해 완성했다.

때로는 하나의 훌륭한 스토리 안에서도 빛나는 구절이나 문장이 거의 모든 일을 한다. 사람들은 책이 아니라 문장을 기억한다는 말도 있지 않은가.

*

인류학자 C. R. 홀파이크C. R. Hallpike는 한 젊은 저자가 인류 역사에 관해 쓴 책을 비평하면서 이렇게 썼다.

— 이 저자가 말하는 사실들이 대체로 옳다고 해도 전혀 새로운 내용이 아니고, 그가 자신만의 새로운 관점을 제시할 때는 종종 오류가 있으며 때로는 심각한 실수를 저지른다. ……이 책은 지식에 기여하는 바가 없다.

두 가지를 말해둬야겠다.

첫째, 여기서 홀파이크가 말하는 젊은 저자는 유발 하라리

Yuval Noah Harari이다. 전 세계 2,800만 부 이상의 책을 판매한 이 시대의 손꼽히는 베스트셀러 작가 유발 하라리 말이다. 그가 쓴 《사피엔스Sapiens》(홀파이크가 비평한 책이다)는 역사상 가장 성공한 인류학 책으로 꼽힌다.

둘째는 하라리 자신도 홀파이크의 평가에 반대하지 않는 것으로 보인다는 점이다. 언젠가 하라리는 《사피엔스》에 관해 다음과 같이 말했다.

― 나는 '이건 너무 평범한 내용이잖아!'라는 생각이 들었다. ……이 책에 새로운 내용은 전혀 없다. 나는 고고학자도 영장류 동물학자도 아니다. 즉 여기에 내가 새로 연구해서 밝힌 내용은 없다. ……나는 널리 알려진 지식을 읽고 새로운 방식으로 표현했을 뿐이다.

《사피엔스》의 매력은 뛰어난 필력에 있다. 이 책은 아름다운 글쓰기를 보여준다. 스토리가 독자를 사로잡고, 글의 흐름에 막힘이 없다. 하라리는 이미 알려진 지식을 지금껏 누구도 해내지 못한 탁월한 방식으로 독자에게 전달한 작가다. 그랬기에 지금껏 그 분야에서 누구도 누리지 못한 크나큰 명성을 얻은 것이다. 뛰어난 스토리가 승리하는 법이다.

책에 새로운 내용이 없다는 것은 전혀 부끄러워할 일이 아니다. 세상의 많은 훌륭한 작품과 업적은 기존 지식을 토대로 하기 때문이다.

미국 남북전쟁은 미국 역사에서 가장 많은 책의 주제가 된 사건일 것이다. 이 사건을 다양한 각도에서 분석하고 온갖 디테일을 기록한 책이 수천 권에 이른다.

하지만 켄 번스Ken Burns가 만든 다큐멘터리 〈남북전쟁The Civil War〉은 1990년에 방영되자마자 미국인들의 마음을 뒤흔들며 걸작의 반열에 올랐다. 이 다큐멘터리는 미국인 4,000만 명이 시청했고 주요 TV 및 영화 시상식들에서 40여 개의 상을 받았다. 1990년에 이 다큐멘터리를 본 미국인은 슈퍼볼Super Bowl을 본 사람의 수와 맞먹었다.

번스가 한 일은 130년 된 자료와 정보를 이용해 대단히 뛰어난 스토리로 엮어낸 것뿐이다(그를 폄하하려는 게 아니다. 그만큼 뛰어난 재주라는 얘기다).

언젠가 번스는 자신의 스토리텔링 프로세스에서 가장 중요한 부분, 즉 다큐멘터리에 등장하는 사진과 화면에 깔리는 음악에 관해 이렇게 말했다.

— 나는 오래된 찬송가와 노래책들에서 찾아낸 곡을 누군가에게 피아노로 연주하게 했다. 그리고 마음에 들면 "그래, 이거야!" 하고 외쳤다. 그러고는 세션 연주자들과 스튜디오에 가서 같은 곡을 30번쯤 다른 버전으로 녹음했다.

번스는 다큐멘터리 각본을 쓸 때 배경 음악의 특정한 박자에 맞도록 문장을 늘이거나 줄인다. 그는 말한다. "음악은 신과 마찬가지다. 음악은 없어도 되지만 있으면 좋은 케이크 장식이 아니라 퍼지 케이크 그 자체다."

당신이 세계적 역사학자인데 수십 년 만에 어떤 중요한 역사적 사건에 관해 새롭고 획기적인 사실을 알아냈다고 상상해보라. 그것을 영상화할 때 특정한 문장 길이가 음악의 박자와 맞는지 아닌지를 고민할까? 아마 그렇지 않을 것이다. 하지만 켄 번스는 고민한다. 그래서 미국을 대표하는 다큐멘터리의 거장이 된 것이다.

작가 빌 브라이슨^{Bill Bryson}도 마찬가지다. 그가 쓴 책은 늘 날개 돋친 듯 팔린다. 브라이슨의 책에 나오는 사실들을 연구하고 발견한 유명하지 않은 학자들은 그의 책이 베스트셀러가 되는 것을 보면 짜증이 날지도 모른다.

일례로 그의 저서 《바디: 우리 몸 안내서^{The Body: A Guide for}

Occupants》는 사실상 해부학 교과서나 마찬가지다. 여기에는 우리가 전에 몰랐던 새로운 지식이나 정보가 없다. 하지만 탁월한 스토리텔링이 이 책을 특별하게 만들었다. 이 책은 출간되자마자 〈뉴욕타임스〉 베스트셀러에 올랐고 〈워싱턴포스트The Washington Post〉 올해의 책이 되었다.

이런 사례는 무수히 많다. 찰스 다윈Charles Darwin은 진화론을 처음 주장한 인물이 아니다. 단지 진화에 관한 가장 설득력 있는 책을 처음으로 펴냈을 뿐이다.

미국의 경제학자이자 투자 분석가 존 버 윌리엄스John Burr Williams는 주식의 가치와 투자에 관해 벤저민 그레이엄Benjamin Graham보다 더 심오한 통찰력을 지니고 있었다. 하지만 그레이엄은 뛰어난 글을 쓸 줄 알았기에 투자 세계의 전설이 되었고 저서를 수백만 부 팔 수 있었다.

앤드루 카네기Andrew Carnegie는 자신의 사업 감각 못지않게 사람들을 사귀고 공감대를 형성하는 능력도 자랑스럽게 여긴다고 말했다.

일론 머스크는 공학적 지식만 해박한 것이 아니라 자신의 비전을 투자자들에게 납득시키는 능력 또한 탁월하다.

약 1,500명이 사망한 타이타닉호Titanic 침몰 사고를 모르는 사람은 없다. 하지만 4,000명 가까이 사망한 1948년 중국 여객선 강아호^{Kiangya} 침몰 사고는 거의 언급되지 않는다. 4,345명이 사망한 1987년 도냐파스호^{Doña Paz}의 침몰도 마찬가지다. 2002년 감비아 부근 해역에서 르줄라호^{Le Joola}가 침몰해 1,863명이 사망한 사건도 그렇다.

타이타닉호가 많은 이들의 머릿속에 남은 이유는 스토리에 적합한 요소들 때문일 것이다. 승객에 포함돼 있던 많은 저명인사와 부자 승객들, 생사를 오가는 긴박한 순간을 직접 겪은 생존자들의 입에서 흘러나온 이야기 등이 그것이다. 물론 블록버스터 영화로 만들어졌다는 사실도 한몫했을 것이다.

이 세상이 사실과 객관적 정보를 토대로 움직인다고 생각하는 사람이라면, 훌륭한 아이디어나 가장 큰 숫자, 맞는 답이 승리한다고 믿는 사람이라면 뛰어난 스토리가 영향력을 지닌다는 사실이 혼란스럽고 당황스러울 것이다.

유발 하라리를 비판하는 데 열을 올리는 이들은 하라리의 저서에 새로운 내용이 없다는 사실을 강조하느라 여념이 없다. 머스크 역시 사람들에게 당혹감과 경멸이 섞인 시선을 받는다.

완벽한 세상에서라면 정보의 중요성이 그 정보 전달자의 스토리텔링 능력에 의존하지 않는다. 그러나 우리가 살고 있는 이 세상 사람들은 쉽게 지루함을 느끼고, 인내심이 부족하며, 감정에 쉽게 지배당하고, 복잡한 정보가 마치 스토리의 한 장면처럼 이해하기 쉬워지기를 원한다.

주변을 찬찬히 살펴보자. 정보가 오고가는 어떤 상황에서든, 즉 제품, 기업, 정치, 지식, 교육, 문화가 있는 곳이면 어디서든 뛰어난 스토리가 승리한다.

스티븐 호킹Stephen Hawking은 자신의 물리학 저서들을 두고 이렇게 말한 적이 있다. "누군가 내게 그러더군요. 책에 방정식이 하나 늘어날 때마다 판매량이 절반으로 줄 것이라고요." 독자들이 원하는 것은 지루한 강의가 아니라 기억에 남는 스토리다.

윈스턴 처칠Winston Churchill은 사람들의 말에 따르면 평범한 정치인이었다. 하지만 그는 뛰어난 스토리텔러이자 연설가였다. 감정에 호소하면서 관심을 사로잡고 사람들에게 용기를 불어넣는 일의 달인이었다. 처칠의 이런 능력은 그를 '영국 총리' 하면 제일 먼저 떠오르는 인물로 만들었다.

주식 시장을 생각해보라. 어떤 기업이든 '현재의 주가'에 '미래에 관한 스토리'를 곱한 결과가 곧 그 기업의 가치다. 일부 기업은 스토리텔링에 대단히 뛰어나서, 때로 투자자들이 기업의 미래에 관한 과감한 예측에 설득당한다. 당신이 무언가의 미래를 가늠하고자 할 때는 그것의 이론적 확률 이상을 봐야 한다. 그 확률에 관한 스토리도 같이 봐야 한다는 얘기다. 그 것이 예측 방정식에서 대단히 큰 부분을 차지하기 때문이다.

스토리텔링 기술이 가장 뛰어난 달인은 아마도 코미디언이 아닐까 싶다. 코미디언은 가장 멋진 사상가라 해도 과언이 아니다. 세상 돌아가는 이치를 잘 알면서도 똑똑해 보이려 애쓰기보다는 사람들 앞에서 기꺼이 웃음거리가 되니까 말이다. 그들은 심리학, 사회학, 정치 등 온갖 분야의 소재를 자유자재로 이용해 놀라운 스토리를 만들어낸다. 그렇기 때문에 사회적 행동에 관한 훌륭한 이론을 정립한 학자에게는 아무도 주목하지 않지만 코미디 공연장의 표는 매진이 되곤 하는 것이다.

마크 트웨인은 말했다. "유머는 자신이 똑똑하다고 떠벌리지 않으면서 자신이 똑똑함을 보여주는 방법이다."

*

뛰어난 스토리와 관련해 다음 몇 가지를 기억했으면 한다.

주제가 복잡할 때 스토리는 지렛대 역할을 한다.

지렛대는 적은 힘을 들여 최대한의 잠재력을 뽑아내게 한다. 빌린 돈을 지렛대 삼아 자산을 불리는 것과 마찬가지로 스토리를 지렛대 삼아 복잡한 아이디어나 이론을 전달할 수 있다.

지렛대 없이 사실과 공식을 그냥 들어 올리려고 하면 물리학을 설명하는 일은 어려울 수밖에 없다. 하지만 만일 불이 일어나는 원리를 설명할 때 공들이 언덕을 올라가 서로 부딪힌다는 스토리를 이용하면(뛰어난 스토리텔러인 물리학자 리처드 파인만Richard Feynman이 사용한 방식이다) 복잡한 내용도 금세 수월하게 이해시킬 수 있다.

스토리는 타인을 설득할 때만 요긴한 것이 아니다. 당신 자신에게도 도움이 된다. 알베르트 아인슈타인Albert Einstein의 천재성을 만들어낸 여러 요인 중 하나는 그의 상상력, 즉 머릿속에서 복잡한 개념을 단순한 이미지로 만드는 능력에 있었다.

그는 열여섯 살 때부터 마치 하늘을 나는 카펫에 앉은 것처럼 빛줄기에 올라탄 모습을 상상하면서 빛줄기가 어떻게 움직이고 휘어질지를 생각해봤다. 얼마 후에는 우주 공간에서 움직이는 밀폐된 엘리베이터에 타고 있으면 어떤 기분일지 상상하기 시작했다. 또 트램펄린처럼 탄력성이 좋은 표면 위에 볼링공과 당구공을 올려놓는 장면을 상상하면서 중력을 연구했다. 상상과 스토리를 활용해 책의 내용을 수월하게 이해했다.

켄 번스는 말했다. "평범한 스토리에서 1 더하기 1은 2다. 당연한 얘기다. 하지만 뛰어난 스토리는 1 더하기 1이 3이라고 말해준다." 이것이 바로 지렛대의 힘이다.

가장 설득력 있는 스토리는 사람들이 옳다고 믿고 싶어 하는 것을 말해주는 스토리, 또는 사람들이 직접 경험한 것과 관련된 스토리다.

시인 랠프 호지슨Ralph Hodgson은 "어떤 것은 믿어야만 보인다"라고 말했다. 근거가 빈약한 이야기라도 누군가의 가려운 곳을 정확히 긁어준다면, 또는 사람들이 믿고 싶어 하는 사실에 들어맞는 맥락을 제공한다면, 설득력 높은 스토리가 될 수 있다.

스토리는 다양한 사람들을 하나에 집중하게 한다.

스티븐 스필버그Steven Spielberg는 이렇게 말했다.

— 생각할수록 놀라워요. 영화를 보는 그 많은 사람은 각자가 제각각의 독특한 삶의 경험을 갖고 있습니다. 그런데 세심한 연출과 좋은 스토리텔링으로 그들 모두가 동시에 박수를 치고, 동시에 웃고, 동시에 두려움을 느끼게 할 수 있다니요!

마크 트웨인은 독일 황제 빌헬름 2세가 자신의 책을 전부 읽었다는 말을 들은 그날 오후, 호텔 짐꾼에게서도 같은 말을 듣고는 자신이 성공한 작가가 되었음을 실감했다고 한다. 트웨인은 말했다. "뛰어난 문학 작품이 와인이라면 내 작품은 물이다. 물은 모든 사람이 마신다." 그는 계층이나 지역에 상관없이 인간이라면 누구나 지닌 보편적 감정들을 건드려 공감을 이끌어냈다. 그것은 거의 마법과도 같은 스토리의 힘이다.

다양한 사람들을 하나의 메시지에 집중시키는 것은 대단히 유용하고 값진 기술이다.

뛰어난 스토리는 더는 나아질 수 없을 것 같은 무언가에 숨겨진 수많은 기회를 끌어낸다.

이미 세상에 나와 있지만 누군가가 더 효과적으로 설명하면 100배는 더 발전할 가능성을 지닌 아이디어가 얼마나 될까?

기업이 고객에게 제품을 제시하는 방식이 형편없어서 잠재 시장의 극히 일부만 차지하고 있는 제품이 얼마나 될까?

무수히 많다.

비자Visa의 창립자 디 호크Dee Hock는 말했다. "새로운 것을 창안할 때보다 기존의 것을 새로운 시각으로 바라볼 때 훨씬 더 큰 혁신이 탄생한다."

모든 책은 무조건 새롭고 독창적인 내용을 담아야 한다고, 모든 기업은 이전에 없던 혁신적 제품을 선보여야 한다고 생각한다면, 책을 쓰거나 창업을 하기도 전에 좌절부터 맛볼 것이다. 그러나 유발 하라리와 같은 관점으로 본다면 훨씬 더 많은 기회를 발견할 수 있다. 무엇을 말하고 무엇을 만드느냐가 중요한 게 아니다. '어떻게' 말하고 '어떻게' 전달하느냐가 중요하다.

이 질문을 던져보라. 중요한 질문이다. 맞는 말을 하고 있지만 스토리텔링이 형편없어서 당신이 귀 기울이지 않게 되는 누군가가 있는가? 당신이 진실이라고 믿지만 사실은 영리한 마케팅의 결과에 불과한 것은 무엇인가?

불편하고 대답하기 어려운 질문이다. 하지만 솔직하게 생각해보면 꽤 많은 사람과 꽤 많은 믿음이 위의 케이스에 해당할 것이다. 그리고 당신은 인정할 수밖에 없을 것이다. 뛰어난 스토리가 승리한다는 사실을.

*

이제 시대를 초월해 유의미한 또 다른 진실을 들여다보자. 전쟁, 운동 능력, 주식 시장, 그리고 측정 불가능한 것들에 관한 이야기다.

7

통계가 놓치는 것

측정할 수 없는 힘들이 세상을 움직인다.

Does Not Compute

The world is driven
by forces that cannot be measured.

머리로는 도저히 이해되지 않는 일들이 시도 때도 없이 벌어진다. 숫자가 맞아떨어지지 않고, 설명은 구멍투성이다. 그럼에도 그런 일은 계속 일어난다. 사람들은 늘 터무니없는 결정을 내리고 이성적 사고라는 것 자체를 모르는 듯 기이하게 행동한다.

스프레드시트에 숫자를 입력하면 정확한 답이 나온다. 하지만 인간이 내리는 대부분의 결정은 그런 식으로 이뤄지지 않는다. 인간은 수치화해서 설명하기 힘든 특성을 지닌 존재다. 그래서 때로는 원래 설정한 목표와 아무런 관련이 없어 보이는 행동을 한다. 하지만 수치화하기 힘든 그 특성이 무엇보다 큰 영향력을 지닌다.

철학자이자 역사학자인 윌 듀랜트Will Durant는 말했다. "논리는 인간의 발명품이며 우주는 그 논리를 따르지 않을 수도 있다." 그리고 실제로 자주 그러하다. 세상이 이성적인 방식으로 돌아가리라 기대하는 사람이라면 뒤통수를 얻어맞은 기분이 들 것이다.

감정과 호르몬에 지배당하는 인간의 행동을 수학 공식으로 깔끔하게 정리하려 하기 때문에 뜻밖의 결과 앞에서 당황하는 일이 그토록 많은 것이다.

*

헨리 포드 2세Henry Ford II는 침체에 빠진 포드Ford Motor Company를 회생시키기 위해 로버트 맥나마라Robert McNamara를 영입했다. 제2차 세계대전이 끝난 후 수익이 악화되고 있던 이 기업에는 헨리 포드의 표현에 따르면 '젊은 귀재whiz kid'가 필요했다. 냉철하고 정확한 통계를 바탕으로 한 접근법을 기업 경영에 적용할 인물이 절실했던 것이다.

이후 맥나마라는 베트남전쟁 시기에 국방장관 직을 수행할 때도 통계와 숫자를 중시하는 접근법을 택했다. 그는 모든 것을 수치화해 보고하게 했다. 전시 상황과 관련한 모든 통계 수치의 변화를 일간, 주간, 월간 차트로 보고받았다.

하지만 포드에서 통했던 맥나마라의 전략이 국방부에서는

맹점을 드러냈다. 어느 날 국방부의 특수작전 책임자 에드워드 랜스데일Edward Lansdale이 맥나마라의 통계 수치를 보고 거기에 뭔가가 빠져 있다고 말했다.

맥나마라가 물었다. "뭐가 빠졌단 말이오?"

랜스데일은 대답했다. "베트남 국민들의 감정입니다."

사람들의 감정은 숫자나 차트에 담을 수 없다.

이것은 베트남전쟁을 관리할 때 중요한 문제였다. 국방부로 보고되는 통계 수치는 이 전쟁에 관련된 사람들의 감정을 전혀 반영하지 못하기 때문이다.

미군 총사령관 윌리엄 웨스트모어랜드William Westmoreland는 프리츠 홀링스Fritz Hollings 상원의원에게 "미군이 1명 사망할 때마다 베트콩은 10명 사망하고 있습니다"라고 말했다. 그러자 홀링스가 대답했다. "미국 국민들에게는 그 10명이 아니라 미군 1명이 더 중요합니다."

베트남의 정치가 호치민Ho Chi Minh은 직설적으로 이렇게 말했다고 한다. "너희가 우리 병사 10명을 죽이고 우리가 너희 병사 1명을 죽인다고 하자. 그래도 먼저 지쳐 나가떨어지는 쪽은 너희들일 것이다."

이처럼 전쟁에서 인간의 감정 및 심리와 관련된 측면은 수치로 나타낼 수가 없다.

*

　세상의 어떤 것들은 중요함에도 측정이 불가능하다. 수치화가 불가능하거나 대단히 어렵다. 하지만 그런 것이 결과를 엄청나게 좌우하곤 한다. 수치화할 수 없어서 사람들이 중요성을 간과하거나 심지어 그것의 존재 자체를 부인하기 때문이다.

　시카고대학교의 벽에는 영국의 과학자 켈빈 경$^{\text{Lord Kelvin}}$의 말이 이렇게 새겨져 있다. "측정할 수 없는 대상에 대한 지식은 빈약하고 불충분하다."

　일리 있는 말이다. 그러나 측정할 수 없는 것은 중요하지 않다고 가정하는 일은 위험하다. 오히려 그 반대가 옳다. 세상을 움직이는 어떤 중요한 힘들(특히 사람의 인격 및 심리와 관련한 측면)은 측정하거나 예측하기가 거의 불가능하다.

　제프 베이조스는 말했다. "경험에 의거한 정보와 데이터가 일치하지 않을 때는 대개 전자가 옳다는 사실을 깨달았다. 측정 방법에 문제가 있는 것이다."

　나는 이 말이 한편으론 좋고 한편으론 싫다. 맞는 말이라는 걸 잘 알지만, 한편으론 그게 사실이 아니었으면 좋겠다는, 즉 모든 게 객관적 데이터로 깔끔하게 해결되는 게 속 편할 거란 생각도 들기 때문이다.

제프 베이조스의 말에 담긴 포인트는 역사에서도 종종 목격할 수 있다.

벌지 전투$^{Battle\ of\ the\ Bulge}$는 미군이 어마어마한 피해를 입은 전투였다. 나치 독일이 연합군을 상대로 최후의 대반격을 시도한 이 전투에서 겨우 한 달 남짓한 기간 동안 미군 병사 1만 9,000명이 사망했고 7만 명이 부상을 당하거나 실종됐다.

그토록 피해가 컸던 이유 중 하나는 미국이 전혀 예상하지 못한 전투였기 때문이다. 예상치 못한 이유는, 미군 사령관들의 합리적 판단에 따르면 독일이 반격할 상황이 아니었기 때문이다.

독일군은 반격을 성공시킬 만큼의 충분한 병력이 확보되지 않은 상태였다. 거기다 남은 병력은 전투 경험이 없는 18세 이하 청년이 대부분이었다. 연료도 부족했고, 식량도 부족했다. 벨기에 아르덴 숲의 지리적 특성과 조건도 독일군에게 유리하지 않았고, 날씨도 최악이었다.

연합군은 이 모든 데이터를 갖고 있었다. 독일 사령관이 생각이 있다면 감히 반격을 감행하지는 않을 것이라 추측했다. 따라서 연합군은 이 지역에 많은 병력을 배치하지 않았고 군수품 보급에도 별로 신경 쓰지 않았다.

그런데 그런 상황에서 독일군이 기습 반격을 해왔다. 미군 사령관들이 간과한 점은 히틀러의 심리가 극도로 불안정했다는 사실이다.

히틀러는 이성적 인간이 아니었다. 현실과 이성에서 동떨어져 자신만의 세계에 사는 미치광이였다. 부하 사령관들이 전투에 사용할 연료를 어디서 구해야 하느냐고 묻자, 히틀러는 미군에게서 훔쳐오면 되지 않느냐고 말했다. 그에게 현실은 중요하지 않았다.

역사학자 스티븐 앰브로즈Stephen Ambrose는 1944년 말 당시 미군 사령관 드와이트 아이젠하워Dwight D. Eisenhower와 오마 브래들리Omar Bradley가 전시 전략 수립에 필요한 최고의 이성적 판단력을 갖추고 있었지만 딱 한 가지 디테일을 놓쳤다고 말한다. 그것은 히틀러가 얼마만큼 미치광이였느냐 하는 점이었다.

브래들리의 한 측근은 당시 이렇게 말했다. "만일 우리가 합리적 인간들을 상대로 싸웠다면 그들은 이미 한참 전에 투항했을 것이다." 하지만 그들은 합리적 인간이 아니었다. 그리고 그 사실, 즉 논리와 이성으로 측정하기 힘든 그 사실이 모든 것을 좌우했다.

*

아치볼드 힐Archibald Hill은 매일 아침 7시 15분에 달리기 트랙을 뛰었다. 기록도 꽤 좋아서 실제로 달리기 대회에도 참가했다.

1886년에 출생한 영국의 생리학자 힐은 천생 과학자였다. 개인적으로 흥미를 느끼고 자신에게 테스트해볼 수 있는 문제의 답을 찾는 데에 생애 대부분을 바쳤기 때문이다.

인간은 얼마나 빨리 그리고 얼마나 멀리까지 달릴 수 있을까? 인간의 신체 조건을 고려할 때 각 개인이 최대한 발휘할 수 있는 달리기 역량의 이론적 한계는 어디까지일까? 그는 이 질문의 답을 알고 싶었다.

힐의 초기 연구는 달리기 역량의 최대치를 좌우하는 것이 운동선수의 근육 기능이라는 생각을 토대로 했다. 이때 특히 심장의 역할이 중요했다. 만일 내 심장이 남들보다 근육으로 더 많은 혈액을 보낸다면 나는 남들보다 더 빨리 달릴 수 있다. 이는 정확히 측정이 가능했고, 힐은 신체 역학에 관한 연구로 1922년 노벨의학상을 받았다.

개인의 달리기 역량의 한계를 측정할 수 있다는 것은 말이 된다. 그리고 연구실과 테스트 트랙에서 어느 정도 입증이 가능하다. 그런데 실제 달리기 트랙에서는 얘기가 달라진다.

힐의 계산법은 달리기 경주 우승자를 예측하는 데 거의 실패했다.

뛰어난 기록을 내는 선수가 단순히 심장 기능이 뛰어나고 체내 대사 시스템의 산소 운반 능력이 효율적인 것이라면, 우승할 선수를 알아내는 일은 매우 쉬울 것이다. 하지만 그렇지 않다.

물론 뛰어난 운동선수는 소파에 앉아 TV만 보는 사람보다 심장이 더 튼튼할 가능성이 크다. 그러나 심혈관계 성능과 달리기 기록의 상관관계는 결코 완벽하지 않다. 그렇기 때문에 마라톤이나 올림픽 단거리 경주가 흥미진진한 것이다. 때로는 뛰어난 선수가 경기를 망치고 때로는 누구도 주목하지 않은 다크호스가 우승한다.

한때 달리기 기록이 오로지 심장 및 근육의 기능에 좌우된다고 믿었던 힐은 당황했다. 운동 능력의 계산 및 측정이 달리기 대회 우승자를 예측하는 것에 거의 도움이 안 된 이유가 무엇이냐는 질문을 받았을 때 그는 이렇게 대답했다. "사실은 실용적 용도 때문이 아니라 그저 재미있어서 그런 계산을 한 겁니다."

하지만 힐은 결국 달리기 역량에 신체 조건 이상의 뭔가가 영향을 미친다는 사실을 깨달았다. 이는 운동선수의 기록을 바라보는 과학자들의 관점을 크게 바꿔놓았다.

운동선수의 기록은 단순히 신체적 능력이 만들어내는 것이 아니다. 뇌가 특정 순간에 리스크나 잠재적 보상을 고려해 얼마만큼의 고통을 기꺼이 견디기로 선택하는가도 선수의 기록에 영향을 미친다.

뇌의 가장 중요한 임무는 우리의 생존을 돕는 것이다. 따라서 마치 자동차의 속도 제한 장치처럼, 뇌는 몸이 성능을 최대치로 발휘해야 할 만큼 중요도나 위험이 충분히 높은 상황이 아닌 한, 그 최대치를 발휘하게 놔두지 않는다(신체적 힘을 한계까지 밀어붙여 녹초가 되면 여러 모로 취약한 상태가 된다). 성능을 최대로 발휘할 경우의 리스크를 정당화할 만큼 잠재적 보상이 크지 않다면, 뇌는 성능 발휘의 '한계'를 그보다 낮은 수준으로 설정한다.

테스트 트랙에서 발휘되는 달리기 능력의 최대치는 올림픽 결승전에서 발휘되는 최대치와 다를 수 있고, 또 이 후자는 도끼를 든 살인자에게 쫓기고 있을 때 발휘되는 달리기 능력의 최대치와 다를 수 있다.

이는 사람이 자동차에 깔려 목숨이 위험할 때 누군가가 자동차를 들어 올려 구해내는 놀라운 일이 벌어지는 이유를 설명해준다. 사람의 능력은 그 순간의 상황에 따라 달라진다.

힐은 연구 초기에 이렇게 말했다. "신체는 기계와 같아서 에너지 사용량을 정확히 측정할 수 있다."

하지만 시간이 흘러 신체 능력에 대한 관점이 조금 바뀌고 나서는 이렇게 말했다. "운동 경기에는 단순한 화학적 프로세스 이상의 뭔가가 있다."

측정하기 훨씬 더 어려운 행동 특성 및 심리적 측면이 있다는 얘기다.

운동선수를 압박감과 리스크, 인센티브가 동시에 복잡하게 작용하는 실제 경기에 투입하기 전까지는 그의 진짜 역량을 알 수 없다. 이런 환경은 실험실에서 똑같이 재현할 수 없다.

흥미로운 우연의 일치인지 모르겠지만, 힐은 존 메이너드 케인스의 여동생과 결혼했다.

영국의 경제학자 케인스는 경제와 시장이 기계처럼 정확하게 합리적으로 돌아가지 않는다고 말했다. 시장에도 영혼이 있고 감정이 있다. 케인스는 이를 '야성적 충동animal spirit'이라 불렀다.

힐도 비슷한 것을 깨달았다. 인간의 신체와 관련해서 말이다. 그는 그것을 '정신적 요소moral factor'라고 불렀다. 우리 몸은 기계가 아니다. 따라서 기계처럼 작동하리라 기대해서는 안 된다. 우리에게는 감정과 느낌과 두려움이 있다. 그것들이 우리의 능력에 영향을 미친다.

그것들은 측정하기가 대단히 어렵다.

*

투자자 짐 그랜트Jim Grant는 언젠가 이런 말을 했다.

— 보통주의 가치가 순전히 금리와 한계세율을 감안한 기업 이익에 따라 결정된다고 생각하는 것은, 사람들이 마녀사냥으로 무고한 이를 화형에 처하고, 충동적으로 전쟁을 벌이고, 스탈린을 열렬히 지지하고, 화성인이 지구를 침공했다는 오슨 웰스Orson Welles❖의 말을 믿었다는 사실을 잊어버리는 것과 마찬가지다.

지금까지 늘 그래왔다. 인간은 늘 감정과 비합리성에 지배당했다. 그리고 앞으로도 그럴 것이다.

어떤 투자 대상이나 기업이든, '현재의 숫자'에 '미래에 관한 스토리'를 곱한 결과가 그것의 가치다.

❖ 미국의 배우 겸 영화감독.

숫자는 측정하고 추적하고 공식화하기 쉽다. 요즘은 거의 누구나 시장 정보와 수치 데이터를 값싼 비용으로 편리하게 얻을 수 있으므로 그 프로세스가 더 쉬워지고 있다.

그러나 스토리는 사람들의 희망과 꿈, 두려움, 불안, 집단 정체성 등이 기이하게 반영된 결과물일 때가 많다. 그리고 소셜 미디어가 사람들의 감정을 자극하는 견해와 관점을 퍼트리기 때문에 스토리는 점점 더 기이하게 또는 비이성적인 것으로 변해간다. 몇 가지 사례만 봐도 스토리의 힘이 얼마나 강력한지 알 수 있다.

2008년 9월 10일 리먼브라더스^{Lehman Brothers}의 재무 건전성은 양호해 보였다. 이 은행의 자기자본비율(금융기관의 손실 감수 능력을 평가하는 지표다)은 11.7퍼센트였다. 이는 이전 분기보다 높은 수치였다. 골드만삭스^{Goldman Sachs}나 뱅크오브아메리카^{Bank of America}보다도 높았다. 그것은 금융 업계가 호황이었던 2007년 리먼브라더스의 자기자본비율보다 높은 수치였다.

그리고 72시간 뒤, 리먼브라더스는 파산했다.

그 3일 동안 변화한 유일한 것은 이 은행에 대한 투자자들의 신뢰였다. 투자자들은 이 은행을 믿고 투자를 했다. 하지만 다음 날 신뢰는 사라졌고 그와 동시에 자금의 흐름도 끊어졌다.

그 신뢰가 모든 것을 좌우했다. 하지만 그것은 수치화하기도, 모델을 만들기도, 예측하기도 어려운 무언가였다. 전통적인 가치 모델로 계산할 수 없는 것이었다.

게임스탑GameStop은 그와 정반대였다. 이 기업은 2020년 시장에서 퇴출되기 직전이었다. 그런데 온라인 커뮤니티 레딧Reddit에 모인 투자자들 사이에 게임스탑에 대한 관심이 폭증했고, 이후 주가가 폭등했으며, 이 기업은 어마어마한 자금을 확보했다. 2021년 장중 한때 시가총액이 110억 달러에 이르렀다.

여기서도 역시 마찬가지다. 가장 중요한 변수는 사람들 머릿속의 스토리였다. 그것은 측정할 수도 없고 미리 예상할 수도 없는 유일한 한 가지였다. 그렇기 때문에 결과를 논리적 계산으로 예측할 수 없는 것이다. 이런 일이 일어날 때마다 사람들은 펀더멘탈 지표들이 무의미해지는 것을 보며 충격에 빠지고 흥분한다.

그러나 그랜트의 말이 옳다. 세상은 늘 그래왔다.

∗

1920년대는 광란의 황금기였다. 1930년대는 패닉 그 자체였다. 1940년대에는 세상이 끝을 향해 달려가는 듯했다. 1950년대와 1960년대, 1970년대에는 호황과 불황이 번갈아 반복됐다. 1980년대와 1990년대는 예상치 못한 사건으로 가득했다. 2000년대는 마치 TV 리얼리티 쇼를 보는 것 같았다.

수치 데이터와 논리에만 의지해 경제와 사회를 이해하려는 사람이라면 100년 내내 혼란과 충격에 빠져 허우적댔을 것이다.

기업가정신 및 경제학 전문가인 페어 바일런드Per Bylund는 말했다. "경제적 가치라는 개념은 간단하다. 어떤 이유로든 사람들이 원하는 것이 경제적 가치를 지닌다."

경제적 가치를 결정하는 것은 유용성이나 이윤이 아니다. 어떤 이유에서든 사람들이 원하느냐 원하지 않느냐가 중요하다. 경제와 관련한 수많은 행동 및 의사결정을 일으키는 근본 원인은 결국 인간의 욕구와 감정이다. 때때로 그러한 감정 요인을 분석하거나 예측하기는 거의 불가능하다.

측정할 수도, 예측할 수도, 모델을 수립할 수도 없는 그 한 가지가 모든 비즈니스와 투자 활동에서 가장 큰 영향력을 지닌다. 군에서도, 정치에서도, 직업 선택에서도, 인간관계에서도 마찬가지다. 통계와 계산으로 이해할 수 없는 일이 너무나 많다.

투자 활동에서 종종 목격되는 위험 하나는 맥나마라 같은 접근법에 치우치는 것이다. 즉 통계와 데이터를 최우선시하고 그런 모델에 대한 확신이 너무 강한 나머지 실수나 예상 밖의 일이 일어날 여지가 없다고 믿는 것이다. 터무니없고 기가 막히고 설명 불가능한 사건이 발생하고 그 혼란이 한동안 계속될 가능성을 고려하지 않는 것이다. "이 일이 왜 일어났지?"라는 질문에 늘 합리적인 답이 있으리라 기대하는 것이다. 심지어 어떤 일이 일어났을 때 그것이 자신의 예상과 맞아떨어지는 결과라고 착각한다.

결국 장기적으로 성공하는 사람은 이 세상이 불합리성과 혼란, 골치 아픈 인간관계, 불완전한 인간들로 들끓는 곳이라는 사실을 아는 사람이다.

그런 세상을 살아가야 하는 우리가 기억할 몇 가지를 말해보겠다.

＊

노벨경제학상 수상자 존 내시[John Nash]는 세계적으로 손꼽히는 천재 수학자였다. 하지만 한편으론 조현병을 앓았으며 외계인이 자신에게 암호화된 메시지를 보내고 있다고 확신했다.

실비아 나사르[Sylvia Nasar]는 존 내시의 전기 《뷰티풀 마인드 A Beautiful Mind》에서 내시와 하버드대학 교수 조지 매키[George Mackey]가 나눈 대화를 소개했다.

— "이성과 논리적 사고를 중시하는 당신 같은 수학자가…… 어떻게 외계인이 메시지를 보낸다고 믿을 수 있습니까? 어떻게 당신이 세상을 구할 인물로 외계인에게 선택되었다고 믿을 수가 있습니까? 대체 어떻게 그럴 수가 있죠?"
내시는 특유의 느리고 부드러운 말투로 대답했다. "왜냐하면 초자연적 존재에 대한 생각은 수학적 아이디어와 똑같은 방식으로 내게 찾아왔기 때문입니다. 그래서 진지하게 받아들일 수밖에 없었어요."

때때로 계산과 논리로 이해할 수 없는 일이 일어난다는 사실을 받아들이려면 네 가지를 기억해야 한다.

첫째, 혁신과 발전이 일어나는 것은 다행히도 이 세상에 우리와는 다르게 생각하는 사람들이 있기 때문이다.

세상 모든 일이 예측 가능하고 이성적 방식으로만 돌아간다면 얼마나 좋을까. 하지만 현실은 결코 그렇지 않다. 늘 불확실성이 존재하고, 뭔가를 잘못 이해하고, 사람들의 다음 행동을 예측할 수가 없다.

작가 로버트 그린Robert Greene은 "확실성에 대한 욕구는 정신이 겪는 가장 커다란 질병"이라고 말했다. 그 욕구 탓에 우리는 이 세계가 정확히 계산된 결과가 도출되는 커다란 스프레드시트가 아니라는 사실을 간과한다. 모든 사람이 이 세상을 깔끔하게 정리된 이성적 규칙들로 운영할 수 있는 곳이라고 믿는다면, 인류는 절대 발전하지 못할 것이다.

둘째, 누군가는 합리적 행동이라 여기는 것을 다른 누군가는 미친 짓으로 여길 수 있음을 인정해야 한다. 만일 모든 사람이 선호하는 투자 기간이 똑같고 모두의 목표와 꿈, 리스크를 감내하는 능력이 똑같다면, 모든 것을 통계적 분석과 계산으로 해결할 수 있을 것이다.

하지만 현실은 그렇지 않다. 주가가 5퍼센트 하락한 후 불안감에 휩싸여 주식을 매도하는 것은, 장기 투자자가 보기에는 나쁜 결정이지만 직업적 트레이더에게는 필요한 행동이다.

타인이 비즈니스나 투자와 관련해 내리는 모든 결정이 나의 바람이나 예상과 일치하리라 기대해서는 안 된다.

셋째, 인센티브의 힘을 이해해야 한다. 금융 버블은 비이성적 현상으로 보일지 모르지만, 그 버블 안의 업계에 종사하는 사람들(예컨대 2004년의 모기지 브로커, 1999년의 주식중개인)은 큰돈을 벌기 때문에 버블을 유지시키는 활동을 계속하려는 강한 인센티브가 존재한다. 그들은 고객뿐 아니라 자기 자신도 속인다.

마지막으로, 통계보다 스토리의 힘이 세다는 사실을 잊지 않기를 바란다. "현재 중위소득 대비 주택 가격은 역사상 평균을 상회하며 주택 가격은 시간이 흐르면 평균치로 돌아가는 경향이 있다"는 통계다. "짐은 플리핑flipping❖으로 50만 달러의 수익을 올려서 이제 일찍 은퇴할 수 있다. 그의 아내는 남편이 멋지다고 생각한다"는 스토리다. 그리고 스토리는 즉시 더 큰 설득력을 발휘한다.

측정할 수 없는 것이 세상을 움직인다.

❖ 부동산을 구매한 후 리모델링을 거쳐 되파는 것.

*

　계산과 논리로 이해할 수 없는 세상에서 측정할 수 없는 힘들이 얼마나 큰 영향력을 발휘하는가에 대해 얘기해보았다.

　다음 장은 평온과 번영이 오히려 혼돈을 잉태하는 아이러니에 관한 것이다.

8

평화가 혼돈의 씨앗을 뿌린다

시장이 미친 듯이 과열되는 것은 고장 났다는 의미가 아니다.
미친 듯한 과열은 정상이다.
더 미친 듯이 과열되는 것도 정상이다.

Calm Plants the Seeds of Crazy

Crazy doesn't mean broken.
Crazy is normal; beyond the point of crazy is normal.

탐욕과 두려움의 사이클은 흔히 이렇게 진행된다.

- 우리는 좋은 상황이 영원할 거라고 믿는다.
- 그러면 나쁜 이야기에 둔감해진다.
- 그다음엔 나쁜 이야기를 무시한다.
- 그다음엔 나쁜 이야기를 부인한다.
- 그다음엔 나쁜 상황 앞에서 패닉에 빠진다.
- 그다음엔 나쁜 상황을 받아들인다.
- 이제 나쁜 상황이 영원할 거라고 믿는다.
- 그러면 좋은 이야기에 둔감해진다.
- 그다음엔 좋은 이야기를 무시한다.
- 그다음엔 좋은 이야기를 부인한다.
- 그다음엔 좋은 상황을 받아들인다.

- 이제 좋은 상황이 영원할 거라고 믿는다.

그렇게 결국 출발점으로 돌아온다. 이 사이클이 계속 반복된다. 왜 그런지, 어째서 앞으로도 늘 그럴 수밖에 없는지 살펴보자.

＊

1960년대는 과학적 낙관론의 시대였다. 이전 50년 동안 이뤄진 과학 발전은 그야말로 눈부셨다. 말이 끄는 마차를 타던 인류가 로켓을 쏘아 올렸고, 한때는 나쁜 피를 뽑아내는 사혈 요법에 의존했지만 이제 장기 이식 수술을 하기에 이르렀다.

이런 낙관론은 경제계에도 영향을 미쳤다. 경제학자들은 경기 침체라는 재앙을 뿌리 뽑을 수 있으리라는 강한 기대를 갖게 됐다. 대륙간 탄도 미사일을 개발하고 달에 갈 수 있는 인류라면, 두 분기 연속 마이너스 GDP 성장률이 나오는 것도 미리 막을 수 있지 않겠는가.

세인트루이스 워싱턴대학교의 경제학 교수였던 하이먼 민스키Hyman Minsky는 경제의 내재적 특성상 호황과 불황이 반복될 수밖에 없다고 보았다. 또 경기 침체를 뿌리 뽑을 수 있다는 것은 터무니없는 생각이며 앞으로도 늘 마찬가지일 것이라 여겼다.

중요한 통찰력이 담긴 민스키의 이론은 '금융 불안정성 가설financial instability hypothesis'이라 부른다. 그의 이론을 이해하는 데 어려운 수학 공식이나 복잡한 모델은 필요하지 않다. 이 이론이 설명하는 것은 기본적으로 다음과 같은 심리적 프로세스다.

- 경제가 안정적일 때는 사람들이 낙관적이 된다.
- 사람들이 낙관적이 되면 빚을 내어 투자한다.
- 빚을 내어 투자하면 경제가 불안정해진다.

민스키가 말하는 포인트는 '안정성이 불안정성을 낳는다'는 것이다.

경기 침체의 부재가 실제로는 뒤이어 올 침체의 씨앗을 뿌린다. 그렇기 때문에 우리는 경기 침체를 뿌리 뽑을 수 없다. 민스키는 말했다. "긴 호황기를 거치는 동안, 경제 안정에 기여하는 금융 시스템에서 경제 불안정에 기여하는 금융 시스템으로 변화한다."

안정과 번영이 계속되리라는 믿음은 결국 우리를 불안정과 혼돈으로 데리고 간다. 마치 물리학 법칙처럼 말이다. 이는 대단히 많은 영역에 적용된다.

주식 시장이 절대 하락하지 않는다고 상상해보라. 시장 안정성이 거의 확실하고 주가는 계속 오르기만 한다. 당신이라면 이럴 때 어떻게 하겠는가? 아마 주식을 최대한 살 것이다. 주택담보 대출을 받아서 주식을 더 살 것이다. 한쪽 신장을 팔아서라도 더 사고 싶은 마음이 들 것이다. 누군들 그렇지 않겠는가!

그러면 주식 가격은 계속 상승할 것이다. 주식 가치가 갈수록 높아진다. 주가가 지나치게 오르면 미래 예상 수익은 제로에 가깝게 떨어진다.

그리고 바로 그 시점에 붕괴의 씨앗이 싹을 틔우기 시작한다. 주식 가치가 높아질수록 시장은 전혀 예상치 못한 일에 기습당하기 쉬운 민감한 상태가 된다.

예상치 못한 일이 일어나는 데에는 대개 다음의 여섯 가지가 영향을 미친다.

- 불충분한 정보
- 불확실성
- 무작위성

- 운
- 나쁜 타이밍
- 잘못된 인센티브

자산 가격이 높게 형성돼 있고 시장이 민감해진 상태는 풍전등화와 같다. 아주 작은 사건이나 변화로도 시장이 무너질 수 있다.

아이러니는, 시장이 절대 폭락하지 않을 것 같을 때(더 현실적으로 표현하자면, 사람들이 그렇다고 믿을 때) 폭락할 가능성이 훨씬 더 높다는 사실이다.

시장이 안정돼 있다는 믿음이 낳은 '똑똑하고 합리적인' 행동이 자산 가격을 높이고, 그렇게 높아진 자산 가격이 불안정성을 초래한다. 안정성이 불안정성을 낳는 것이다. 또는 다른 말로 표현하면 이렇다.

평화가 혼돈의 씨앗을 뿌린다. 늘 그래왔고, 앞으로도 그럴 것이다.

＊

작가 켈리 헤이스Kelly Hayes는 "역사를 모르는 사람에게는 모든 사건이 유례없는 특이한 일로 느껴진다"라고 했다. 이는 매우 중요한 말이다.

역사에 큰 관심을 가진 팟캐스터 댄 칼린^{Dan Carlin}은 그의 책《하드코어 히스토리^{The End Is Always Near}》에서 이렇게 말했다.

— 지난 시대의 인류와 우리가 무엇보다 다른 점은 질병에서 훨씬 자유로워졌다는 사실이다. ……만일 현재의 우리가 산업화 이전 시대의 선조들이 늘 겪었던 사망률을 1년 동안 경험한다면 엄청난 사회적 혼란이 일어날 것이다.

현대의 삶은 과거 그 어느 때보다 안전하다. 그리고 지난 한 세기 동안 이뤄진 모든 발전은 전염병의 감소 덕분이라 해도 과언이 아니다. 1900년에는 미국인 10만 명당 약 800명이 전염병으로 사망했다. 2014년에는 10만 명당 46명이었다. 94퍼센트 감소한 것이다. 이와 같은 전염병 감소는 인류에게 축복이었다.

이 지점에서 '하지만'이라는 부사는 필요 없어 보인다. 전염병 감소는 전적으로 기쁜 소식이니까. '하지만' 그것은 예상치 못한 결과를 낳았다.

전염병 사망자가 크게 줄어들자 사람들이 전염병에 덜 대비하게 된 것이다. 의학적 측면에서는 아닐지라도 심리적 측면에서는 확실히 그렇다. 100년 전에는 비극적이지만 흔하게 일어났던 일이 이제는 비극적이면서 '상상할 수 없는' 일이 되었다. 그래서 코로나19가 우리에게 그토록 큰 충격과 혼란을 안겨준 것이다.

뉴욕 시장 에드 코크^{Ed Koch}의 연설문 작성자였던 클라크 웰턴^{Clark Whelton}은 이렇게 썼다.

— 1930년대와 1940년대에는 전염병에 걸리는 것이 특별한 일이 아니었다. 볼거리, 홍역, 수두, 풍진이 온 동네와 학교에 퍼지곤 했다. 나도 이 네 가지 전염병을 모두 겪었다. 해마다 수많은 사람(대부분 아이들)이 소아마비에 걸려 신체가 마비되거나 사망했다. 백신도 없었다. 당시에 성장기를 보낸다는 것은 전염병이라는 피할 수 없는 형벌을 통과해야 함을 의미했다.

이를 생후 몇 주 내에 대여섯 가지 백신을 접종한 나의 세대와 비교해보면 완전히 딴 세상 같다. 불과 두 세대 전에 일상적이었던 뭔가가 지금은 상상도 되지 않는다.

만일 코로나19가 1920년에 일어났다면 역사책 속의 수많은 비극 목록 사이에 위험한 전염병 하나로 기록됐을 것이다.

하지만 코로나19 팬데믹은 비교적 평화로운 2020년에 찾아왔기 때문에 강렬한 사건으로 남았고, 앞으로 바이러스의 위험에 대한 사람들의 생각을 변화시킬 것이다.

이 사건에 하이먼 민스키 식 접근법을 적용해보면 이런 질문이 떠오른다. 지난 50년간 팬데믹이 부재했다는 사실이 세상을 코로나19에 더 취약하게 했을까? 전염병 사망자가 감소했기 때문에 우리는 전염병이 현대사회를 강타할 가능성을 과소평가한 것일까?

코로나19가 위험했던 이유 중 하나는, 인류가 지난 100년간 많은 전염병을 훌륭하게 몰아냈기 때문에 2020년을 앞둔 시점에 그 누구도 전염병에 목숨을 위협받는 일이 생기리라 생각하지 못했기 때문이다. 그런 상황은 상상하기 힘들었다. 그래서 팬데믹이 발생했을 때 모두가 완전히 무방비 상태였다. 평화로운 시기의 아이러니는, 그 평화가 안심과 만족을 조성하고 경고를 무시하는 태도를 키운다는 점이다.

그동안 전염병 학자들은 코로나19 같은 감염병이 발생할 가능성을 경고해왔다. 그러나 대부분 이를 무시했다. 사람들은 전염병이 역사책에나 나오는 것이라고, 자신과 상관없는 다른 세계에서나 일어나는 일이라고 생각했다. 이미 물리쳤다고 믿는 위험이 또 다시 발생할 수 있다고 사람들을 설득하기는 어렵다.

2020년 전국보건공무원협회^{National Association of Health Officials} CEO 로리 프리먼^{Lori Freeman}은 "공중보건 시스템이 효과를 내면서 예산 삭감의 대상이 되었다"라고 말했다.

평화가 혼돈의 씨앗을 뿌렸다. 그리고 그런 일은 수시로 일어난다.

우리 삶에서는 다음과 같은 아이러니가 흔하게 목격된다.

- 편집증적 불안은 성공을 낳는다. 긴장을 늦추지 않고 경계하게 만들기 때문이다.
- 하지만 편집증적 불안은 스트레스가 된다. 따라서 성공하고 나면 즉시 그것을 버린다.
- 성공의 동력이었던 것을 버렸으므로 이제 퇴보하기 시작한다. 그리고 그것은 훨씬 더 큰 스트레스가 된다.

비즈니스, 투자, 일, 인간관계 등 모든 영역에서 그렇다.

*

카를 융^{Carl Jung}은 '대극의 반전^{enantiodromia}'을 설명한 바 있다.

이는 한 가지 힘이 과도해지면 결국 그 반대의 힘이 강해진다는 개념이다. 자연이 만들어낸 사례를 하나 들려주겠다.

2010년대 중반 캘리포니아주는 최악의 가뭄을 겪고 있었다. 그러다 2017년에 평소보다 훨씬 많은 비와 눈이 내렸다. 믿기지 않겠지만 타호 호수 일대에는 두세 달 동안 눈이 무려 19미터 넘게 내렸다. 이로써 6년간 이어진 가뭄이 말끔하게 해소됐다. 당연히 기쁜 소식처럼 들린다. 하지만 이는 예상치 못한 역효과를 가져왔다.

2017년의 기록적인 강수량은 그해 여름 식물의 기록적인 성장을 초래했다. 나무와 풀이 그야말로 폭발적으로 성장해서 사막 지역에 있는 동네까지 초록색으로 뒤덮였다.

2018년 가뭄 때 그 식물들이 죽으면서 바싹 마른 불쏘시개가 됐다. 이는 캘리포니아 역사상 손꼽히는 대형 산불을 만들어냈다. 결국 기록적인 강수량이 기록적인 산불을 초래한 것이다.

역사에는 이런 사례가 많다. 이는 폭우와 뒤이은 산불의 흔적이 새겨진 나무의 나이테를 통해 확인할 수 있다. 많은 강수량과 큰 산불은 뗄 수 없는 관계다. "비가 많이 내려 식물 성장이 촉진되는 동안에는 산불이 줄어든다. 그러나 그 식물들이 이후 가뭄 때 말라 죽으면서 산불의 연료가 증가한다"라고 미국해양대기청National Oceanic and Atmospheric Administration은 밝혔다.

얼핏 생각하면 떠올리기 힘든 전개다. 그러나 이때도 마찬가지다. 평화가 혼돈의 씨앗을 뿌린다.

혼돈의 씨앗을 잉태하고 있는 평화. 그것은 우리로 하여금 비극이 벌어질 가능성을, 비극의 결과를 과소평가하게 한다. 사람들이 가장 안전하다고 느낄 때 상황은 가장 위험해질 수 있다.

아카데미 시상식에서 크리스 록Chris Rock의 뺨을 때린 윌 스미스Will Smith에게 덴젤 워싱턴Denzel Washington은 이런 조언을 건넸다. "최고의 순간에 조심해야 해. 그때 악마가 너를 찾아오니까."

＊

상황이 감당할 수 없는 지경에 이르곤 하는 이유에 관해 마지막으로 몇 마디 적어보겠다. 그것은 낙관론과 비관론이 언제나 이성적인 수준 이상으로 커지기 때문이다. 또 그렇게 되는 까닭은 어디까지 가능한지 한계를 아는 유일한 방법이 그 한계를 넘어서까지 가보는 것뿐이기 때문이다.

제리 사인펠드는 인기 최정상의 TV 시트콤에 출연 중이었다. 그가 직접 각본을 쓰고 출연하고 제작하는 시트콤이었다. 그런데 돌연 그만두기로 결정했다. 훗날 그는 한창 잘나가는 시트콤을 중단한 이유를 이렇게 밝혔다. 정상이 어디인지 아는 유일한 방법은 추락을 경험하는 것뿐이라고, 그리고 자신은 그러고 싶은 생각이 없다고 말이다. 그의 시트콤은 시청률이 계속 더 오를 수도 있고 아닐 수도 있었다. 그는 답을 모르는 채로 남는 것을 택했다.

역사 속에서 툭하면 시장이 이성적인 분별력의 한계를 넘어서 부풀어 오르는 이유, 버블이 터져 시장이 폭락하는 이유는 사인펠드 같은 태도를 가진 사람이 거의 없기 때문이다.

우리는 어떻게든 정상을, 최고점을 알려고 한다. 그것을 아는 유일한 길은 너무 지나치게 왔다 싶은 시점까지 계속 밀어붙이는 것이다. 그제야 우리는 뒤돌아보면서 말한다. "아, '그때'가 최고점이었구나."

주식이 고평가되어 있나? 비트코인이 얼마나 가치가 있을까? 테슬라 주가가 어디까지 올라갈까? 수학 공식으로는 답을 알 수 없다. 그 답은 임의의 시점에 다른 누군가가 거기에 얼마나 돈을 투자할 용의가 있느냐에 따라 달라진다. 그들이 무엇을 느끼고, 무엇을 믿고 싶어 하고, 스토리텔러들의 이야기가 얼마나 설득력이 있느냐에 따라 달라진다. 그리고 스토리는 늘 변한다. 당신이 3년 뒤에 어떤 기분 상태일지 예측할 수 없듯이 그 스토리 역시 예측할 수 없다.

어떤 투자 대상의 가치가 올라갈 가능성이 있으면 반드시 어딘가에 있는 누군가는 그것을 직접 알아내려 들기 마련이다. 부자가 되고 싶은 욕구는 강하지만 그에 비해 부를 쌓을 수 있는 쉽고 명확한 기회는 턱없이 적다. 따라서 만일 당신이 "이 상자 안에 기회가 있을지도 모릅니다"라는 푯말을 세워놓으면 반드시 누군가는 다가와서 그 상자를 열어본다. 우리는 최고점이 어디인지 알고 싶어 한다.

그렇기 때문에 시장이 분별력의 범위 내에 머물러 있지 않는 것이고, 그렇기 때문에 늘 비관론과 낙관론에 과도하게 취하는 것이다. 그럴 수밖에 없다.

잠재 기회를 전부 다 써버렸다는 사실을 깨닫는 유일한 길이자 최고점을 확인하는 유일한 방법은, 숫자를 통한 합리적 설명이 가능한 지점을 넘어서까지, 그리고 그 데이터와 관련해 사람들이 믿는 스토리를 넘어선 지점까지 기회를 밀어붙이는 것이다.

타이어 회사에서 새로 개발한 타이어의 한계를 알고 싶을 때 사용하는 방법은 단순하다. 자동차에 장착한 뒤 타이어가

터질 때까지 자동차를 달리게 하는 것이다.

투자자들이 견딜 수 있는 한계를 알고 싶어 하는 시장도 마찬가지다. 언제나 그래왔고, 앞으로도 그럴 것이다. 그러니 다음 두 가지를 기억하자.

첫째, 시장이 미친 듯이 과열되는 것은 뭔가 고장 났다는 의미가 아니다. 미친 듯이 과열되는 것은 정상이다. 더 미친 듯이 과열되는 것도 정상이다.

몇 년에 한 번씩은 시장이 더 이상 제대로 기능하지 못하고 있다는 진단이 나온다. 시장이 투기적 행동에 지배당하고 있다고, 또는 펀더멘탈 지표들과 동떨어진 채 돌아간다고 한다. 하지만 시장은 늘 그래왔다. 사람들이 제정신이 아닌 것이 아니다. 그들은 다른 투자자들이 믿는 스토리의 한계를 확인하고 싶은 것뿐이다.

둘째, 충분함의 미학을 깨닫자. 사인펠드처럼 생각하자. 투자자 차마스 팔리하피티야Chamath Palihapitiya는 누군가가 최고 수익을 내는 방법을 묻자 이렇게 말했다.

— 나는 연간 수익률이 15퍼센트만 되어도 좋겠습니다. 그렇게 50년이 쌓이면 엄청난 수익이 될 테니까요. 나는 어려움에 맞서면서 그저 천천히, 꾸준하게 나아가는 것이 좋습니다.

탐나는 기회가 눈앞에서 아른거릴지 모른다. 그래도 이렇게 말해보면 어떻겠는가. "나는 지금 딱 이만큼의 리스크만 감수하는 데 만족해. 그리고 어떻게 흘러가는지 지켜봐야지."

물론 그러기가 쉽지만은 않을 것이다(그리고 평균적으로 볼 때 시장은 절대 그러지 못한다). 하지만 시도해볼 가치는 있다.

✳

다음 장에서는 또 다른 골치 아픈 주제를 다뤄보려 한다. 뭐든 더 크게 만들고 더 빠르게 진행하려는 인간의 경향에 대한 이야기다.

9

더 많이, 더 빨리

좋은 아이디어라도 무리한 속도를 내면
나쁜 아이디어가 된다.

Too Much, Too Soon, Too Fast

A good idea on steroids quickly
becomes a terrible idea.

워런 버핏은 이런 말을 했다. 여성 9명을 임신시킨다고 해서 한 달 만에 아기를 얻을 수는 없다고. 하지만 우리는 툭하면 프로세스의 속도를 적정 수준 이상으로 높이려고 안달한다.

사람들은 괜찮은 뭔가(특히 수익성 좋은 투자 대상이나 특별한 기술)를 발견하면 곧장 이렇게 말한다.

좋아, 그런데 더 빨리할 수는 없을까?

두 배로 밀어붙여볼까?

규모를 두 배로 키우면 좋지 않을까?

조금 더 짜낼 수 있지 않을까?

당연히 할 법한 말이다. 충분히 이해할 만하다.

그러나 괜찮은 뭔가를 지나치게 밀어붙이고, 결과를 지나치게 빨리 얻으려 하고, 지나치게 짜내려다가 오히려 역효과가 돌아온다는 것을 역사가 보여준다.

모든 일에는 적절한 규모와 속도가 있다. 그 선을 넘으면 문제가 생긴다.

*

로버트 워들로Robert Wadlow. 그는 인류 역사상 가장 키가 큰 사람이었다.

그는 뇌하수체 기능 이상으로 성장 호르몬이 과다 분비되어 키가 엄청나게 자랐다. 여덟 살 때 183센티미터, 열두 살 때 213센티미터였으며 사망 시점인 스물두 살 때는 키 272센티미터에 몸무게 199킬로그램, 발 사이즈는 470밀리미터였다.

워들로를 보면 소설이나 만화에 나오는 초인적 힘을 지닌 거인이 떠올랐다. 평범한 사람보다 훨씬 빨리 달리고, 훨씬 높이 뛰어오르고, 무거운 것도 번쩍 들어올리며, 나쁜 놈들을 짓밟아주는, 그런 캐릭터 말이다. 또는 폴 버니언Paul Bunyan❖의 현실 버전 같았다. 그러나 워들로의 삶은 그와 전혀 달랐다.

그는 다리 보호대를 착용한 채 지팡이를 짚고 걸어야 했다. 걷기가 매우 힘들었기 때문에 걷는 모습이 거의 흐느적거림

❖ 전설 속의 거인 나무꾼.

에 가까웠다. 현재 남아 있는 영상을 보면 그의 몸 움직임이 꽤 불편하고 어색한 것을 알 수 있다. 혼자 힘으로 서 있는 경우가 많지 않았고 대개는 벽에 몸을 기대야 했다.

거대한 몸 때문에 다리가 큰 압박을 받은 탓에 인생 후반부에는 무릎 아래로 거의 감각이 없었다. 만일 그가 더 오래 살아서 키가 더 커졌다면 일상적인 걷기만으로도 다리뼈가 부러졌을 것이다.

사망한 원인도 안타까웠다. 거대한 몸 전체에 혈액을 공급하느라 심장이 세게 뛰는 탓에 다리의 혈압이 높았고 이 때문에 궤양이 생겨 결국 치명적 감염에 이르렀다.

몸 크기가 세 배가 되었다고 해서 성능도 세 배가 되는 것이 아니다. 신체 역학은 그런 식으로 작동하지 않는다. 몸집이 큰 동물은 짧고 두툼한 다리를 갖거나(코뿔소), 몸통에 비해 대단히 긴 다리를 갖는(기린) 경향이 있다. 무거운 몸무게를 지탱하면서 생존할 수 있는 방향으로 몸의 비율이 바뀌는 것이다.

워들로는 인간의 신체 구조가 정상적으로 기능할 수 있는 수준을 넘어서 지나치게 커졌다. 인간의 몸이 커지는 데에는 한계가 있는 것이다.

더 많이, 더 빨리

생물학자 J. B. S. 홀데인J. B. S. Haldane은 이런 규모 증가의 문제가 얼마나 많은 것에 적용되는지 설명했다.

벼룩은 공중으로 60센티미터를 뛰어오를 수 있고 운동선수는 120센티미터쯤 뛸 수 있다. 하지만 벼룩이 사람만큼 커진다고 해서 수백 미터를 뛰어오를 수는 없다. 뛰어오르는 높이가 그런 식으로 비례해 증가하는 것이 아니다.

몸이 거대해진 벼룩에게는 공기 저항도 훨씬 더 커질 테고, 특정 높이까지 뛰어오르는 데 필요한 에너지의 양은 몸무게에 비례한다. 만일 벼룩이 원래 크기의 1,000배로 커진다면 뛰어오를 수 있는 높이가 60센티미터에서 약 180센티미터로 증가할 것이라고 홀데인은 추측했다.

욕조에서 막 나온 사람의 몸에는 약 450그램의 물이 묻어 있다. 이 물은 우리에게 전혀 부담이 안 된다. 반면 물에 젖은 쥐는 물의 무게까지 힘겹게 지고 다녀야 한다. 물에 젖은 파리는 땅바닥에 붙어 꼼짝달싹도 못 하게 된다. 물을 뒤집어쓴 것은 똑같지만 몸 크기가 다르다는 사실이 완전히 다른 문제를 만들어내는 것이다.

홀데인은 "모든 동물에게는 가장 알맞은 크기가 있다. 그리고 크기가 변하면 필연적으로 형태도 변한다"라고 말했다.

가장 알맞은 크기. 이는 모든 것이 원활하게 돌아가는 적절

한 상태를 말한다. 이때 크기를 늘리거나 속도를 높이면 적절
한 상태가 깨지기 쉽다. 삶의 많은 영역에서 그러하다.

✳

투자의 역사를 아주 간단히 요약하면 이렇게 된다. 주식은
장기적으로는 큰 수익을 가져다주지만, 보유자가 빨리 수익을
내려고 하면 가혹한 손실을 안겨준다.

다음 그래프는 미국 시장에서 주식 보유 기간에 따라 플러
스 수익률이 얼마나 자주 발생하는지를 보여준다. 이 그래프
를 보면 '가장 알맞은' 투자 기간이 존재함을 알 수 있다. 약

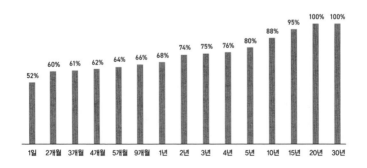

미국 주식: 주식 보유 기간별 플러스 수익률을 낸 비율
(1871-2018년. 배당금 및 물가상승률을 감안한 수치임.)

10년 또는 그 이상이다. 10년 또는 그 이상 투자하면 시장은 거의 항상 인내심에 보상을 해준다.

투자 기간을 압축할수록 투자자는 운에 더 의존하게 되고 실패하기 쉽다. 역사 속의 투자 실패 사례들을 훑어보라. 그중 자그마치 90퍼센트가 이 자연스럽고 '가장 알맞은' 투자 기간을 짧게 압축하려 한 탓에 일어났다.

기업에서도 비슷한 일이 일어난다. 스타벅스Starbucks는 창업하고 23년 후인 1994년에 매장이 425개였다. 1999년에는 한 해에만 625개 매장을 새로 열었다. 2007년경에는 1년에 매장을 2,500개씩 열고 있었다. 매장이 약 4시간마다 하나씩 생긴 셈이다.

하나의 결과는 또 다른 결과를 낳았다. 성장 목표 수치를 달성하려는 욕구가 결국 합리적 분석과 판단을 밀어냈다. 스타벅스 매장의 포화 상태는 도를 넘었다. 경제 호황기였음에도 동일 매장 매출 성장률이 50퍼센트 감소했다.

하워드 슐츠Howard Schultz는 2007년 경영진에게 보낸 메일에 이렇게 썼다. "1,000개도 안 되던 매장이 1만 3,000개로 늘어나는 동안 우리는 일련의 결정을 내렸고 지금 되돌아보면 그 결정들이 '스타벅스 경험'을 희석했습니다."

2008년 스타벅스는 매장 600개를 폐점하고 1만 2,000명의 종업원을 해고했다. 스타벅스 주가는 73퍼센트 떨어졌다. 2008년임을 감안하더라도 끔찍한 하락이었다.

슐츠는 2011년 자서전 《온워드Onward》에 이렇게 썼다. "성장은 전략이 아니라 전술일 뿐이다. 무분별한 성장이 전략이 되었을 때 우리는 방향을 잃고 헤맸다."

스타벅스에는 가장 알맞은 규모가 있었다. 어느 기업이나 마찬가지다. 그 선을 넘어가면 매출은 증가할지 몰라도 실망한 고객 수는 더 빠르게 증가한다. 로버트 워들로가 거인이 됐지만 제대로 걷기 힘들었던 것처럼 말이다.

이에 대해 누구보다 잘 알았던 타이어 재벌 하비 파이어스톤Harvey Firestone은 1926년에 이렇게 말했다.

— 단번에 시장을 장악하려는 것은 어리석은 생각이다. 첫째, 대개 그것은 불가능하므로 많은 비용을 날리게 된다. 둘째, 설령 가능하다 해도 생산 시설이 감당하지 못한다. 셋째, 설령 가능하다 해도 오래 유지하기 힘들다. 너무 단기간에 거대해진 기업은 하루아침에 큰돈이 생긴 소년처럼 행동하기 십상이다.

기업 합병의 경우도 마찬가지다. 경영진이 고객이 합당하다고 여기는 수준보다 더 빠른 성장을 원할 때 종종 인수를 통한 성장을 추구한다. 고객이 바라는 규모가 기업의 가장 알맞은 규모에 가까울 가능성이 높으며, 그 선을 넘은 무리한 확장은 온갖 종류의 실망을 낳게 된다.

나심 탈레브는 자신이 연방 차원에서는 자유주의자이고 주^州 차원에서는 공화당 지지자이며 자신이 사는 도시 차원에서는 민주당 지지자이고 가족들 사이에서는 사회주의자라고 말한다. 집단 크기가 4명에서 100명, 10만 명, 또는 1억 명으로 커지면 그때마다 사람들이 리스크와 책임을 다루는 방식은 완전히 달라진다.

기업 문화도 그렇다. 10명 규모의 회사에서 효과가 있는 경영 스타일을 1,000명 규모의 회사에 적용하면 경영을 망칠 수 있다. 이는 단기간에 빠르게 커진 기업이 종종 깨닫는 아픈 교훈이다.

우버^{Uber} 창립자이자 전 CEO 트래비스 캘러닉^{Travis Kalanick}이 대표적인 예다. 우버 초창기에는 캘러닉만이 회사를 성장시킬 수 있었지만, 회사가 성숙해감에 따라 캘러닉이 아닌 다른 누군가가 필요해졌다. 그것은 캘러닉의 잘못이 아니다. 때로 어떤 것(즉 리더십)은 규모를 확대할 수 없음을, 즉 기업의 성장 단계에 따라 필요한 리더십이 달라질 수 있음을 보여줄 뿐이다.

자연에도 이와 유사한 사례가 숱하게 많다. 좋은 것이라도 무리하게 속도를 내면 문제나 재앙이 초래되곤 한다.

＊

대개 어린 나무는 커다란 엄마 나무의 우거진 가지들이 만든 그늘에서 수십 년을 보낸다. 햇빛을 적게 받으므로 천천히 자란다. 천천히 자라기 때문에 밀도 높고 단단한 나무가 된다.

그런데 만일 탁 트인 들판에 나무를 심으면 얘기가 다르다. 주변에 큰 나무들이 없으므로 어린 나무는 햇빛을 듬뿍 받고 빠르게 성장한다. 이렇게 빠르게 성장하면 무르고 밀도가 낮은 나무가 된다. 밀도가 높아질 시간이 없는 탓이다. 그리고 이런 나무는 곰팡이류가 잘 번식하고 질병에 취약해진다. "빨리 자라는 나무는 쉽게 썩으므로 어른 나무로 성장할 기회를 갖지 못한다"라고 산림 전문가 페터 볼레벤Peter Wohlleben은 설명한다. 서두르면 망치는 법이다.

동물의 경우를 보자. 어린 물고기들을 두 그룹으로 나눈 뒤한 그룹은 비정상적으로 차가운 물에, 다른 그룹은 비정상적으로 따뜻한 물에 넣는다. 이때 차가운 쪽과 따뜻한 쪽 모두 특정한 온도에서 흥미로운 현상이 발생한다. 차가운 물 속의 물고기는 일반 물고기보다 느리게 자라고, 따뜻한 물 속의 물고기는 일반 물고기보다 빨리 자라는 것이다. 그런 뒤 두 그룹의 물고기를 다시 정상 온도의 물에 넣으면 결국에는 모두 정상적인 어른 물고기로 성장한다.

하지만 놀라운 일이 일어난다. 어린 시절에 일반 물고기보다 느리게 성장한 물고기는 평균 수명보다 30퍼센트 더 오래 산다. 반면 일반 물고기보다 빨리 성장한 물고기는 평균 수명보다 15퍼센트 일찍 죽는다. 이는 글래스고대학교 생물학자들이 발견한 사실이다.

그 이유는 별로 복잡하지 않다. 연구 팀의 설명은 이렇다. 인위적 성장 촉진은 조직 손상을 가져올 수 있고 "손상된 생체 분자의 관리 및 회복에 쓰일 자원이 대신 빠른 성장에 사용될 수 있다"고 한다. 반대로 느리게 성장한 경우에는 "관리 및 회복에 할당되는 자원이 증가"한다.

연구팀의 일원인 닐 멧칼프Neil Metcalfe는 이렇게 설명했다. "급하게 만든 기계는 신중하게 공들여 만든 기계보다 더 빨리 고장 나는 법이다. 우리의 연구 결과는 생명체의 몸도 마찬가지일 가능성을 시사한다."

성장은 좋은 것이다. 왜소하고 약한 개체는 결국 강자에게

잡아먹힐 테니까. 그러나 강제적인 성장, 지나치게 빠른 성장, 인위적인 성장은 역효과를 내기 십상이다.

로버트 그린은 말했다. "창의성 발현을 막는 가장 큰 장애물은 조급함이다. 중간 과정을 신속하게 끝내고 세상을 깜짝 놀라게 할 결과물을 빨리 내놓고 싶은 그 불가피한 욕망 말이다."

이번 장을 끝내며 이것만은 꼭 말해두고 싶다. 사랑이든 일이든 투자든, 우리 인생에서 중요한 것들은 이 두 가지가 있어야 가치 있는 뭔가가 된다. 인내심과 희소성이다. 인내심을 지녀야 그것이 성장하는 것을 지켜볼 수 있고, 희소성이 있어야 그것의 소중함을 느끼며 감사할 수 있다.

하지만 인생에서 중요한 것을 대할 때 사람들이 가장 흔하게 택하는 접근법 두 가지는 뭘까? 더 빨리하려는 것, 더 규모를 키우려는 것이다. 언제나 그게 문제였다. 그리고 앞으로도 계속 그럴 것이다.

＊

다음 장에서는 사람들이 어떻게, 언제, 왜 동기를 느끼고 행동하는지 알아보려 한다.

IO

마법이 일어나는 순간

고통은 평화와 달리 집중력을 발휘시킨다.

When the Magic Happens

Stress focuses your attention in ways
that good times can't.

역사를 보면 일관되게 나타나는 현상이 있다. 중요한 변화와 혁신은 근심 걱정 없는 평화로운 세상에서는 일어나지 않는다는 사실이다. 그것은 끔찍한 일이 진행 중일 때나 비극적 사건이 터진 후에 일어나는 경향이 있다. 사람들이 충격과 불안에 휩싸였을 때, 신속하게 행동하지 않을 경우 너무 고통스러운 결과가 예상될 때, 그때 혁신이 등장한다.

*

트라이앵글 의류 공장 화재는 뉴욕시 역사에서 손에 꼽히는 끔찍한 비극이었다.

1911년 3월 25일, 수백 명이 일하는 의류 공장에서 화재가 발생했다. 그들 대부분은 이민자 여성이었다. 게다가 대다수는 10대였고 22세를 넘은 여성이 별로 없었다.

공장은 삽시간에 불바다가 되었다. 곧 소방관들이 도착했다. 하지만 소방 사다리가 6층까지밖에 닿지 않았다. 불길에 갇힌 노동자들은 그보다 위쪽 네 개 층에 있었다.

생존자인 베시 코헨^{Bessie Cohen}에 따르면 "필사적으로 탈출하려고 모두가 내달렸다"고 한다. 아비규환 속에서 노동자들은 산소를 조금이라도 들이마시려고 건물 창문 쪽으로 몰렸다.

건물 앞 거리에 사람들이 모여들기 시작했다. 평생 잊지 못할 장면이 그들의 눈앞에서 펼쳐졌다. 한 행인은 옷감이 담긴 불타는 자루 같은 것이 건물 밖으로 던져져 쿵 하고 땅바닥에 떨어졌다고 말했다. 또 다른 행인은 안에서 사람들이 화재가 번지는 걸 막기 위해 불붙은 옷들을 창밖으로 던지는 게 틀림없다고 말했다.

쿵 하는 둔탁한 소리가 몇 번 더 난 뒤에야 사람들은 그것이 창문으로 뛰어내린 노동자임을 깨달았다. 한 명도 아니고, 두세 명도 아니고, 십수 명이었다. 한 목격자는 "쿵 하는 소리가 날 때마다 사람이 죽어 있었다"고 말했다.

노동자들이 아무 때나 쉬는 것을 막으려고 출입문과 비상계단으로 통하는 문이 잠겨 있었다. 화물 엘리베이터까지 작동을 멈추자 창문으로 뛰어내리는 것이 불구덩이를 벗어날 유일한 방법이었다.

코헨은 이렇게 회상했다. "내 친구 도라도 거기 있었어요. 창문으로 뛰어내리기 직전의 도라 얼굴이 지금도 생생해요."

이 끔찍한 비극을 만들어낸 화재는 30분도 안 돼 진화되었다. 하지만 이 사고로 146명의 노동자가 목숨을 잃었다.

거리에서 화재를 직접 목격한 사람들 중 한 명인 프랜시스 퍼킨스Frances Perkins라는 여성은 그날 저녁, 기자에게 이렇게 말했다. "필사적으로 탈출하려는 사람들이 두세 명씩 함께 뛰어내렸어요. 결국 구명망이 찢어지고 말았죠. 소방관이 뛰어내리지 말라고 계속 소리쳤어요. 하지만 그들에겐 달리 선택지가 없었죠. 뜨거운 불길이 바로 등 뒤에까지 와 있었으니까요."

그로부터 약 20년 후◆ 퍼킨스는 프랭클린 루스벨트 행정부의 노동부 장관으로 임명되었다. 미국 최초의 여성 장관이었다.

퍼킨스는 트라이앵글 공장 화재를 목격한 뒤 노동자의 근로 환경이 더 나았더라면 수많은 목숨을 구할 수 있었으리라는 생각을 떨칠 수 없었다. 출입문만 잠그지 않았더라도, 비상계단만 제대로 사용했더라도 많은 이들이 살았을 것이다. 이후 퍼킨스는 다른 많은 운동가와 함께 노동자 권리를 위해 싸우는 데에 일생을 바쳤다.

퍼킨스는 말했다. "우리는 죄책감을 느꼈어요. 이런 비극이 다시는 일어나지 않게 하기 위해 모두가 힘을 합쳤습니다." 그녀는 트라이앵글 화재가 "그런 비극을 초래할 수 있는 노동 환경을 개선하는 투쟁에 내가 몸 바쳐야 하는 이유를 상기시켜주는, 잊지 못할 사건"이라고 했다.

여러 면에서 볼 때 트라이앵글 화재는 20세기를 변화시킨 노동자 권리 운동의 시발점이었다.

퍼킨스는 화재 사건 이후 거의 반세기가 지난 뒤 이렇게 말했다. 뉴딜(침몰해가는 미국을 일으켜 세우기 위해 1930년대에 시행된 이 경제 정책은 노동자 권리 증진을 중요시했다)에 담긴 정신의 출발점은 1911년 3월 25일 일어난 트라이앵글 공장 화재였다고 말이다.

비극은 우리에게 고통과 괴로움, 충격, 슬픔, 혐오감을 안겨준다. 그러나 마법 같은 변화를 초래하는 동력이 되기도 한다.

*

자동차와 비행기는 현대 역사에서 가장 혁신적인 발명품 목록에 반드시 들어간다. 하지만 발명 초창기를 들여다보면 흥미로운 점이 있다.

자동차가 막 등장했을 때 "저걸 타고 출퇴근하면 딱 좋겠군"이라고 생각한 사람은 거의 없었다.

비행기를 보고 "다음번 휴가 때는 저걸 타고 가야겠어"라고 말한 사람도 거의 없었다.

그렇게 생각하게 되기까지는 수십 년이 더 걸렸다. 자동차와 비행기의 초창기에 사람들은 이런 질문을 떠올렸다. "저기에 기관총을 탑재할 수 있을까?" "저걸 타고 폭탄을 투하하면 어떨까?"

아돌푸스 그릴리Adolphus Greely는 자동차 업계와 무관했지만 '말 없는 마차'가 유용할 가능성을 깨달은 소수의 사람 중 하나였다. 미군 준장인 그릴리는 미 육군에서 사용할 목적으로 1899년(포드의 모델 T가 출시되기 약 10년 전이다)에 자동차 세 대를 구입했다.

〈로스앤젤레스 타임스Los Angeles Times〉는 그릴리 준장의 자동차 구입을 두고 이렇게 보도했다.

— 이들 자동차는 기관총이나 경포를 수송하는 데 사용할 수 있다. 군 장비와 탄약, 군수 물자를 옮기거나 부상당한 병사를 후방으로 후송할 때도 사용할 수 있다. 또 전반적으로

는 현재 노새와 말의 힘을 빌려야 하는 대부분의 작업에 활용할 수 있다.

9년 뒤 〈로스앤젤레스 타임스〉는 윌버 라이트와 오빌 라이트 형제Wilbur and Orville Wright를 인터뷰한 기사를 실었다. 형제는 자신들이 만든 하늘을 나는 기계의 가능성에 관해 이야기했다.

— 라이트 형제는 비행기의 유용성이 전적으로 전시에 정찰 임무를 수행하는 능력에 있다고 말한다. 이들은 자신의 발명품을 민간 기업에 판매할 생각이 없으며 워싱턴의 육군성에서 채택해주기를 바란다.

라이트 형제에게는 그렇게 믿을 만한 이유가 있었다. 비행기 개발 초창기에 그들의 유일한 고객(즉 비행기에 관심을 보인 유일한 집단)은 미 육군이었다. 1908년 미 육군은 그들에게서 최초의 군용 비행기를 구매했다.

군에서 자동차와 비행기에 관심을 보인 것은 우연한 선견지명이 아니었다. 굵직한 혁신과 발명품의 목록을 죽 훑다보면 군대가 반복적으로 등장한다.

레이더/ 원자력/ 인터넷/ 마이크로프로세서/ 제트기/ 로켓/ 항생제/ 주간州間 고속도로/ 헬리콥터/ GPS/ 디지털 사진/ 전자레인지/ 합성 고무

이것들은 모두 처음에 군사 목적으로 만들었거나 군의 영향을 크게 받았다. 왜 그럴까? 군대에 가장 뛰어난 기술적 선구자와 가장 재능 있는 엔지니어가 모여 있어서일까? 어쩌면 그럴지도 모른다.

그러나 더 중요한 점은 이것이다. 군은 '당장 해결해야 하는 대단히 중요한 문제들'이 존재하는 곳이다. 혁신을 낳는 동력은 인센티브이고, 인센티브에는 다양한 형태가 있다.

"이걸 해결하지 못하면 회사에서 잘릴지도 몰라." 그러면 머리가 빠릿빠릿하게 돌아가기 시작한다.

"이 문제의 해결책을 찾아내면 사람들에게 도움이 되고 큰 돈도 벌게 될 거야." 그러면 창의력이 발휘되기 시작한다.

그리고 군에게는 이런 인센티브가 있었다. "당장 해결책을 찾지 못하면 우리 모두의 목숨이 위험할뿐더러 아돌프 히틀러가 세계를 장악할지 몰라." 이런 절박함은 단기간에 가장 뛰어난 해결책과 혁신을 만들어내는 연료가 된다.

프레더릭 루이스 앨런은 제2차 세계대전 시기에 일어난 폭

발적인 과학 발전을 두고 이렇게 말했다.

— 전쟁 기간에 미국 정부가 과학연구개발국Office of Scientific Research and Development을 비롯한 여러 조직을 운영하면서 끊임없이 하고 있던 말은 사실상 이것이었다. "이 기술이 또는 저 발명품이 전쟁에 도움이 될까? 만일 그렇다면 당장 개발해서 사용하자. 비용이 얼마나 들든 상관없어!"

군은 혁신의 엔진이다. 때로 너무나 중차대하고 긴급한 문제를 다루므로 비용과 인력이 얼마나 필요하든 아낌없이 자원을 투입하며, 프로젝트에 참여한 이들이 평시에는 상상하기 힘든 수준으로 협력하기 때문이다.

소비자의 광고 클릭을 유도할 방법을 찾는 실리콘밸리 프로그래머의 인센티브와 국가의 존립을 위협하는 전쟁을 끝내기 위해 모인 맨해튼 프로젝트Manhattan Project❖의 물리학자들의 인센티브를 비교할 수는 없다. 그들이 발휘하는 능력의 수준도 비교가 되지 않는다.

똑같은 지적 능력을 지닌 사람들이라도 어떤 상황에 놓이

❖ 제2차 세계대전 당시 미국의 원자폭탄 개발 계획.

느냐에 따라 잠재력 발휘 수준이 완전히 달라진다.

그리고 큰 혁신이 일어나는 것은 대개 불안과 두려움에 휩싸인 상황, 해결책 발견에 미래가 달려 있어서 빨리 행동해야 한다는 절박함을 느끼는 상황이다.

쇼피파이Shopify 창립자 토비 뤼트케Toby Lütke는 말했다. "모든 것이 순조롭고 아무 문제가 없을 때는 진정한 회복력을 키울 수 없다."

나심 탈레브는 말했다. "역경에 과잉 반응할 때 분출되는 엄청난 에너지가 혁신을 만들어낸다."

고통은 평화와 달리 우리의 집중력을 발휘시킨다. 늑장과 망설임을 허용하지 않는다. 해결해야 할 문제를 우리의 턱밑에 들이밀어 당장 그리고 모든 역량을 동원해 해결하지 않을 수 없게 만든다.

제2차 세계대전 때 한 미국 병사가 신문 기자의 인터뷰에 응했다. 전투 중에 무슨 생각을 하느냐고 묻자 병사는 이렇게 대답했다. "계속 두려움에 떨게 해달라고 기도했습니다. 그것이 살아남을 수 있는, 그리고 경솔한 실수를 막을 수 있는 최고의 방법이었기 때문입니다."

다른 많은 것에도 적용 가능한 의미심장한 말이 아닐 수 없다.

1930년대는 미국 역사에서 손꼽히는 암울한 시기였다. 1932년에는 미국인의 거의 4분의 1이 일자리를 잃었다. 주식 시장은 89퍼센트 폭락했다. 1930년대와 관련해서는 늘 이 두 가지에 관심이 쏠린다. 당연히 그럴 수밖에 없다.

그러나 거의 언급되지 않는 또 다른 이야기가 있다. 1930년 대가 미국 역사상 가장 생산성이 높고 기술적으로 발전한 10년이라는 점이다. 그 시기에 수많은 문제를 해결했고 물건을 더 효율적으로 생산하는 방법을 발견했다는 사실은 사람들에게 잊혔다. 이 잊힌 스토리는 이후 나머지 20세기 동안 엄청난 번영을 이룰 수 있었던 이유를 설명해준다.

몇 가지 숫자만 봐도 알 수 있다. 1930년대의 총요소생산성 total factor productivity(자본, 노동, 에너지, 원재료, 서비스 등 모든 투입 요소를 고려한 생산 효율성 지표)은 전무후무하게 높은 수준이었다.

경제학자 알렉스 필드Alex Field의 말에 따르면 1941년 미국 경제는 1929년에 비해 노동 시간이 거의 증가하지 않았음에도 40퍼센트 더 많은 산출물을 생산했다. 한마디로 생산성이 월등히 높아진 것이다.

1930년대에 일어난 몇 가지 일에 주목해보자. 그것들이 생산성 증가가 일어난 이유를 설명해주기 때문이다.

1920년대는 자동차의 시대였다. 미국 도로 위의 자동차 수는 1912년에 100만 대였지만 1929년에는 2,900만 대가 되었다. 하지만 도로는 다른 얘기였다. 1920년대에 자동차가 판매되는 속도는 도로가 건설되는 속도보다 더 빨랐다.

그러다 1930년이 되자 상황이 바뀌었다. 뉴딜 정책이 실시되면서 공공사업청Public Works Administration의 주도 하에 수많은 도로가 건설되었다.

도로 건설에 지출하는 비용은 1920년에 GDP의 2퍼센트였지만 1933년에는 6퍼센트가 넘었다(오늘날은 1퍼센트 미만이다). 당시 고속도로국의 설명을 보면 프로젝트가 얼마나 빨리 진행됐는지를 알 수 있다.

— 법 시행 이후 첫 고속도로 프로젝트로서 1933년 8월 5일 유타주에서 건설이 시작됐다. 1934년 8월까지 신규 도로 2만 6,000킬로미터가 완성됐다.

도로 인프라의 확충이 생산성에 미친 영향은 어마어마했다. 일례로 펜실베이니아 턴파이크Pennsylvania Turnpike 고속도로는 피츠버그와 해리스버그 사이의 이동 시간을 70퍼센트나 단축했다. 1937년 완공된 금문교는 과거에 샌프란시스코에서 배를 타야만 갈 수 있었던 마린 카운티를 도심과 한번에 연결해주었다.

전국 곳곳에 도로가 건설된 1930년대의 미국은 교통수단의 황금기였다. 자동차 도로는 기존 철도망을 더 효율적으로 활용하게 해준, 교통 시스템의 마지막 연결 고리였다.

1930년대에는 전기 보급도 급증했다. 특히 1920년대에 이뤄진 도시 중심의 전기화에서 상대적으로 소외돼 있던 시골 주민들이 큰 혜택을 입었다.

신설된 농촌전력국Rural Electrification Administration, REA이 농촌 곳곳에 전기를 공급했다. 경제적으로 뒤처져 있던 지역들이 1930년대에 경험한 유일한 발전이었을 것이다. 전기가 들어오는 미국 농촌 가구의 비율은 1935년 10퍼센트 미만에서 1945년 약 50퍼센트로 증가했다.

지금의 우리는 상상하기 힘들지만, 사실 따지고 보면 미국 국민 상당수가 말 그대로 어둠 속에 살았던 게 그리 오래전 일이 아니다. 현재 살고 있는 사람 중에도 당시를 경험한 이들이 있고 우리의 할아버지 세대는 대부분 경험했을 것이다. 프랭클린 루스벨트 대통령은 REA 연설에서 이렇게 말했다.

— 전기는 이제 더 이상 사치품이 아니라 필수품입니다. ……전기는 우리의 가정을 환하게 밝혀줄 뿐 아니라 사람들에게 기꺼이 봉사하는 하인이 될 수 있습니다. 주부의 고된 집안일을 줄여주고 고생하는 농부의 어깨에서 큰 짐을 덜어줄 수 있습니다.

'기꺼이 봉사하는 하인'인 전기는 세탁기, 진공청소기, 냉장고를 돌아가게 했고, 가사노동 시간을 크게 줄이면서 결과적으로 여성의 노동 시장 참여를 늘려주었다. 이런 추세는 반세기 이상 지속됐으며 20세기의 발전과 성 평등을 촉진한 주요 동력이었다.

1930년대의 생산성과 효율성 증대를 촉진한 또 다른 요인은, 경제난 탓에 사람들이 적은 돈으로 가급적 많은 가치를 얻어야 할 필요성이 있었다는 사실이다.

1930년에 최초의 슈퍼마켓이 문을 열었다. 식재료를 구매하는 전통적인 방식은 이랬다. 정육점에 가서 계산대 뒤에 서 있는 주인에게 고기를 구입하고, 그다음에 빵집에 가서 또 계산대 뒤에 있는 주인에게 빵을 구입하고, 그다음에 농산물 판매대에 들러 채소를 사는 식이었다.

슈퍼마켓이 등장하자 얘기가 달라졌다. 슈퍼마켓에서는 모든 물건을 한 공간에 모아놓고 손님이 직접 진열대에서 고르게 했다. 주인 입장에서는 점원을 줄여 인건비가 낮아지므로 비용 효율적인 운영이 가능했고, 손님 입장에서는 싼 가격에 물건을 살 수 있으므로 비용 효율적인 소비가 가능했다. 이런 시스템은 국민의 4분의 1이 실업자인 시기에 식품 판매 시장을 돌아가게 해주는 방식이었다.

셀프서비스 세탁소, 일명 빨래방도 1930년대에 등장했다. 세탁기 판매량이 뚝 떨어지면서 생긴 결과였다. 이들 업체는 "세탁기를 빌려드립니다"라고 홍보했다.

제품 종류를 막론하고 모든 공장은 처참한 매출 수치를 보면서 이런 질문을 던졌다. "어떻게 해야 살아남을 수 있을까?" 그 결과 많은 공장이 헨리 포드Henry Ford가 과거 자동차 생산에 도입했던 조립 라인을 갖추기 시작했다.

1920년대에는 공장의 시간당 생산량이 21퍼센트 증가했다. 프레더릭 루이스 앨런은 이렇게 썼다. "많은 공장이 문을 닫거나 시간제로 가동됐던 1930~1940년 대공황 시기에는 효율성과 경제성에 대한 큰 압박을 받았다. 결국 생산성이 41퍼센트나 향상됐다."

경제학자 로버트 고든Robert Gordon은 말했다. "대공황의 트라우마는 미국이라는 혁신 기계의 속도를 늦추지 못했다. 오히려 혁신의 속도는 더 빨라졌다."

또 1930년대에는 지식 노동이 크게 증가했는데, 취업이 힘들어 달리 할 일이 없는 젊은이들이 학교에 다니는 경우가 많아졌다는 사실이 영향을 미쳤다. 대공황 기간에 고등학교 졸업률은 1960년대가 되기 전까지는 보기 힘든 수준으로 치솟았다.

이 모든 것, 즉 생산성이 높아진 공장과 새로운 혁신 아이디어, 교육받은 인력은 1941년 미국이 제2차 세계대전에 참전해 연합국의 군수물자를 지원하는 핵심 엔진이 되는 데에 결정적 역할을 했다.

여기서 이런 질문이 떠오른다. 대공황이라는 비극이 없었더라도 1930년대에 기술적 도약이 일어났을까? 나는 아니라고 생각한다. 적어도 그만큼의 도약은 불가능했을 것이다.

심각하게 망가진 경제를 살려내려고 필사적으로 노력해야하는 상황이 아니라면 뉴딜 같은 정책을 끝까지 성공적으로 추진하기 힘들다. 줄줄이 파산하는 회사를 목격하지 않았다면 기업들이 그토록 절박하게 생산성과 효율성을 높이지는 않았을 것이다. 경제가 호황이고 장밋빛 전망이 가득할 때는 경영자가 직원들에게 "새로운 걸 시도해봐. 정해진 매뉴얼 따위는 갖다 버려. 상관없으니까."라고 말하지 않는 법이다.

필요에 의해 절박해져야 거대하고 신속한 변화가 일어난다.

제2차 세계대전이 시작된 1939년에는 말 탄 기병이 싸웠지만 마지막인 1945년에는 핵폭탄이 투하됐다. 소련이 세계 최초의 인공위성 스푸트니크 발사에 성공하고 얼마 안 있어 1958년 NASA가 설립되었으며, NASA는 불과 11년 후 인간을 달에 보냈다. 두려움이라는 동기가 작동하지 않으면 이런 단기간 내의 혁신은 일어나기 힘들다.

민간 항공기의 경우도 마찬가지다. 비행기가 무엇보다 안전한 교통수단이 된 것은, 사고가 발생할 때마다 문제점을 찾아 보완하는 강력한 프로세스가 가동되어 미래에 비슷한 사고가 일어날 가능성을 낮췄기 때문이다.

2000년대에도 비슷한 일이 있었다. 2008년 유가가 급등하자 석유 회사들은 혁신을 통해 시추 기술을 개발했고 이후 미국의 석유 생산량은 사상 최고치를 기록했다. 선행한 위기가 없었더라도 이후의 혁신이 일어났을까? 아닐 것이다.

코로나19 위기 때도 비슷했다. 한 세대에 한 번 겪을까 말까 한 리스크와 공포가 새로운 백신의 개발이라는 놀라운 혁신을 낳았다.

제2차 세계대전 당시 미국 과학연구개발국을 이끈 버니바 부시Vannevar Bush는 논란의 여지가 있는 말을 했다. 전쟁 때문에 일어난 의학적 발전(특히 항생제의 생산 및 상용화) 덕분에 목숨을 구한 사람이 전쟁 때문에 목숨을 잃은 사람보다 더 많을 것이라고 말이다.

위기와 비극의 한가운데 있는 동안에는 그것의 밝은 면을 상상하기 힘들다. 그러나 역사에서 반복적으로 목격되듯 밝은 면은 실제로 존재한다.

＊

고통이 동력이 된 혁신에는 분명히 한계가 있다. 의미 있는 고통과 모든 것을 무너트리는 처참한 재앙은 다르다. 후자는 혁신을 가로막는다. 자원이 바닥나고 사람들이 위기 극복을 위해 혁신을 모색하는 것이 아니라 그저 당장의 생존에 급급해지기 때문이다.

그리고 위기의 반대 상황을 생각해보는 것 또한 중요하다. 모든 것이 만족스러울 때, 즉 부가 넘치고 미래 전망이 밝으며 책임질 일이 별로 없고 위험 요소가 사라진 듯 보일 때, 때로 인간은 가장 어리석게 행동하고 최악의 결정을 내리며 생산적이지 않게 행동한다.

언젠가 리처드 닉슨Richard Nixon 대통령은 이렇게 말했다.

— 세상에서 가장 불행한 이들은 프랑스 남부 해안이나 미국의 뉴포트, 팜스프링스, 팜비치 같은 유명 휴양지를 좇아다니는 사람들이다. 밤이면 파티를 즐기고, 낮에는 골프를 치고, 흥청망청 마시고 떠들며 생각은 거의 하지 않는 사람들, 은퇴하고 아무 목적의식 없이 사는 사람들이다.

물론 누군가는 내 말에 격하게 반대하면서 이렇게 말할 것이다. "백만장자가 된다면 얼마나 좋을까. 그거야말로 최고의 인생이지!" 날마다 일할 필요가 없다면, 그저 낚시나 사냥, 골프, 여행이나 하며 산다면 최고의 인생일 것이다. 하지만 그런 사람은 인생을 알지 못한다. 인생을 의미 있게 만드는 것은 목적의식이기 때문이다. 목표, 치열한 싸움, 고군분투이기 때문이다. 설령 승리하지 못할지라도 말이다.

기업가 앤드루 윌킨슨Andrew Wilkinson도 비슷한 맥락의 말을 했다. "성공한 이들은 대부분 불안과 스트레스를 늘 달고 살지만 그것이 생산성을 위한 동력이 된다."

투자자 패트릭 오쇼너시Patrick O'Shaughnessy는 이렇게 말했다. "나는 놀라운 성취를 거둔 사람을 많이 만났는데 그들은 대개 행복해 보이지 않았다. 오히려 '괴로워' 보인다고 해야 맞을 듯했다."

두려움과 고통, 역경은 긍정적 감정이 결코 따라갈 수 없는 강력한 동기 부여 요소다. 이것은 역사가 주는 큰 교훈이다. 그리고 이 교훈은 결국 우리에게 이런 깨달음을 준다. '어떤 삶을 원해야 할지 신중하게 생각하고 판단하라.'

아무런 걱정도 고통도 스트레스도 없는 삶이 행복할 것 같다. 하지만 그런 삶에는 동기부여도 발전도 없다. 역경을 두 팔 벌려 환영할 사람은 없다. 하지만 우리는 그것이 창의적 문제해결과 혁신의 가장 강력한 연료라는 사실을 인정해야 한다. 과거의 고통은 현재 우리가 누리는 좋은 것들을 낳은 토대이며, 현재의 고통은 미래에 누릴 것들을 위한 기회의 씨앗이다.

*

이제 드와이트 아이젠하워의 인생 최악의 날과 관련된 이야기를 해보겠다. 기적 같은 발전과 비극이라는 주제를 다룰 생각이다.

II

비극은 순식간이고,
기적은 오래 걸린다

좋은 일은 작고 점진적인 변화가 쌓여

일어나므로 시간이 걸리지만,

나쁜 일은 갑작스러운 신뢰 상실이나

눈 깜짝할 새에 발생한 치명적 실수 탓에 일어난다.

Overnight Tragedies and Long-Term Miracles

Good news comes from compounding,
which always takes time, but bad news comes
from a loss in confidence or a catastrophic error
that can occur in a blink of an eye.

좋은 일은 시간이 걸리지만 나쁜 일은 순식간에 일어나는 경향이 있다. 워런 버핏은 평판을 쌓는 데는 20년이 걸리지만 그것이 무너지는 데는 5분이면 충분하다고 말했다. 세상의 많은 일이 그렇다.

좋은 일은 작고 점진적인 변화가 쌓여 일어나므로 시간이 걸리지만, 나쁜 일은 갑작스러운 신뢰 상실이나 눈 깜짝할 새에 발생한 치명적 실수 탓에 일어난다.

*

1955년 9월 23일 드와이트 아이젠하워 대통령은 점심으로 햄버거를 먹었다. 그날 저녁, 그는 가슴 통증을 호소하면서 양파를 많이 먹어서 속이 쓰린 모양이라고 아내에게 말했다. 그리고 곧 공황 상태에 빠졌다. 심각한 심근경색이 일어난 것이다. 하마터면 목숨을 잃을 수도 있었다. 만일 그랬다면 아이젠하워는 그해에 심장 질환으로 사망한 70만 명 이상의 미국인 중 한 명이 됐을 것이다.

그 이후 매우 놀라운 변화가 일어났다. 하지만 그 변화에 관심을 기울인 사람은 거의 없었다.

미 국립보건원National Institutes of Health 자료에 따르면, 1950년대 이후 지금까지 심장 질환으로 인한 연령표준화 1인당 사망률은 70퍼센트 이상 감소했다. 미국에서는 상당히 많은 사람이 심장 질환으로 사망하므로 사망률이 70퍼센트 감소했다는 것은 어마어마하게 많은 사람이 목숨을 구했다는 의미다.

만일 사망률이 감소하지 않았다면, 다시 말해 의학 기술이 발전하지 않아서 사망률이 1950년대 이후 안정적인 상태에 이르지 못했다면, 지난 65년 동안 심장 질환으로 사망한 미국인은 실제보다 2,500만 명 더 많았을 것이다. 무려 2,500만 명이다!

1년 단위로 따져봐도 엄청난 발전이 체감된다. 현재 해마다 심장 질환으로 죽는 미국인 수는 1950년대 이후 사망률이 감소하지 않았다고 가정했을 경우의 사망자보다 50만 명 이상 더 적다. 달로 따지면 매달 미식축구 경기장을 꽉 채울 정도의 사람이 목숨을 구하는 것이다.

이게 어찌 대단한 사실이 아닐 수 있을까? 이것이 얼마나 놀라운 발전인지 동네방네 외치며 알려야 하는 것 아닐까? 심장병 전문의들을 위한 동상이라도 세워야 하는 것 아닐까? 왜 그러지 않을까?

그 이유를 말해주겠다. 발전이 너무 천천히 진행돼서 사람들이 알아채지 못했기 때문이다.

1950년에서 2014년 사이 심장 질환 사망자의 연간 감소율은 평균 1.5퍼센트였다. 사람들은 "심장 질환 사망자, 지난해 1.5퍼센트 감소"라는 뉴스 헤드라인을 보면 어떻게 반응할까? 십중팔구 그저 하품 한 번 하고 다른 기사로 눈을 돌릴 것이다.

우리는 그래왔다. 우리는 늘 그런다. 아주 중요한 변화는 작고 점진적인 변화가 쌓여 일어난다. 하지만 시간이 걸리기 때문에 우리는 그것을 간과하기 쉽다.

사람들이 새로운 기술을 알아채는 데에는 수년 또는 수십 년이 걸린다. 그리고 그 기술을 받아들여 적극적으로 사용하기까지는 수년 또는 수십 년이 더 걸린다. 세상에 등장하자마자 잠재력을 완전히 인정받아 즉시 대중에게 채택되는 신기술이 있을까? 없다.

오랫동안 혁신이 일어나지 않은 것처럼 보일 때가 많은 탓에 비관론이 득세하곤 한다. 하지만 대개는 혁신이 일어나지 않은 것이 아니라 그 혁신을 알아채기까지 시간이 걸리는 것이다.

심지어 과학 분야에서도 그렇다. 역사학자 데이비드 우튼 David Wooton의 말에 따르면, 세균이 발견된 이후 의학계에서 세균이 질병의 원인임을 인정하기까지는 200년이 걸렸고, 소독법을 발견하기까지는 30년이 더 걸렸으며, 페니실린이 상용화되기까지는 다시 60년이 더 걸렸다.

경제 성장도 마찬가지다. 일인당 실질 GDP는 지난 100년 동안 여덟 배 증가했다. 1920년대 미국의 일인당 실질 GDP는 오늘날의 투르크메니스탄과 같은 수준이었다. 지난 세기 동안 우리는 믿기 힘든 엄청난 성장을 이뤘다. 하지만 매년 GDP 성장률은 평균 약 3퍼센트이고, 이는 별것 아닌 듯 무시하기 쉽다.

50세 이상 미국인의 경우 태어난 시점과 비교할 때 현재는 일인당 실질 GDP가 적어도 두 배 이상이 되었다. 하지만 사람들은 자신이 태어날 당시의 세상은 기억하지 않는 법이다. 발전이 늘 직접적으로 느껴지지 않는 최근 몇 개월만 기억한다.

직업, 사회 발전, 브랜드, 기업, 인간관계 등 모든 영역에서 그렇다. 발전에는 언제나 시간이 걸린다. 종종 너무 오래 걸려서 발전이 일어났는지 알아챌 수도 없다.

하지만 나쁜 일은 어떨까? 나쁜 일은 망설임도 없고 미묘하지도 않다. 나쁜 일은 순식간에 일어난다. 너무나 빨리 우리를 덮쳐서 우리의 관심을 몽땅 차지한다.

진주만 공습과 9/11 테러는 지난 100년간 일어난 가장 큰 두 사건이라 해도 과언이 아니다. 두 사건 모두 시작에서 종료까지 1시간 정도밖에 걸리지 않았다.

코로나19라는 이름조차 몰랐던 사람들이 코로나19 때문에 삶이 휘청거리기까지 30일도 채 걸리지 않았다.

158년의 역사를 가진 리먼브라더스가 사상 최고의 성장을 누리다가 파산하기까지 15개월도 걸리지 않았다.

엔론Enron, 패니메이Fannie Mae와 프래디맥Freddie Mac, 노키아Nokia, 버니 메이도프Bernie Madoff, 무아마르 카다피Muammar Gaddafi, 노트르담 대성당Notre-Dame Cathedral, 소련 등의 사례를 보라. 수십 년간 번영한 뭔가가 순식간에 몰락하거나 재앙에 휩싸일 수 있다.

반대로 회복이나 발전이 그처럼 빠른 속도로 일어나는 경우는 없다. 여기에는 그럴 만한 이유가 있다. 성장과 발전은 언제나 그것을 지연시키는 힘이나 장애물에 맞서 싸워야 한다.

새로운 아이디어는 사람들의 관심을 얻기 위해 싸우고, 새로운 사업 모델은 시장의 기존 주자와 싸우고, 초고층 빌딩이 올라가려면 중력과 싸워야 한다. 언제나 맞은편에서 불어오는 역풍이 존재한다.

한편 몰락의 기미가 보이는 무언가는 모두가 피하려 한다. 거기에 개입해 몰락을 늦추려고 시도하는 누군가는 있을 수 있지만, 망해가는 무언가는 회복과 발전으로 방향을 틀기 위해 노력할 다수의 외부인을 끌어당기지 못한다. 발전하는 것은 사람들의 관심을 받지만 무너지는 것은 그렇지 못하다.

*

인간 한 명이 만들어지려면 수백억 개의 단계가 올바른 순서로 차질 없이 진행돼야 한다. 그러나 인간이 죽는 데에는 한 가지 일만 일어나면 충분하다.

인간 배아는 5주만 지나면 뇌와 심장, 췌장, 간, 담낭을 갖춘 상태가 된다. 갓 태어난 아기는 1,000억 개의 신경세포와 250조 개의 시냅스, 서로 긴밀히 협력하는 11개의 기관계, 그리고 고유의 성격 특성을 지니고 있다. 인간은 어마어마하게 복잡한 생명체다.

반면 죽음은 간단하다. 심각한 부상, 심장 질환, 뇌졸중, 암, 감염, 약물 남용 등 원인이 무엇이든 간에 대부분의 죽음은 혈액과 산소의 부족 때문에 일어난다. 그게 전부다. 질병 자체의 증상과 프로세스는 복잡할 수 있지만, 결국 죽는 이유는 신체의 필요한 부분에 혈액과 산소가 충분히 공급되지 못했기 때문이다.

인간이 만들어지는 과정은 상상을 뛰어넘을 만큼 복잡하다.

인간이 죽는 이유는 허망할 만큼 간단하다.

이와 비슷한 맥락에서 유발 하라리는 이렇게 말했다. "평화를 누리기 위해서는 거의 모든 사람이 현명한 선택을 해야 한다. 반면 전쟁은 단 한 명의 나쁜 선택만으로도 벌어질 수 있다."

'만들기는 어렵고 파괴하기는 쉽다'는 것은 어디에나 적용된다. 건물을 지으려면 수많은 숙련된 기술자가 필요하다. 건물을 무너트리는 데에는 대형 망치만 있으면 된다. 설령 뭔가가 단번에 쉽게 무너지지 않는다 해도, 그것을 파괴하는 방법은 대개 만든 방법보다 간단하다.

아이러니하게도 성장과 발전이 실패와 비극보다 훨씬 더 힘이 세고 더 큰 영향을 미치지만 후자가 언제나 더 큰 관심을 받는다. 단시간에 일어나기 때문이다. 그러니 나쁜 뉴스가 수

시로 들려오는 와중에 더딘 발전이 진행되는 것이 세상사의 원칙이다. 아무래도 익숙해지기 쉽지 않지만, 앞으로도 늘 그럴 것이다.

아래 두 가지 사실에 이의를 제기할 사람은 별로 없으리라.

대개 발전에 관한 뉴스와 좋은 뉴스는 일어나지 않은 일과 관련되고, 나쁜 뉴스는 이미 일어난 일과 관련된다.

일어날 수도 있었지만 일어나지 않은 사망, 걸릴 수도 있었지만 예방한 질병, 발생할 수도 있었지만 발생하지 않은 전쟁, 우리를 덮칠 수도 있었지만 우리를 피해간 비극, 생길 수도 있었지만 미리 막은 부당한 시스템. 이런 것들이 좋은 뉴스다. 이것은 사람들이 측정하기는커녕 이해하거나 상상하기도 어렵다.

그러나 나쁜 뉴스는 눈에 보인다. 보이는 것으로 모자라 당장 거기에 집중하지 않을 수 없게 한다. 테러리스트의 공격, 전쟁, 교통사고, 팬데믹, 주식 시장 폭락, 정치적 싸움에는 주목하지 않을 도리가 없다.

우리는 얼마만큼 발전할 수 있는지를 과소평가하기 쉽다.

만일 내가 "50년 후에 평균적인 미국인들이 지금보다 두 배 부유해질 가능성이 얼마일까?"라고 묻는다면 가당찮은 얘기로 들릴 것이다. 그렇게 될 가능성이 대단히 낮아 보인다. 지금보다 '두 배'나 부자가 된다고? 재산이 '갑절'로 늘어난다고? 너무 야심 찬 목표 같다.

하지만 "우리가 앞으로 50년 동안 평균 연간 성장률 1.4퍼센트를 달성할 가능성이 얼마일까?"라고 묻는다면, 나는 비관론자라는 소리를 들을 것이다. 사람들은 말할 것이다. "1퍼센트? 고작?"

그러나 위 둘은 똑같은 얘기다.

우리는 늘 그래왔고, 앞으로도 늘 그럴 것이다.

*

다음 장에서는 핵폭탄에 관해, 그리고 리스크를 과소평가하기가 얼마나 쉬운지에 관해 이야기해보겠다.

I2

사소한 것과 거대한 결과

작은 것이 쌓여 엄청난 것을 만든다.

Tiny and Magnificent

When little things compound
into extraordinary things.

흔히 사람들은 가장 거대한 기업이나 국가나 혁신이 가장 큰 위협이 되고 가장 큰 기회를 만들어낸다고 생각한다. 그러나 세상이 돌아가는 이치는 대개 그렇지 않다.

2010년 예일대학교에서 발표한 연구 결과에 따르면, 비만이 증가하는 주요 원인 중 하나는 꼭 식사할 때 밥을 많이 먹기 때문이 아니다. 살이 찌는 것은 적은 양의 간식을 너무 자주 먹기 때문이다. 이는 세상의 많은 일이 일어나는 이유를 우리에게 넌지시 알려준다.

대부분의 재앙은 일련의 작은 리스크(각각은 별것 아니라고 무시하기 쉽다)가 쌓이고 증폭되어 거대한 뭔가로 변할 때 일어난다. 반대도 마찬가지다. 대부분의 놀라운 성공이나 성취도 작고 하찮은 뭔가가 쌓여 특별한 것으로 변할 때 일어난다.

*

소련은 한때 히로시마에 투하된 것보다 1,500배 더 강력한 핵폭탄을 만들었다. '차르 봄바^Tsar Bomba'('폭탄의 왕'이라는 뜻이다)라는 이름을 가진 이 핵폭탄의 위력은 제2차 세계대전에서 사용한 재래식 폭탄을 전부 합친 것보다 10배 더 강력했다. 소련에서 차르 봄바의 폭발 실험을 했을 때 약 1,000킬로미터 떨어진 곳에서도 화구가 목격되었다. 거대한 버섯구름은 무려 67킬로미터 상공까지 치솟았다.

역사학자 존 루이스 개디스^John Lewis Gaddis는 이렇게 썼다.

— 폭발 이후 아래쪽 섬은 말 그대로 평평해졌다. 눈은 당연히 없어졌고 바위도 가루가 돼서 마치 거대한 스케이트장처럼 보였다. 한 추정치에 따르면…… 불 폭풍이 메릴랜드주 넓이에 해당하는 지역을 집어삼켰을 것이다.

최초의 핵폭탄은 제2차 세계대전을 끝내기 위해 개발했다. 그로부터 10년 안에 인류는 세상을 끝장낼 수 있는 양의 핵폭탄을 갖게 되었다.

하지만 무서운 핵폭탄 개발 경쟁에도 긍정적이라면 긍정적

일 수 있는 측면이 있었다. 핵무기 보유국들이 그것을 실제로 사용할 가능성이 낮았다는 점이다. 너무 많은 것이 걸린 게임이 돼버렸기 때문이다.

우리가 상대국의 수도를 쑥대밭으로 만들면, 상대국도 60초 후에 우리에게 똑같이 할 것이다. 그러니 굳이 왜 핵무기를 쓰겠는가? 존 F. 케네디 대통령은 미국과 소련 양측 모두 "온전한 하나의 로마가 아니라 철저히 파괴된 두 개의 카르타고를 만들어낼 전쟁"은 원하지 않는다고 말했다.❖

1960년경 인류는 다른 길을 택함으로써 이 곤경을 해결했다. 더 작고 위력이 약한 핵폭탄을 만들기 시작한 것이다.

그중 하나인 데이비 크로켓Davy Crockett은 히로시마에 떨어진 폭탄보다 650배 덜 강력했고 지프차에 장착할 수 있을 정도로 작았다. 탄두가 구두 상자 크기이며 배낭에 들어가는 핵지뢰도 만들었다.

이런 소형 핵무기는 더 책임감 있는 수단 같았고 덜 위험하게 느껴졌다. 세상을 멸망시키지 않고도 사용할 수 있으니까.

하지만 생각지 못한 역효과가 있었다. 소형 핵폭탄은 전쟁에서 실제로 사용할 가능성이 더 높았다. 사실 그것이 이 무

❖ 과거 포에니전쟁에서 카르타고는 로마에게 패배했으며, 여기서 두 개의 카르타고는 미국과 소련을 비유적으로 표현한 것이다.

기의 목적이었다. 소형 핵폭탄은 정당한 사용의 기준선을 낮췄다. 그것이 게임을 더 나쁜 방향으로 변화시켰다.

만일 한 나라가 전투에서 '책임감 있는 수단'인 소형 핵무기를 사용한다면 보복성 대응이 시작돼 나중에는 대형 핵무기를 사용할 가능성이 커진다.

어느 나라도 처음부터 대형 핵무기로 전쟁을 시작하지는 않을 것이다. 하지만 작은 핵무기는 사용할까? 아마도 그럴 것이다. 그러면 상대편에서는 더 큰 핵무기로 보복 대응에 나서는 것을 정당하다고 느낄까? 물론이다.

따라서 작은 핵폭탄은 큰 핵폭탄이 사용될 가능성을 높였다. 작은 리스크가 큰 리스크의 대체물이 아니라 큰 리스크를 유도하는 촉매제였던 것이다.

1962년 쿠바 미사일 위기 당시 쿠바에 배치된 소련 미사일은 차르 봄바보다 4,000배 더 위력이 약한 것이었다. 하지만 만일 소련이 그중 하나라도 발사했다면 미국이 핵전력을 총동원해 보복 대응에 나섰을 확률이 "99퍼센트"라고 국방장관 로버트 맥나마라는 말했다.

원자폭탄 개발의 주역이었던 물리학자 로버트 오펜하이머 Robert Oppenheimer는 이 무기의 파괴력 때문에 죄책감에 시달렸으며, 위험을 줄이기 위해 소형 핵무기 개발을 적극 추진했다.

훗날 그는 그것이 실수였다고 인정했다. 소형 핵무기가 대형 핵 공격이 일어날 가능성을 높이기 때문이었다.

큰 리스크는 간과하기 쉽다. 작은 사건들의 연쇄 반응이 만들어내는 결과이기 때문이다. 그리고 우리는 작은 사건을 대수롭지 않게 여기곤 한다. 따라서 결국 큰 리스크가 발생할 가능성을 과소평가하게 된다.

그런 일은 늘 반복적으로 발생해왔다.

1929년에 그 누구도 대공황이 닥치리라 생각하지 않았다. 만일 1929년에 누군가가 곧 주식 시장이 90퍼센트 가까이 폭락하고 실업률이 25퍼센트까지 치솟을 것이라고 경고했다면, 사람들은 그저 웃어넘겼을 것이다.

당시 사람들은 이런저런 경제 문제를 전혀 인지하지 못한 채 마냥 안일한 만족에 젖어 있는 것은 아니었다. 1920년대 후반에는 주식 시장이 고평가돼 있었고 부동산 투기가 과열돼 있었으며 농업은 침체의 늪에 빠져 있었다. 전부 눈에 뻔히 보이고, 많은 이들이 알고 있으며, 종종 언급되는 문제였다. 하지만 그래서 뭐 어떻단 말인가? 이것들은 각각 따로 놓고 보면 엄청난 문제가 아니었다.

그 문제들이 동시에 진행되면서 서로 꼬리에 꼬리를 물고 영향을 증폭하자 결국 대공황이 터졌다.

주식 시장이 폭락하면 기업 경영자는 돈을 잃는다. 자금난에 빠진 경영자는 직원들을 해고한다. 해고된 사람들은 대출금을 갚지 못한다. 은행은 대출금을 회수하지 못해 파산한다. 은행이 파산하면 사람들이 저축한 돈을 잃는다. 그러면 소비를 줄인다. 소비가 줄어들면 기업이 파산한다. 기업이 파산하면 은행도 파산한다. 은행이 파산하면 사람들이 돈을 잃는다. 이렇게 끝없이 계속된다.

코로나19의 경우도 비슷하다. 이 전염병은 하루아침에 불쑥 등장해 모두의 삶을 뒤흔들었다. 수십억분의 1의 확률로 일어나는 단일한 거대 리스크가 우리를 강타한 것이 아니다. 사실은 일련의 작은 리스크가 한꺼번에 충돌하면서 그 영향이 배가된 것이다(지나고 나서 봐야만 그렇다는 걸 깨닫게 된다).

새로운 바이러스가 사람들에게 옮겨졌고(과거에도 늘 있던 일이다), 그 사람들은 또 다른 사람들과 접촉했다(당연히 그럴 수밖에 없다). 한동안은 모든 게 불확실하고 혼란스러웠고(그럴 만하다), 얼마 후에는 이 바이러스와 관련한 부정적 정보나 나쁜 뉴스가 의도적으로 숨겨졌을 것이다(바람직하지 않으나 흔한 일이다). 세계 각국은 이 바이러스를 억제할 수 있으리라 생각해(흔히 나타나는 부인이다) 빠르게 대응하지 않았다(관료주의적 프로세스도 한몫했다). 우리는 준비되지 않은 상태였다(지나친 낙관론에 빠져 있었다). 그래서 엄격하고 강제적인 봉쇄 조치를 취해야만 했다(이는 모두의 패닉을 초래했지만 어쩔 수 없었다).

이들 각각은 따로 떼어놓고 보면 그리 놀라운 일이 아니다. 그러나 모두가 합쳐져 크나큰 재앙이 되었다.

1977년의 테네리페 공항 참사는 사상 최악의 인명 피해를 낸 항공기 사고다. 정말이지 말도 안 되는 끔찍한 사고였다. 비행기 한 대가 아직 활주로에 있는 동안 다른 비행기가 이륙을 시도했고, 이 두 보잉 747기가 충돌해 총 583명이 사망했다.

이후 관계 당국은 이 어마어마한 참사가 발생한 이유를 조사했다. 한 사후 분석 보고서는 이렇게 밝혔다. "11개의 개별적인 우연한 사건과 실수가 발생했고 대부분 사소한 것이었다. ……이것들이 충돌이 일어나도록 정확히 맞아떨어졌다." 사소한 실수 여러 개가 결국 엄청난 사고를 불러온 것이다.

대략 10년에 한 번씩 세상을 뒤흔드는 파괴적 사건이 일어나리라 예상해도 무리가 없다. 역사적으로 그래왔기 때문이다. 그런 일은 발생 확률이 굉장히 낮게 느껴지기 때문에 앞으로 일어나지 않을 것이라 착각하기 쉽다. 하지만 일어난다.

그런 사건은 사실 발생 확률이 높은 작은 사건들이 서로 연결되고 증폭되어 생긴 결과이기 때문이다.

이런 사실은 직관적으로 떠올리기 힘들다. 따라서 우리는 앞으로도 큰 리스크의 발생 가능성을 과소평가할 것이다. 지금까지 늘 그랬듯이.

그리고 물론 똑같은 현상이 반대 방향으로도 일어난다. 진화라는 프로세스를 들여다보자.

*

이 세상에서 가장 놀라운 힘을 지닌 것은 바로 진화다. 단세포 유기체를 저장 용량 1테라바이트인 아이패드로 이 책을 읽는 인간으로 만든 그 힘 말이다. 인간이 현재와 같은 시력을 갖게 하고 하늘을 나는 새를 만들어내고 면역체계도 만들어낸 그 힘 말이다.

진화가 성취해낸 결과에 비하면 인간이 만든 과학의 그 어떤 것도 별로 대단치 않아 보인다.

생명의 기원에 관한 연구로 유명한 화학자 레슬리 오겔Leslie Orgel은 "진화는 우리보다 똑똑하다"라고 말하곤 했다. "진화로는 저걸 설명할 수 없어"라고 말하는 회의론자는 대개 뭘 모르고 하는 소리다. 진화의 힘을 과소평가하기 쉬운 것은 간단한 수학을 망각하기 때문이다.

진화의 놀라운 힘은 단순히 환경 적응에 유리한 특성이 선택된다는 점에만 있지 않다. 만일 당신이 거기에만 집중한다면 진화라는 프로세스를 제대로 이해하기 힘들다. 대부분의 종에서 수천 년 동안 일어나는 변화는 너무나 사소해서 알아채기조차 힘들다.

진화라는 마법의 진짜 힘은 무려 38억 년 동안 유리한 특성을 선택해왔다는 점에 있다.

결국 관건은 작은 변화들이 아니라 시간이다. 아주 사소한 변화라도 38억 년 동안 쌓이면 마법이라 불러도 좋을 만한 결과물이 나온다.

그것이 진화가 우리에게 주는 교훈이다. 지수 자리에 큰 숫자가 들어가면, 엄청난 결과를 얻기 위해 엄청난 변화가 필요하지 않다. 쉽게 실감이 나지 않을지 모르지만 그 효과는 대단히 강력하다.

물리학자 앨버트 바틀릿Albert Bartlett은 말했다. "인류의 가장 큰 단점은 지수 함수를 제대로 이해하지 못한다는 것이다."

세상의 많은 일에서 그렇다.

그러한 단점이 흔하게 목격되는 영역은 투자다. 투자자 하워드 막스[Howard Marks]는 언젠가 한 투자자에 관한 이야기를 들려주었다.

이 투자자는 연간 수익률이 상위 25퍼센트에 든 적이 한 번도 없었지만 14년 동안 전체 투자자의 상위 4퍼센트에 속했다. 만일 그 평범한 수익률을 10년 더 유지한다면 투자자 상위 1퍼센트에 들어갈지도 모른다. 한 해의 성과만 놓고 보면 결코 뛰어나다고는 말할 수 없음에도 결국 최고의 투자자가 되는 것이다.

사람들은 투자를 할 때 지금 당장, 올해, 또는 내년의 성과에만 급급하다. "내가 낼 수 있는 최고의 수익률이 얼마일까?"를 당연히 생각해야 할 것 같다.

그러나 진화의 경우처럼, 그처럼 단기간에는 마법이 일어날 수 없다. 복리 효과에 숨겨진 수학을 이해한다면, 당신이 던져야 할 중요한 질문은 "어떻게 하면 최고 수익률을 달성할까?"가 아니라 "내가 장기적으로 유지할 수 있는 최선의 수익률이 얼마일까?"이다.

오랜 시간에 걸쳐 쌓인 작은 변화가 엄청난 변화를 만들어 낸다. 늘 그래왔다.

*

이제 낙관론과 비관론에 대해 이야기할 시간이다.

13

희망 그리고 절망

발전을 위해서는
낙관주의와 비관주의가 공존해야 한다.

Elation and Despair

Progress requires optimism
and pessimism to coexist.

낙관주의와 비관주의 모두를 지혜롭게 다루기는 꽤 어렵다. 비관론은 낙관론에 비해 지적인 관점에서 더 매력적이고 설득력 있게 들리므로 더 많은 이들의 관심을 끌어당긴다. 또 리스크에 미리 대비하게 하므로 생존을 위해 중요하다.

하지만 낙관론도 똑같이 중요하다. 당장은 상황이 암울해 보일지라도 앞으로 분명 나아지리라는 믿음은, 단단한 인간관계를 유지하는 일부터 장기적인 투자를 하는 일에 이르기까지 삶의 모든 부분에서 꼭 필요하다.

우리는 이것을 기억할 필요가 있다. 발전을 위해서는 낙관주의와 비관주의가 공존해야 한다.

이 둘은 공존이 불가능한 정반대의 태도로 느껴진다. 그래서 흔히 사람들은 둘 중 하나를 택한다. 그러나 이 둘의 균형을 맞추는 것은 언제나 인생에 꼭 필요한 기술이었고 앞으로도 그럴 것이다.

최고의 재정 전략은 비관론자처럼 저축하고 낙관론자처럼 투자하는 것이다. 앞으로 잘될 것이라는 믿음, 그리고 현재에서 그 미래로 가는 길에서 실패와 절망, 충격을 끊임없이 만날 수밖에 없는 현실. 이 둘의 조합은 역사 곳곳에서 그리고 삶의 모든 영역에서 목격된다.

*

미국에서 가장 유명한 베트남전쟁 포로는 존 매케인John McCain 전 상원의원일 것이다. 하지만 가장 군 계급이 높은 포로는 짐 스톡데일Jim Stockdale 제독이다.

스톡데일은 포로로 잡혀 있을 당시 끔찍한 고문을 수없이 당했고, 더는 버티지 못하고 무너져 중요한 군사 정보를 불게 될까 봐 자살을 시도한 적도 있다.

석방되고 수십 년이 흐른 후 스톡데일은 한 인터뷰에서 포로 생활이 얼마나 암울했느냐는 질문을 받았다. 뜻밖에도 그는 사실 전혀 암울하지 않았다고 대답했다. 자신이 승리할 것이라는 믿음을 절대 버린 적이 없다고, 결국 풀려나 다시 가족을 만나리라는 희망을 놓은 적이 없다고 말했다.

더없는 낙관주의처럼 들린다. 그렇지 않은가?

실은 그렇지 않다.

스톡데일은 포로수용소에서 어떤 사람들이 가장 견디기 힘들어했느냐는 질문을 받자 이렇게 답했다. "낙관주의자들입니다."

"크리스마스에는 집에 돌아갈 거야"라고 입버릇처럼 말하는 사람은 크리스마스가 왔다 지나가면 정신적으로 완전히 무너지곤 했다. 스톡데일의 말에 따르면 "그들은 죽을 만큼 괴로워했다"고 한다.

스톡데일은 상황이 나아지고 성공할 것이라는 확고한 믿음을 지니는 동시에 가혹한 현실을 받아들여야 한다고 말했다. '결국 상황은 나아질 것이다. 그러나 우리는 크리스마스 때까지 나가지는 못할 것이다.'

비관론자처럼 대비하고 낙관론자처럼 꿈꾸라. 그 균형이 중요하다. 얼핏 들으면 잘 와 닿지 않을지도 모른다. 그러나 이 균형은 상당히 큰 힘을 발휘한다.

절망적인 현실을 직시하고 인정하되 동시에 낙관적인 시각을 유지하는 태도는 1930년대에서도 목격할 수 있다.

제임스 트러슬로 애덤스James Truslow Adams는 1931년 저서 《미국의 서사시The Epic of America》에서 '아메리칸 드림American dream'이라는 말을 처음 사용했다. 타이밍이 흥미롭지 않은가? 대공황이 한창이던 1931년이야말로 모두의 꿈이 산산조각 난 듯 보이는 때였으니까 말이다.

애덤스가 "누구나 전력을 다해 노력하고 자신의 재능을 발휘하고 필요한 기술을 습득함으로써 낮은 지위에서 높은 지위로 올라갈 수 있으며 그의 가족의 삶도 나아질 수 있다"고 쓴 그때, 미국의 실업률은 25퍼센트에 육박했고 부의 불평등은 역사상 최고 수준에 가까웠다.

그가 "계층을 막론하고 누구나 더 낫고, 더 부유하고, 더 행복한 삶을 살아갈 기회가 주어지는 사회를 꿈꾸는 아메리칸 드림"에 대해 쓴 그때, 대공황의 처참한 경제난 탓에 미국 곳곳에서 식량 폭동이 일어나고 있었다.

그가 "구시대 사회에서 오랜 시간에 걸쳐 만들어진 여러 장애물에 구애받지 않고 남녀 모두가 능력을 최대치로 발휘하며 성장할 수 있는 것"에 관해 쓴 그때, 흑인 학교와 백인 학교가 분리돼 있었고 일부 주에서는 읽기와 쓰기 시험을 봐야만 투표를 할 수 있었다.

1930년대는 역사상 어느 때보다도 아메리칸 드림이라는 이상이 비현실적으로 느껴졌다. 모두가 마주한 현실과 너무나 동떨어져 있었다.

그럼에도 애덤스의 책은 큰 인기를 얻었다. 미국 역사의 암울한 시기에 탄생한 '아메리칸 드림'이라는 희망적 표현이 하루아침에 국민 누구나 아는 모토가 되었다.

1931년에 미국인 4분의 1이 일자리가 없었음에도 아메리칸 드림에 대한 믿음은 손상되지 않았다. 주식 시장이 89퍼센트 폭락하고 미국 곳곳의 무료 급식소에 사람들이 길게 줄을 섰음에도 아메리칸 드림이라는 이상은 무너지지 않았다.

아메리칸 드림이 사람들의 마음에 파고든 것은 현실이 너무나 암울하기 때문이었을 것이다. 그 이상이 당장 실현된다는 눈에 보이는 증거가 없음에도 사람들은 그것을 믿었다. 다행스럽게도 그것은 희망과 낙관론의 원천이 되었다. 언젠가는 그런 사회가 될 수 있으리라 믿으면서 위안을 얻고 현실을 헤쳐 나갈 힘을 냈다.

심리학자 로런 앨로이Lauren Alloy와 린 이본 에이브럼슨Lyn Yvonne Abramson은 '우울한 현실주의depressive realism'라는 인상적인 개념을 소개했다. 이는 우울한 사람이 삶이 얼마나 위험하고 위태로운지에 관해 더 현실적인 감각을 지니기 때문에 세상을 더 정확하게 바라본다는 것을 의미한다.

우울한 현실주의의 반대는 '무지한 낙관론blissfully unaware'이다.

무지한 낙관론에 빠진 많은 이들은 현실 파악은 불완전할지 언정 긍정적 감정 상태를 유지한다. 그리고 그런 긍정적 관점은 객관적 현실이 암울하고 도처에 비관주의가 가득할 때도 목표를 향해 계속 나아가게 해주는 연료가 된다.

*

1984년 제인 폴리[Jane Pauley]는 스물여덟 살의 빌 게이츠[Bill Gates]를 인터뷰했다. 폴리가 말했다. "당신을 두고 천재라고들 하죠. 그런 얘길 들으면 민망하실 수도 있지만……."

게이츠는 무표정한 얼굴이었다. 감정 표현도, 그 어떤 반응도 없었다. 폴리는 어색하게 웃으며 "아, 네. 별로 안 민망하신가 보네요"라고 말했다. 이번에도 게이츠는 아무 반응이 없었다.

물론 그는 천재였다. 그리고 자신도 알고 있었다. 게이츠는 모든 가정의 모든 책상에 컴퓨터가 설치되도록 하겠다는 꿈을 품고 열아홉 살에 대학을 중퇴했다. 자기 능력에 대해 엄청난 자신감을 지닌 사람만이 할 수 있는 행동이다. 게이츠와 함께 마이크로소프트[Microsoft]를 공동 창업한 폴 앨런[Paul Allen]은 그를 처음 만난 때를 이렇게 회상했다.

— 빌 게이츠를 만나자마자 세 가지를 알 수 있었습니다. 그
는 진짜 똑똑했어요. 경쟁심이 강했고, 자신이 얼마나 똑똑한
지 보여주고 싶어 했죠. 그리고 끈기가 대단히 강했어요.

하지만 빌 게이츠에게는 또 다른 모습이 있었다. 편집증에
가까운 불안을 달고 살았다. 그의 굳건한 자신감과는 사실상
반대되는 특징이다.

마이크로소프트를 창업한 후 그는 만일 수익이 발생하지
않아도 1년 동안은 회사를 유지하기에 충분한 현금을 항상
은행에 보관해두었다.

1995년 TV 토크쇼 진행자 찰리 로즈^{Charlie Rose}가 게이츠에
게 왜 그렇게 많은 현금을 보유하느냐고 물었다. 기술 업계는
변화 속도가 대단히 빠르기 때문에 다음 해 기업의 생존을
보장할 수 없으며 "마이크로소프트도 예외는 아니다"라는 것
이 그의 대답이었다.

2007년에 게이츠는 이렇게 회상했다.

— 나는 늘 불안했습니다. 우리 회사에서 일하는 직원들은
나보다 나이가 많고 먹여 살릴 자식도 있었기 때문입니다. 항
상 이런 걱정이 머리를 떠나지 않았죠. "수익이 안 나면 어떡

하지? 직원들 급여를 줄 수 있을까?"

게이츠 역시 낙관적 태도와 자신감, 그리고 강한 비관론을 동시에 지닌 인물이었다. 그는 생존을 위해 눈앞의 위험에 대비할 만큼 충분히 비관론적이어야만 장기적인 낙관론을 견지할 수 있다는 사실을 알았던 것 같다.

낙관론과 비관론은 하나의 스펙트럼 위에 존재한다. 이 점을 기억하길 바란다.

스펙트럼의 한쪽 끝에는 극단적 낙관론자가 있다. 이들은 모든 것을 긍정적으로 보고, 모든 일이 잘 풀릴 것이라 생각하며, 모든 부정적 태도를 성격적 결함이라고 본다. 또 자신감이 너무 강해서 일이 잘못될 리 없다고 믿는다.

다른 한쪽 끝에는 극단적 비관론자가 있다. 이들은 모든 것을 부정적으로 보고, 모든 일이 망할 거라고 생각하며, 모든 긍정적 태도를 성격적 결함이라고 본다. 또 자신감이 너무 낮아서 일이 잘될 리 없다고 믿는다. 이들은 극단적 낙관론자와 정반대의 위치에 있지만 현실과 동떨어져 있다는 점에서는 극단적 낙관론자와 마찬가지다.

둘 다 똑같이 위험하다. 낙관론과 비관론을 흑백 이분법으로 생각하는 사람은 둘 중 하나를 택하는 것이 이성적인 판단이라 느낄 수 있다.

하지만 가장 바람직한 것은 그 중간이다. 나는 그것을 합리적 낙관론자라고 부른다. 합리적 낙관론자는 인간의 현실이 언제나 문제와 절망과 실패의 연속이었다는 사실을 충분히 인정하고 받아들이되, 그런 장애물도 결국엔 발전을 막을 수 없다고 믿으며 낙관적 시각을 유지한다.

어쩌면 위선자나 변덕쟁이처럼 들릴지 모른다. 그러나 대개 그들은 남들보다 훨씬 더 멀리 내다보고 있다.

*

어떤 영역에서든 장기적인 성공을 누릴 만큼 충분히 오래 버티기 위해서는 당장 눈앞의 문제나 위험을 해결하고 살아남아야 한다. 투자든 일이든 인간관계든 마찬가지다.

비관론자처럼 저축하고 낙관론자처럼 투자하라.

비관론자처럼 대비하고 낙관론자처럼 꿈꾸라.

이 둘은 서로 상충하는 마인드셋처럼 보일 것이다. 얼핏 생각하면 낙관론자나 비관론자 중 하나를 택해야 할 것 같다. 둘이 공존할 수 있다고(또 그래야 한다고) 생각하기 쉽지 않다.

그러나 장기적으로 성공하는 거의 모든 일에서는 그 둘이 공존한다.

기꺼이 리스크를 감수하며 야심차게 신제품을 개발하지만 (낙관주의자처럼) 단기적 부채를 경계하며 항상 안전망으로 다량의 현금을 보유하는(비관주의자처럼) 기업을 생각해보라.

큰돈을 벌 기회가 와도 평판이 손상될 위험을 경계하며 그 기회를 붙잡지 않는 사람을 생각해보라. 장기적으로 보면 평판이 훨씬 더 중요하기 때문이다.

투자에서도 마찬가지다. 나는 전작 《돈의 심리학》에서 이렇게 말했다. "큰 수익을 내는 것보다 재정적 파산을 겪지 않고 버티는 힘을 키우는 것이 더 중요하다. 그 힘을 키우면 가장 큰 수익을 얻게 된다. 복리 효과가 기적을 일으킬 만큼 오랫동안 살아남을 수 있을 것이기 때문이다."◆

역사를 보면 한 가지 중요한 점을 깨닫는다. 장기적으로는 대개 좋은 결과에 이르고 단기적으로는 대개 나쁜 상황을 겪는다는 사실이다. 단기적 역경과 장기적 관점을 균형 있게 관리하는 법을 깨달으려면 노력이 필요하다. 그 방법을 모르는 사람은 대개 결국 비참한 비관주의자가 되거나 파산한 낙관주의자가 된다.

*

    다음 장의 주제는 완벽함의 함정이다. 완벽해지려다가 오히
려 망치게 되는 역설에 대해 살펴보자.

14

완벽함의 함정

약간의 불완전함이 오히려 유용하다.

Casualties of Perfection

There is a huge advantage to being
a little imperfect.

우리는 테이블 위에 기회를 남겨두려 하지 않는다. 대개는 최대한 효율성을 뽑아내고 최대한 완벽을 기하려는 욕구를 제어하기 힘들다. 마땅히 그래야 할 것 같다. 그래야 성공 확률을 극대화할 수 있을 것 같다.

그러나 완벽해지려는 시도 뒤에는 단점이 있다. 우리는 이를 간과하기 쉽다.

*

진화의 핵심은 모든 생명체는 죽는다는 점이다. 지구에 살았던 종의 99퍼센트가 이미 멸종했고 나머지도 결국엔 멸종할 것이다.

항상 모든 것에 적응하는 완벽한 종은 세상에 없다. 어떤 종이든 뭔가에 뛰어난 능력을 지녔더라도 자신이 갖추지 못한 능력이 갑자기 더 중요해지는 때가 온다. 그러면 죽을 수밖에 없다.

약 100년 전 러시아 생물학자 이반 슈말하우젠Ivan Schmalhausen은 이런 설명을 했다. 어떤 한 가지 능력이 뛰어나도록 진화한 종은 다른 측면에서는 취약해지는 경향이 있다.

사자는 몸집이 커질수록 더 많은 먹잇감을 잡을 수 있지만 동시에 사냥꾼의 총을 맞기도 더 쉬운 표적이 된다. 나무의 키가 커지면 더 많은 햇빛을 받겠지만 강풍에 부러질 가능성도 높아진다. 따라서 모든 종에는 언제나 약간의 비효율성이 존재한다.

'모든 측면'에서 완벽하도록 진화하는 종은 없다. 하나의 능력이나 특성이 완벽해지면 결국 생존에 필수적인 다른 능력이나 특성을 잃기 때문이다.

사자는 몸집이 더 커지면 더 많은 먹잇감을 잡는다. 나무는 키가 더 커지면 햇빛을 더 많이 받을 것이다. 그러나 실제로는 그처럼 커지지 않는다. 역효과가 발생하기 때문이다. 따라서 모든 종은 조금씩 불완전하다.

진화 논리는 자연 세계의 모든 종이 완벽하지는 않되 생존에 필요한 적당한 수준의 특성들을 갖게 만들어놓았다. 생물학자 앤서니 브래드쇼Anthony Bradshaw는 흔히 진화를 통해 어떤 특성이 성공적으로 발전하는 측면에만 주목하지만 불완전한 측면도 똑같이 중요하다고 말한다.

옳은 말이다. 하나의 능력이 완벽해질 경우 다른 능력을 희생해야 한다면 개체가 지닌 잠재력을 최대치로 실현하지 않는 것이 이상적이다.

38억 년 동안 진행된 진화는 약간의 비효율성이 필요하다는 사실을 증명해왔다. 우리는 여기에 좀 더 주목할 필요가 있다.

*

많은 이들이 효율적인 삶을 살려 애쓴다. 시간을 조금도 낭비하지 않으려고 한다. 하지만 사람들이 잘 모르는 사실이 있다. 시간을 낭비하는 것이 오히려 현명한 일이 될 수 있다는 것이다.

심리학자 아모스 트버스키Amos Tversky는 언젠가 이런 말을 했다. "훌륭한 연구 성과를 내는 비결은 항상 조금씩 덜 일하는 것이다. 몇 시간을 낭비하지 않으면 결국 몇 년을 낭비하게 된다."

하루 일과표에 아무것도 하지 않는 자유 시간을 일부러 만들어놓는 것은 비효율적으로 느껴질 수 있다. 그리고 실제로 그렇게 하는 사람은 별로 없다.

하지만 트버스키가 한 말의 포인트는 이것이다. 창의력을 발휘해 어려운 문제를 해결해야 하는 사람이라면, 공원을 거닐거나 소파에서 아무 생각 없이 빈둥거리는 시간이 대단히 중요할 수 있다. 약간의 비효율성은 유용하기 때문이다.

내 주변 사람들은 휴가에서 돌아오면 이렇게 말하곤 한다.

"시간을 갖고 생각해보니 이걸 알게 됐어."

"며칠간 머리를 확 비웠더니 해결책이 떠올랐어."

"휴가 기간에 끝내주는 아이디어가 떠올랐지 뭐야."

아이러니하게도 업무에서 가장 중요한 문제가 일터 바깥에서, 즉 자유롭게 생각하는 시간을 보낼 때 해결되는 것이다. 안타까운 점은 우리가 일 년에 고작 한 번쯤만 휴가를 간다는 사실이다.

사람들은 많은 일에서 '생각할 시간'이 중요하다는 것을 깨닫지 못한다. 생각할 시간은 전통적인 업무 일정표에 들어가는 일이 거의 없다.

모든 직업에 창의성이나 비판적 사고가 필요한 것은 아니다. 하지만 그것이 필요한 직업이라면 한가롭게 산책하면서 호기심을 갖고 새로운 아이디어를 탐험할 때 더 좋은 성과를 낼 수 있다. 그런 시간은 정해진 업무와 무관할지라도 일터의 가장 중요한 문제를 해결하는 데 도움이 된다.

그러나 이를 실천하기는 쉽지 않다. 우리는 일이라는 것은 여덟 시간 동안 책상에 붙어 앉아서 해야 하는 것이라는 생각에 익숙하기 때문이다.

당신의 상사에게 창의성과 생산성을 높일 기발한 방법을 알아냈다고 말해보라. 상사는 그게 뭐냐고 물을 것이다. 당신이 '업무 시간 중에 1시간 30분쯤 산책하는 것'이라고 대답하면 아마도 상사는 안 된다고, 일이나 하라고 말할 것이다. 다시 말해 많은 이들이 '생각이 필요한 직업'을 갖고 있으면서도 정작 생각할 시간은 별로 없다.

〈뉴욕타임스〉는 전 미국 국무장관 조지 슐츠George Shultz에 관해 이렇게 썼다.

— 그가 혼자서 보내는 시간은 일의 전략적 측면을 생각해 볼 수 있는 유일한 시간이었다. 그 시간이 아니었다면, 시시각각 튀어나오는 전술적 문제에 끊임없이 신경 쓰느라 국익이 걸린 더 커다란 문제에 집중할 수 없었을 것이다.

알베르트 아인슈타인은 이렇게 말했다.

— 나는 일부러 시간을 내서 해변을 오래 산책한다. 내 머릿속에서 일어나는 일에 귀를 기울이기 위해서다. 연구가 풀리지 않을 때는 방 안에 누워 천장을 멍하니 응시하면서 머릿속 상태를 마음속에 시각적으로 그려본다.

모차르트도 비슷한 말을 했다.

— 마차를 타고 이동할 때, 맛있는 음식을 먹고 산책할 때, 밤에 잠이 오지 않아 그냥 누워 있을 때, 그럴 때 가장 뛰어난 음악적 영감이 가장 풍부하게 찾아온다.

그리고 스탠퍼드대학교 연구에서는 산책을 하면 창의성이 60퍼센트 높아진다는 것이 밝혀졌다.

누군가가 찰리 멍거에게 워런 버핏의 성공 비결이 무엇이냐고 묻자 그는 이렇게 답했다. "그는 깨어 있는 시간의 절반을 그저 휴식을 취하며 책을 읽는 데 보냅니다." 버핏은 생각할 시간이 무척 많았다.

반복적인 육체노동을 하는 직업이라면 전통적인 여덟 시간

노동이 성과를 낸다. 그러나 점차 증가하고 있는 '생각이 필요한 직업'의 경우는 그렇지 않을 가능성이 크다.

종일 사무실에 매여 있는 대신 오전 두 시간을 집에서 보내며 중요한 문제에 관해 생각해본다면 더 좋은 성과를 얻을 것이다. 또는 오후에 긴 산책을 하면서 문제의 해결책을 생각해보라. 오후 3시쯤 퇴근하고 나머지 시간은 새로운 전략을 구상하면서 보내보라.

생각이 필요한 직업에 종사하는 이들은 사실상 일의 시작과 끝을 구분하는 경계선이 없다. 따라서 머리를 비우고 느긋하게 생각하는 시간을 따로 마련해두지 않고 줄곧 책상에 앉아 일만 하면 효율성이 더 떨어진다.

내가 말하는 접근법은 일중독이 멋지다고 생각해서 항상 바쁜 사람으로 보이고 싶어 하는 현상인 '허슬 폰hustle porn'과 반대되는 것이다.

나심 탈레브는 "나는 성공의 유일한 지표가 자유롭게 쓸 수 있는 시간이 얼마나 되느냐고 생각한다"라고 말했다. 나는 그것이 성공의 지표일 뿐 아니라 반드시 필요한 핵심 요소라고 생각한다.

1분 1초까지 생산성을 높이는 활동으로 꽉꽉 채운, 세상에서 가장 효율적인 일정표는 느긋한 산책과 방해받지 않는 사고의 시간을 허락하지 않는다. 결국엔 그런 시간이 성공을 가장 크게 좌우할 텐데도 말이다.

유용한 비효율성에 관한 또 다른 예를 들어보겠다. 기업의 운영 프로세스에서 약간의 느슨함을 허용하는 것이다. 적시생산시스템Just-In-Time은 제품 생산에 필요한 부품을 미리 쌓아두지 않고 제조라인에 투입하는 시점에 맞춰 그때그때 납품받는 방식이다. 이것은 지난 20년간 효율적인 경영 방식의 전형이었다.

그런데 코로나19가 세계를 강타하자 공급망은 붕괴했다. 거의 모든 제조 기업이 부품 조달에 심각한 어려움을 겪었다. 2022년 소비 경기가 아주 양호해진 후에도 자동차 회사들은 칩과 브레이크, 도료가 부족하단 이유로 공장을 가동할 수가 없었다. 적시생산시스템에만 맞춰진 그들은 부품 공급의 차질이란 변수에 대응할 수가 없었던 것이다.

애초에 기업들의 '목표'는 오류의 여지를 허용하지 않는 것이었다. 그리고 이는 완전히 역효과를 냈다. 공급망 전반에 약간의 비효율성이 허용됐더라면 좋았을 것이다. 오류의 여지를 허용하는 것은 종종 비용을 발생시키거나 사업을 지체시키는 요인, 또는 비효율적인 전술로 여겨지지만, 장기적으로 보면 결국 큰 이로움을 가져올 수도 있다.

투자에서도 비슷하다. 현금은 강세장에서는 비효율적인 짐이지만 약세장에서는 산소만큼 소중하다.

레버리지 투자는 수익을 극대화하는 가장 효율적인 방법이지만 모든 것을 잃는 가장 쉬운 방법이기도 하다.

집중 투자는 수익을 극대화하는 가장 좋은 방법이지만 분산 투자는 수익을 낼 수 있는 종목을 소유할 가능성을 높이는 가장 좋은 방법이다.

잘 생각해보면 약간의 비효율성을 허용하는 것이 이상적임을 알 수 있다.

금융 분석도 그렇다. 투자 업계에는 "대충 맞히는 것이 확실히 틀리는 것보다 낫다"라는 말이 있다. 하지만 많은 똑똑한 투자자는 무엇을 추구할까? 정확함을 추구한다.

그들은 소수점 단위까지 정확한 수치를 얻으려고 한다. 그처럼 고도의 정확성에 집중하므로, 자신이 최고의 판단을 하고 있으며 잠재 기회를 놓치지 않고 있다고 착각한다. 하지만 사실은 분석이 잘못될 여지를 전혀 남기지 않으므로 뜻밖의 리스크나 변화에 유연성 있게 대처하기 힘들다.

당연히 장기적 미래에 투자하는 것이 현명하다. 시간이 흐르면 경제가 발전하고 생산성이 높아질 가능성이 크기 때문이다. 하지만 거기까지 가는 과정을 정확하게 예측하려는 것은 자원만 낭비하는 활동이 될 수 있다.

나는 '적당한 수준의' 예측 모델을 갖고 있다. 이를테면 다음과 같다.

- 나는 시간이 흐르면 사람들이 문제를 해결하고 생산성이 높아질 것이라고 확신한다.
- 나는 시간이 흐르면 향상된 생산성의 결과를 시장이 투자자들에게 배분해줄 것이라고 확신한다.
- 나는 사람들이 지나친 자신감에 쉽게 젖을 것이라고 확신한다. 따라서 실수와 사고와 호황과 불황이 늘 일어날 것이다.

이것은 세세한 부분까지 정확성을 추구하지 않는, 합리적인 범위 안의 적당한 예측이다.

이렇게 단순한 예측에 만족하면, 시간과 정신적 에너지를 다른 곳에 사용할 수 있다. 나는 사람들의 변하지 않는 투자 행동을 탐구하길 좋아한다. 하지만 만일 종일 다음 분기의 경제 상황을 예측하는 작업에만 골몰한다면 그런 활동을 할 시간이 없을 것이다.

다른 분야에서도 마찬가지다. 정확성을 추구하면 할수록 큰 그림을 보여주는 원칙에 집중할 시간이 줄어든다. 정확성 보다는 원칙이 더 중요할 가능성이 높음에도 말이다. 다시 말하지만, 예측을 적당한 수준으로 유지하면 당신의 시간과 자원을 다른 곳에 더 효율적으로 쓸 수 있다. 진화와 마찬가지로, 우리는 더 완벽해지려 할수록 여러 면에서 더 취약해짐을 잊지 말자.

＊

이제 간과하기 쉬운 또 다른 리스크, 지름길의 맹점에 대해 이야기해보자.

15

모든 여정은 원래 힘들다

목표로 삼을 가치가 있는 것에는 고통이 따른다.
중요한 것은 고통을 개의치 않는 마인드다.

It's Supposed to Be Hard

Everything worth pursuing comes with a little pain.
The trick is not minding that it hurts.

지름길의 매력과 위험에 관해 이야기해보려 한다.

도너 파티Donner Party의 이야기만큼 끔찍한 비극이 또 있을까. 1846년 도너 가족이 이끄는 87명의 사람이 일리노이주 스프링필드를 출발해 머나먼 캘리포니아주로 향했다. 그들의 마음은 새로운 땅에서 만날 부와 성공에 대한 꿈으로 한껏 부풀어 있었다.

이는 최상의 시기라 해도 대단히 고되고 위험할 수밖에 없는 여정이었다. 캘리포니아까지는 통상 수개월이 걸리는 데다 아메리카 원주민의 공격을 받거나 병에 걸리거나 혹독한 날씨를 견뎌야 하는 등 끊임없이 위험 요인에 노출돼 있었다.

전체 여정의 절반을 지났을 때 이미 지칠 대로 지친 이들은 오하이오주의 탐험가 랜스퍼드 헤이스팅스Lansford Hastings의 조언을 받아들이기로 했다. 그의 조언에 따르면 아이다호주 남부를 지나는 기존 경로로 가지 않고 대신 유타주를 통과하면 3~4일을 단축할 수 있었다.

헤이스팅스의 말은 사실상 아무짝에도 쓸모없는 조언이었다. 그가 말한 '지름길'로 가면 실제로는 이동 경로가 더 길어졌고 기존 경로보다 길도 더 험했다. 한여름에 그레이트 솔트 레이크 사막의 잔인한 더위까지 견뎌야 했다. 물은 거의 바닥났고, 데리고 간 소들은 거의 죽었으며, 결정적으로 전체 일정이 한 달이나 늘어나게 됐다. 이러한 지연이 가져온 타격은 치명적이었다.

얼마 후 이들은 원래 계획대로라면 늦가을에 지났을 시에라네바다 산맥을 한겨울에 지나게 되었다. 1847년 겨울에는 기록적인 추위가 찾아왔고, 이들은 눈이 3~6미터나 쌓인 산악 지역을 통과해야 했다. 사실상 불가능한 일이었다. 남은 81명 중 절반 이상이 18세 이하의 아이들이었기 때문이다. 그들은 추위와 배고픔을 견디며 겨울이 지나갈 때까지 기다리기로 했다. 하지만 곧 먹을 것이 완전히 떨어졌고 사람들이 굶어 죽기 시작했다.

그러자 생존자들은 이후 두고두고 회자될 끔찍한 방법에 의존했다. 인육을 먹은 것이다. 그들은 죽은 사람의 살을 잘라낸 뒤, 생존자가 자기 가족의 살을 먹는 일이 없도록 이름을 꼼꼼하게 구분해 표시했다. 당시 네 살이었던 조지아 도너 Georgia Donner는 이상한 고기 조각을 먹었던 일을 훗날 이렇게 회상했다. "아버지는 울면서 내내 우리를 쳐다보지 않았다. ……그것 말고는 먹을 게 아무것도 없었다."

이 모든 일이 일어난 까닭은 지름길의 유혹을 뿌리치지 못했기 때문이다.

✳

영화 〈아라비아의 로렌스 Lawrence of Arabia〉를 보면 이런 장면이 나온다. 로렌스가 뜨거운 성냥불을 아무렇지 않게 손가락으로 잡아서 끈다. 그러자 그걸 지켜본 다른 사내가 똑같이 따라 했다가 깜짝 놀라 비명을 지른다.

"뜨겁잖아요! 대체 어떻게 한 거죠?" 그가 묻는다.

그러자 로렌스가 대답한다. "뜨거워도 개의치 않는 거지."

이는 인생에 꼭 필요한 능력 중 하나다. 고통을 피해갈 쉬운 해결책이나 지름길부터 찾기보다는 필요한 때에 고통을 참아내는 능력 말이다.

예전에 일하던 회사에서 내 동료가 소셜 미디어 컨설턴트를 고용했다. 그 컨설턴트는 3시간 동안 우리에게 해시태그 활용법, 하루 중 트위터에 글을 올리는 가장 효과적인 시간대, 포스팅을 유기적으로 연결해 인기도를 높이는 법, 그 밖의 수많은 '꿀팁'을 상세히 설명했다.

물론 전부 좋은 조언이었다. 하지만 그는 소셜 미디어를 활용하는 가장 효과적인 비결은 언급하지 않았다. 즉 사람들이 읽고 싶어 하는 좋은 글을 쓰는 것 말이다.

그가 언급하지 않은 이유는 좋은 글을 쓰는 것이 쉽고 빠르게 되는 일이 아니기 때문이다. 그것은 어렵다. 시간과 창의성이 필요하다. 뚝딱 만들어낼 수 있는 뭔가가 아니다. 하지만 잘만 된다면 효과는 확실하다. 성공률이 거의 100퍼센트다. 그러나 좋은 글을 쓰는 작업은 육체적인 고강도 운동만큼이나 힘든 일이다.

다이어트, 투자, 마케팅 등 다른 영역에서도 마찬가지다. 모두가 지름길을 원한다. 사람들은 늘 그래왔다. 그런데 갈수록 더 심해지는 것 같다. 기술 발전이 결과물을 얻는 속도에 대한 우리의 기대치를 높여놓은 탓이다.

우리는 빠르고 쉬운 길에 혹하기 쉽다. 고생하지 않고 성공할 수 있을 것 같으니까. 하지만 실제로 그런 길은 거의 없다.

찰리 멍거는 이렇게 말했다. "원하는 것을 얻는 가장 확실한 방법은 그것을 누릴 자격을 갖춘 사람이 되는 것이다. 간단하다. 이것은 황금률이다. 사람들에게 뭔가 제공할 때는 당신이 상대방이라 해도 만족할 만한 것을 제공하라."

1990년 미국의 TV 토크쇼 진행자 데이비드 레터맨David Letterman이 제리 사인펠드에게 새로 시작한 시트콤이 잘돼 가느냐고 물었다. 제리는 고민이 있다며 이렇게 말했다. NBC에서 이 시트콤을 위한 코미디 작가들을 지원해줬는데 결과물이 별로 마음에 안 든다는 것이었다.

데이비드가 말했다. "마음에 들면 그게 이상한 일 아닐까요?"

"무슨 뜻이죠?" 제리가 물었다.

"빵빵 터지는 극본을 날마다 써낼 수 있다면 그게 더 이상하지 않겠어요?"

사인펠드는 잠시 생각하더니 웃으며 말했다. "맞아요. 이건 원래 힘든 일이에요."

어찌 그렇지 않겠는가. 제리 사인펠드나 마이클 조던Michael Jordan, 세레나 윌리엄스Serena Williams 같은 이들이 그토록 유명한 이유는 세상에 딱 한 명뿐이기 때문이다. 그들이 그 위치에 오른 과정은 우리의 상상을 뛰어넘을 만큼 힘들었다. 그렇기에 우리가 그들을 존경하는 것이다.

모든 여정은 원래 힘들다

언젠가 〈하버드비즈니스리뷰Harvard Business Review〉에서 제리 사인펠드를 인터뷰할 때, 인터뷰어는 그가 시트콤을 그만둔 이유 중 하나가 코미디 작가로서의 번아웃 때문 아니냐고 말했다. 그러면서 만일 맥킨지McKinsey 같은 컨설팅 회사를 고용해 더 효율적인 대본 집필 프로세스를 마련했다면 그와 공동제작자 래리 데이비드Larry David가 번아웃에 빠지는 일 없이 시트콤을 계속할 수 있지 않았겠느냐고 물었다.

사인펠드는 맥킨지가 재밌느냐고 되물었다. 인터뷰어는 아니라고 답했다.

사인펠드는 말했다. "그렇다면 필요 없습니다. 효율적으로 돌아간다면 잘못하고 있는 겁니다. 힘든 길이 옳은 길입니다. 그 시트콤이 성공한 것은 내가 모든 걸 챙기며 관리했기 때문입니다. 모든 대사, 장면, 편집, 캐스팅까지 전부 말입니다."

'효율적으로 돌아간다면 잘못하고 있는 겁니다.'

직관적으로는 잘 이해가 되지 않는다. 하지만 이 말은 지름길의 위험성을 완벽하게 표현하고 있다. 우리는 성공에 비용이 따른다는 당연한 사실을 상기해야 한다.

제프 베이조스는 현실적인 관점으로 일에 관하여 다음과 같이 말했다.

— 만일 자기 직업에서 하는 일의 절반만 즐길 수 있어도 그 것은 대단한 일이다. 그런 사람은 매우 드물다. 모든 것에는 비용이 따르기 때문이다. 그게 현실이다. 어떤 일에든 싫은 측면이 있기 마련이다.

대법원 판사도 자기 일에서 싫은 부분이 있다. 대학 교수도 참석하기 싫은 회의에 참석해야 한다. 모든 직업에는 싫은 면 이 있을 수밖에 없다. 그것도 직업의 일부다.

그렇다. 그것도 직업의 일부다. 사실 모든 것의 일부다. 베 이조스의 말은 직업 이외에 다른 많은 영역에도 똑같이 적 용된다.

당연하지만 간과하기 쉬운 법칙이 있다. 목표로 삼을 가치 가 있는 것 중에 공짜는 없다는 것이다. 어찌 그렇지 않겠는 가? 모든 것에는 비용이 따르며, 대개 그 비용은 잠재적 보상 의 크기와 비례한다.

하지만 가격표가 달린 경우는 드물다. 비용을 현금으로 치 를 수 없다는 얘기다. 목표로 삼을 가치가 있는 것은 대부분 스트레스, 불확실성, 까다로운 사람 상대하기, 관료주의, 나와 상충하는 타인의 인센티브, 귀찮고 번거로운 일, 부조리한 상 황, 기나긴 시간, 끊임없는 회의감 등의 형태로 우리에게 비용을 청구한다. 그것이 발전과 성공을 위한 비용이다.

많은 경우 그 비용은 치를 가치가 있다. 그러나 에누리 없이 반드시 전부 치러야 하는 비용임을 기억하라. 여기에는 쿠폰도 없고 할인도 없다.

*

일정 수준의 비효율성은 불가피할 뿐 아니라 바람직하기도 하다는 사실을 아는 사람은 많지 않다.

스티븐 프레스필드Steven Pressfield는 30년 동안 글을 쓴 후에야 첫 책《베가 번스의 전설The Legend of Bagger Vance》을 출간했다. 그 전까지의 삶은 암울하기만 했다. 한때는 집세를 아끼기 위해 정신병원 퇴원자들이 사회로 복귀하기 전에 지내는 시설에서 살기도 했다.

언젠가 프레스필드는 이 시설에 있는 사람들이 자신이 만나본 가장 재미있고 흥미로운 사람들이라고 말했다. 그가 보기에 그들은 미친 사람이 아니었다. 오히려 "엉터리를 꿰뚫어본 가장 똑똑한 사람들"이었다. 그리고 바로 그랬기 때문에 "사회생활에 적응할 수가 없었다."

프레스필드는 "그들은 엉터리를 견디지 못했기 때문에 직장을 계속 다닐 수 없었다"고 말했다. 세상 사람들은 사회에 적응하지 못하는 그들을 쓸모없는 불량품으로 여겼다. 그러나 사실 그들은 세상의 엉터리 같은 모습을 견딜 수 없었던 천재였을 뿐이라고 프레스필드는 말했다.

이 이야기는 내가 오래전부터 생각해오던 무언가를 상기시켰다.

비효율성이 ─ 프레스필드의 표현으로는 '엉터리'가 ─ 사방에 존재한다는 사실을 깨달을 때, 우리가 던져야 할 질문은 "어떻게 하면 그것을 피할까?"가 아니다. "혼란스럽고 불완전한 이 세상을 살아가기 위해서는 얼마만큼의 비효율성을 견디는 것이 최선일까?"라고 물어야 한다.

만일 그것을 견디는 능력이 '제로'라면, 즉 의견 충돌, 개인적 인센티브, 비효율적인 일, 의사소통 오류 같은 것들을 극도로 혐오한다면, 타인과의 교류나 협력이 필요한 일에서 성공할 확률도 제로에 가깝다. 프레스필드의 표현을 빌리자면, 당신은 사회생활에 적응할 수 없다.

그 반대, 즉 엉터리 같은 일이나 성가신 문제, 불편함을 무조건 참고 받아들이는 것 역시 나쁘기는 매한가지다. 그러면 당신은 세상에 산 채로 잡아먹힐 것이다.

우리가 놓치기 쉬운 사실이 있다. 문제를 완전히 없애려고 하면 오히려 문제가 더 커지는 경우가 있다는 것이다. 성공한 사람들은 대개 나쁜 것을 어느 정도 수용하는 것이 완벽하게 없애는 것보다 더 나을 수 있음을 안다. 도둑질이 좋은 예다.

슈퍼마켓에서는 가게 문을 나가는 모든 손님의 몸을 샅샅이 수색하면 도둑질을 없앨 수 있다. 하지만 그러면 아무도 가게를 다시 찾지 않을 것이다. 따라서 최적의 도둑질 발생 건수는 제로가 아니다. 가게 주인은 도둑에게 어느 정도 물건을 잃는 것을 번영에 따르는 불가피한 비용으로 받아들여야 한다. 모든 형태의 비효율성도 이와 비슷하다.

이렇듯 성가신 문제나 불편함을 얼마만큼 견디는 것이 최선인지 판단하는 능력은 중요하다. 이 사실을 대부분의 사람들은 잘 깨닫지 못한다.

프랭클린 루스벨트 대통령은 세상에서 가장 강한 남자였지만 하반신이 마비된 탓에 화장실에 갈 때도 보좌관의 도움을 받아야 했다. 그는 언젠가 이렇게 말했다. "당신이 다리를 쓸 수 없는 상황이라면, 오렌지주스를 먹고 싶지만 사람들이 우유를 가져다줄 때 '괜찮습니다'라고 말하고 우유를 마실 줄 알아야 한다." 루스벨트 대통령은 얼마만큼의 비효율성과 불편함을 견뎌야 하는지를 알고 있었던 것이다.

당연히 모든 업계와 직업은 저마다 다른 특성을 지닌다. 그러나 필요한 경우 성가신 문제와 골칫거리를 받아들일 줄 아는 것은 어느 분야에서든 공통적으로 중요하다.

지나친 불안정성, 일이 꼬여서 저기압인 상사나 동료, 사내 정치, 상대하기 까다로운 성격의 사람, 관료주의적 프로세스. 전부 싫고 성가신 것이다. 하지만 목표를 이루고 싶다면 어느 정도는 견뎌야 한다.

많은 관리자가 비생산적이거나 비효율적이라고 느껴지는 상황을 잘 견디지 못한다. 그래야 멋지다고 생각한다. 그들은 "나는 완벽함을 원해"라고 말한다. 하지만 그것은 비현실적 관점이다. 그런 관리자는 대부분 성공하지 못한다.

장기적 성공과 발전의 연료가 되는 것은 인내심이다. 힘들고 혼란스러운 시기를 묵묵히 견디는 것은 결점이 아닌, 적정한 수준의 불편함을 받아들일 줄 아는 장점이다.

사업에서도 마찬가지다. 내 친구 브렌트는 회사를 운영하는 일이 마치 유리를 씹어 먹으면서 얼굴에 강펀치를 맞는 것과 비슷하다고 말한다. "모든 일이 꼬이기만 할 때도 많아. 그럴 때면 감정이 통제가 안 되고 혼란에 빠져버려."

또 그는 회사 일을 매일 치르는 전쟁에 비유한다. 매일 아침 일어나 손에 칼을 쥐고 세상에 나가 자신을 향해 달려드는 도전과 역경을 물리치고 살아남아 저녁에 집에 돌아오길 기도한다는 것이다.

하지만 그런 어려움들에 기꺼이 맞서기 때문에 회사가 수익을 올릴 수 있다. 브렌트는 직원들에게 "고통이 없으면 수익도 없다"라고 입버릇처럼 말한다. 그는 받아들이고 견뎌야 하는 최적 수준의 어려움이 존재함을 아는 사람이다.

어느 정도의 비효율성을 받아들이는 것에는 또 다른 장점도 있다. 현실을 더 정확하게 파악할 수 있다는 점이다.

언젠가 어느 기업 CEO와 함께 비행기를 타게 됐다(그는 어딜 가든 자신이 CEO라는 사실을 드러내고 싶어 했다). 그런데 그는 우리의 탑승 게이트가 두 번 변경되자 이성을 잃고 미친 듯이 화를 냈다.

나는 이런 생각이 들었다. 자신의 통제 바깥에 있는 사소한 차질에도 차분하게 대응할 줄 모르는 사람이 어떻게 그 자리까지 올랐을까? 십중팔구 그는 자신이 모든 것을 통제할 수 없다는 사실을 인정하지 않으며 살고 있을 것이다. 그러니 부하 직원에게도 비현실적인 수준의 정확성과 효율성을 요구하고, 직원들은 그런 기대치 때문에 나쁜 소식이나 문제를 그에게 숨기곤 할 것이다.

기억하라. 대부분의 일에는 비용이 따르며 이를 인정하고 기꺼이 치르는 것이 현명하다. 그 비용이란 적당한 양의 불편함을 견디는 것이다.

＊

다음 장에서는 경쟁 우위를 얻는 것보다 지키는 것이 더 어렵다는 고통스러운 진실을 들여다보자.

16

계속 달려라

경쟁 우위는 결국 사라진다.

Keep Running

Most competitive advantages eventually die.

진화는 언제나 제 역할에 충실해 특정한 결과를 만들어낸다. 그중 하나는 시간이 흐를수록 동물의 몸이 커진다는 점이다.

에드워드 드링커 코프Edward Drinker Cope는 19세기의 고생물학자였다. 그는 수많은 종의 계통을 추적 관찰한 뒤 동물들이 시간 흐름에 따라 진화하면서 몸집이 더 커지는 분명한 경향을 발견했다. 훗날 여기에 코프의 규칙Cope's Rule이라는 이름이 붙었다('법칙'이라고 부를 만큼 보편적인 경향은 아니다).

말은 과거에 작은 개만 한 크기였다가 현재와 같은 크기가 되었다. 뱀은 불과 몇 센티미터도 안 되었지만 현재는 보아 뱀처럼 큰 것도 존재한다. 10센티미터도 안 됐던 도마뱀이 나중에는 브론토사우루스 같은 거대 공룡으로 진화했다. 그리고 인간은 수백만 년 전에 성인 평균 키가 120센티미터도 안 됐지만 현재는 훨씬 큰 신장을 갖게 되었다.

　이런 변화는 그리 놀랍지 않다. 몸집이 큰 종일수록 먹잇감을 더 잘 사냥할 수 있고, 더 먼 거리를 이동할 수 있으며, 더 큰 뇌를 가질 수 있으니까.

　그런데 이런 의문이 든다. 그렇다면 어째서 진화 프로세스는 모든 종을 거대한 크기로 만들어놓지 않았을까? 과학자인 산타페 연구소의 에런 클로셋Aaron Clauset과 스미스소니언 국립 자연사박물관의 더글러스 어윈Douglas Erwin은 그 이유를 다음과 같은 명쾌한 문장으로 요약했다. "진화에서 종의 몸집이 커지는 경향은 몸집이 큰 종이 멸종하는 경향에 의해 상쇄된다."

　생물체의 몸 크기는 투자의 레버리지와 비슷하다. 이익을 증가시키지만 손실도 증가시킨다. 한동안은 별문제가 없지만, 이익이 있더라도 손실이 치명적인 수준에 이르는 시점이 되면 커다란 역효과가 발생한다.

　부상의 경우를 생각해보자. 몸집이 큰 동물은 부상에 취약하다. 개미는 자신의 키보다 1만 5,000배 높은 곳에서 떨어져도 죽지 않는다. 쥐는 자신의 키보다 50배 높은 곳에서 떨어지면 뼈가 부러진다. 인간은 자신의 키보다 10배 높은 곳에서 떨어지면 죽는다. 코끼리는 자신의 키보다 2배 높은 곳에서 떨어지면 물풍선처럼 터져버릴 것이다.

또 큰 동물은 단위 개체당 서식지 면적이 더 많이 필요하다. 이는 서식지가 부족해지면 가혹한 특징이 된다. 큰 동물은 작은 동물보다 단위 몸무게당 먹이도 더 많이 필요하므로 기근이 닥치면 큰 몸집이 결정적 단점이 된다.

큰 동물은 쉽게 숨을 수 없다. 움직임도 느리고 번식도 느리다. 먹이사슬 최상위에 위치하므로 대개 적응과 변화가 필요 없지만, 그것이 필요한 때가 되면 그런 적응 능력 부족이 생존에 불리한 특성으로 작용한다.

가장 지배적인 종이 몸집이 더 큰 경향이 있지만, 가장 오래 견디는 종은 크기가 더 작은 경향이 있다. 티라노사우루스보다는 바퀴벌레가, 바퀴벌레보다는 박테리아가 생명력이 더 끈질기다. 역설적이게도 진화는 개체의 크기가 커지도록 부추겨놓고선 이젠 크다는 이유로 가혹한 형벌을 내린다.

지금까지의 이야기는 삶의 많은 영역에서 목격되는 현상과도 일맥상통한다. 경쟁 우위는 오래 지속되지 않는다는 사실 말이다. 경쟁 우위를 얻는 것보다 더 어려운 것은 그것을 잃지 않는 일이다. 한 시대를 풍미한 유명한 미국 기업 시어스Sears의 사례를 살펴보자.

*

　당신이 만일 영화 시나리오를 쓰는데 난공불락의 엄청난 경쟁 우위를 가진 가상의 기업을 만들어야 한다면 뭐가 좋을까? 1970년대의 시어스를 모델로 삼으면 딱 맞을 것이다.

　시어스는 세계 최대 소매 기업이었고 세계 최고층 빌딩에 본사를 두었으며 종업원 규모도 어마어마했다.

　다음은 1983년 〈뉴욕타임스〉에 실린 시어스 관련 기사의 일부다. "당신은 매장에 들어서는 순간 제대로 찾아왔다는 확신이 들 것이다. 이 유통 전문 기업이 풍기는 완벽한 분위기는 다른 곳과 혼동할 수가 없다."

　시어스는 소매업에서 큰 성공을 거둔 뒤 1970년대와 1980년대에 금융업을 비롯한 다른 영역에도 진출했다. 시어스는 올스테이트 보험Allstate Insurance, 신용카드 회사 디스커버Discover, 증권사 딘위터Dean Witter, 부동산 회사 콜드웰뱅커Coldwell Banker 등을 소유했다.

　한마디로 시어스는 오늘날의 아마존 같았다. 거대한 유통 공룡이 되어 막강한 힘으로 소매업과 무관한 분야까지 진출해 경쟁자들을 위협했다.

　1974년 〈뉴욕타임스〉는 이렇게 썼다.

— 어제 메릴린치Merrill Lynch 회장 도널드 리건Donald T. Regan은 메릴린치가 투자 업계의 시어스가 되었으면 한다고 밝혔다. ……"우리는 효율성을 최대한 높여 고객들이 부담하는 비용을 줄여야 한다. 그것이 시어스의 성공 요인이었다. 우리는 이를 잊지 말아야 한다."

그런데 그런 시어스가 무너졌다. 어떻게 된 일일까. 소득 불평등이 커지면서 소비자들이 저가품 시장과 고급품 시장으로 양분되자 시어스의 입지는 크게 좁아졌다. 거기에 더해, 더 젊고 더 의욕 넘치는 소매기업인 월마트Walmart, 타깃Target 같은 경쟁사들이 약진하기 시작했다.

2000년대 후반에 이르자 결국 시어스는 껍데기만 남은 기업이 됐다. 우리 동네의 시어스에 걸려 있던 '영업 중입니다'라는 안내문은 이미 마음이 떠나버린 소비자들에게 무의미한 문구였다.

시어스가 경쟁 우위를 잃고 몰락한 스토리는 흥미롭다. 그러나 특이한 사례라고 할 수는 없다. 여러모로 볼 때 그것은 한때 시장을 지배한 기업들이 종종 맞이하는 결과이기 때문이다.

기업 공개는 회사가 더 큰 기업으로 성장할 수 있는 충분한 경쟁 우위를 확보했다는 신호다. 그러나 1980년에서 2014년 사이에 전체 상장 기업의 약 40퍼센트가 결국 실패하거나 시장 가치를 상실했다.

〈포춘〉 500대 기업 상위 10개 업체에 속했지만 결국 파산 보호 신청을 한 기업으로는 제너럴모터스General Motors, 크라이슬러Chrysler, 코닥Kodak, 시어스가 있다. 과거의 영광을 잃어버린 기업의 예는 제너럴일렉트릭General Electric, 타임워너Time Warner, AIG, 모토로라Motorola 등 한둘이 아니다.

국가도 비슷한 운명을 맞곤 한다. 역사 속의 다양한 시점에 세계의 과학 및 경제 발전을 주도한 것은 아시아와 유럽, 중동 이었다.

한때 강력했던 존재가 힘을 잃어버리면 우리는 그것을 이끈 리더의 실수를 비웃기 쉽다. 그러나 간과하는 사실이 있다.

일단 당신이 경쟁 우위를 갖게 되면, 당신을 그것에서 멀어 지게 만드는 온갖 힘이 작동하기 시작한다. 성공은 고유의 중 력을 갖고 있어서 세상의 관심과 기대치, 때로는 시기와 비판 을 끌어당긴다. 석유 재벌 T. 분 피켄스T. Boone Pickens는 말했다. "원숭이가 나무의 높은 곳으로 올라갈수록 우리 눈에는 원숭이의 엉덩이가 더 잘 보인다."

경쟁 우위를 잃는 주요 이유는 다섯 가지다.

첫째, 연이어 옳은 결정을 내리며 성공을 맛보면 자신이 틀릴 리 없다는 자신감이 생긴다. 탁월한 성공을 거둔 대상을 언제든 쓰러트릴 수 있는 경쟁자가 사방에 존재하는 세상에서 그런 자신감은 치명적 약점이 된다. 흔히 규모가 커지면 성공한 것으로 여기고, 성공했다는 생각은 자만심을 불러오며, 자만심은 성공의 끝을 알리는 신호다.

둘째, 성공하면 규모가 커지는 경향이 있으며 대개 이는 의도된 결과다. 하지만 큰 조직은 작은 조직과 다른 동물이고, 작은 규모에서 통하던 전략이 큰 규모에서는 통하지 않을 수 있다.

10년간 높은 성과를 내던 스타 펀드 매니저가 다음 10년간은 형편없는 성과를 내는 사례가 허다하다. 물론 운 때문인 경우도 있다. 하지만 성공은 자본도 끌어당기며, 대형 투자 펀드는 작은 펀드보다 민첩성이 떨어지므로 펀드 매니저가 과거에 쓰던 전략이 효과를 내지 못할 수 있다.

조직 생활에서 이와 유사한 현상을 피터의 법칙Peter Principle이라고 한다. 이는 유능한 인재가 계속 승진하다가 어느 시점에 이르면 고위 직책의 업무를 감당하지 못해 무능력한 직원이 되고 마는 현상이다.

셋째, 사람들은 미래에 언젠가는 열심히 노력할 필요가 없어지기를 바라면서 경쟁 우위를 얻으려고 열심히 노력한다. 목표 달성을 위해 열심히 달리지만 일단 그 목표를 이루고 나면 이제 쉴 자격이 있다고 생각하며 경계심을 내려놓는다. 그러는 사이 변화한 세상이 그들의 경쟁 우위를 위협하고 경쟁자들이 밀고 올라온다.

넷째, 한 시대에 중요한 기술이 다음 시대에는 그렇지 않을 수 있다. 당신이 아무리 열심히 노력한다 해도 세상이 더는 당신의 기술을 필요로 하지 않는다면 아무 소용이 없다. 개인이든 조직이든 특정한 한 가지 능력만 뛰어난 경우가 많은데, 이는 해당 산업이 호황일 때는 그 능력이 높은 수입을 가져다주기 때문이다.

다섯째, 때로 성공은 마침 그 시기에 마침 그 자리에 있었던 덕분에 찾아온다. 성공을 경험하고 있을 때는 모르다가 그것이 행운 덕이었다는 사실을 지나고 나서야 깨닫는다. 누군가는 그런 깨달음 앞에서 겸손해지고, 누군가는 그런 사실을 믿고 싶어 하지 않는다.

경쟁 우위에 유통 기한이 있다는 사실은 성장하고 발전하는 모든 것이 받아들여야 할 기본 전제다. 하지만 그것이 꼭 비극일 필요는 없다. 경쟁 우위를 지닌 모든 존재가 시어스 같은 종말을 맞이하지는 않는다는 얘기다. 영국은 19세기에 누렸던 경제적, 군사적 패권을 잃었지만 20세기에도 여전히 굳건한 강대국의 지위를 유지했다.

그러나 대부분의 경우, 경쟁 우위는 수명이 짧다. 성공이 몰락의 씨앗을 뿌리는 경우가 많기 때문이다.

*

리 밴 베일런Leigh Van Valen은 괴짜 기질을 지닌 진화생물학자였다. 그는 자신의 획기적인 이론을 기존 학술지들에서 게재해주지 않자 직접 새로운 학술지를 창간해 논문을 발표했다. 훗날 그의 이론은 학계에 받아들여졌다.

그의 이론은 기존 통념에 어긋났지만 결국 옳음이 드러났다. 이처럼 비전통적이고 낯선 견해는 처음에 무시하기 쉽지만 사실 우리는 그런 견해에 주목할 필요가 있다.

수십 년간 과학자들은 지구상에 오래 존재한 종일수록 앞으로도 오래 살아남을 가능성이 높다고 생각했다. 세월이 그종의 강인함을 증명했으니까 말이다. 긴 생명력은 우승의 증거인 동시에 생존을 예측하게 해주는 근거였다.

1970년대 초 밴 베일런은 이 통념이 맞는지 입증하는 작업에 착수했다. 하지만 입증할 수 없었다. 데이터가 들어맞지 않았던 것이다.

그는 진화란 대단히 가차 없고 냉혹한 프로세스이므로 오래 생존한 종은 단순히 운이 좋았던 게 아닐까 하는 생각이 들었다. 그의 눈앞에 있는 데이터는 이 가설에 더 들어맞았다.

자신의 생태적 적소를 발견한 새로운 종은 취약해서 멸종하기 쉬운 반면, 오래된 종은 그 강인함이 입증되었으므로 멸종 확률이 더 낮다고 생각하기 쉽다. 예컨대 전자는 특정 기간에 멸종할 확률이 10퍼센트이고 후자는 멸종할 확률이 0.01퍼센트라고 말이다.

하지만 밴 베일런이 종의 나이별로 멸종할 확률을 그래프로 그렸더니 직선에 가까운 모양이 나타났다. 일부 종은 꽤 오랜 기간 생존했다. 그러나 1만 년 된 종이든 1,000만 년 된 종이든 멸종 확률은 거의 비슷했다.

밴 베일런은 1973년 〈새로운 진화 법칙A New Evolutionary Law〉이라는 제목의 논문에서 "생물에서 특정 분류군의 멸종 확률은 그것의 나이와 관계가 없다"라고 주장했다.

만일 구슬 1,000개가 담긴 항아리에서 해마다 2퍼센트를 제거한다면 일부의 구슬은 20년 뒤에도 여전히 항아리에 남아 있을 것이다. 하지만 특정 구슬이 제거될 확률은 2퍼센트로 매년 똑같다. 특정 구슬이 항아리에 남을 확률은 더 높아지지 않는다.

종도 마찬가지다. 어쨌든 어떤 종은 오래 생존하지만, 시간이 흐른다고 해서 그의 생존 확률이 더 높아지지는 않는다.

밴 베일런은 그것이 "진화에서의 경쟁은 경기가 끝나면 승리한 팀이 마음 놓고 쉴 수 있는 축구와 다르기 때문"이라고 주장했다. 진화 경쟁에는 끝이 없다. 한 종이 다른 경쟁자보다 우위를 획득하면 이것은 곧 경쟁자 역시 발전하고 진화하도록 자극한다. 이를테면 군비 경쟁처럼 말이다.

진화학은 결국 우위에 관한 학문이다. 밴 베일런이 말하는 요지는 영원한 우위는 존재하지 않는다는 것, 바로 그것이다. 모든 생명체가 늘 치열하게 경쟁하지만, 저만치 훌쩍 앞서나가 멸종 가능성에서 자유로운 생명체는 없다.

어떤 종은 진화를 통해 변화하더라도 꼭 환경에 더 잘 적응한 존재가 되지는 않는다. 주변 환경과 위협 요인도 계속해서 변화하기 때문이다.

검은코뿔소는 800만 년 동안 살아왔지만 인간의 밀렵 탓에 심각한 멸종 위기에 직면해 있다. 리먼브라더스는 150년 동안 서른세 번의 경기 침체를 거치면서 적응하고 번영했지만 주택 저당증권 시장 붕괴라는 위기를 만나 무너졌다.

그 누구도 안전하지 않다. 누구도 안심할 수 없다. 밴 베일런은 이를 진화의 '붉은 여왕 가설Red Queen hypothesis'이라고 불렀다. 《거울 나라의 앨리스Through the Looking-Glass◆》에서 앨리스는 붉은 여왕을 만나는데, 그곳에서는 같은 자리에 계속 있으려면 힘껏 달려야 한다.

> — 그들이 아무리 빨리 달려도 주변 사물이 그대로 있는 것 같았다. 어리둥절해진 앨리스는 생각했다. '주변에 있는 것들이 우리를 계속 따라오는 것 같은데?' 그러자 붉은 여왕이 앨리스의 생각을 읽은 듯 이렇게 외쳤다. "더 빨리 뛰어! 말할 시간이 없다고! 계속 달려야 해!"

제자리라도 지키려면 '계속 달려야 하는 것', 그것이 진화의 원리다. 삶에서 대부분의 것도 그렇지 않을까? 비즈니스도? 제품도? 일도? 국가도? 인간관계도? 맞다. 전부 그렇다.

진화는 가차 없고 냉혹하다. 앞서가는 방법을 알려주는 것이 아니라 뒤처지는 것을 멸종시킴으로써 가르침을 준다.

두 가지를 기억하자.

첫째, 한 시대를 지배하는 무언가가 다음 시대에 사라지더라도 놀라지 마라. 그것은 역사에서 늘 반복된 스토리다. 기업도, 제품도, 음악가도, 도시도, 작가도 수십 년 넘게 정상을 지키는 경우는 거의 없다. 그런 경우(비틀스, 리바이스, 스니커즈, 뉴욕시)는 극히 예외에 속한다.

둘째, 계속 달려라. 이미 거둔 성공에 마음 놓고 안주해도 될 만큼 확실한 경쟁 우위란 없다. 오히려 그렇게 보이는 경쟁 우위가 대개는 몰락의 씨앗을 품고 있다.

＊

다음 장에서는 미래에 대한 이야기를 하려 한다. 우리는 흔히 우리 앞에 멋지고 놀라운 미래가 기다리고 있을 거라 상상하지 못한다. 그 이유를 알아보자.

17

미래의 경이로움에 대하여

발전은 늘 지지부진한 것처럼 보인다.
그래서 우리는 새로운 기술의 잠재력을 과소평가하기 쉽다.

The Wonders of the Future

It always feels like we're falling behind,
and it's easy to discount the potential of new technology.

결국엔 세상을 바꾸게 될 새로운 기술에 대한 사람들의 반응은 대개 다음과 같이 변해간다.

- 이게 뭐지? 처음 보는군.
- 들어본 적은 있는데 뭔지는 모르겠어.
- 뭔지는 알겠는데 별로 유용할 것 같지 않아.
- 부자들이나 좋아하겠지. 나랑은 상관이 없어.
- 써봤는데 그냥 장난감 수준이던걸.
- 사용해보니 유용하더라고.
- 항상 사용하고 있어.
- 이게 없는 삶은 상상이 안 돼.
- 옛날 사람들은 이게 없이 어떻게 살았지?
- 너무 영향력이 커져서 규제가 필요해 보여.

이런 과정이 늘 반복된다. 작은 발명 하나가 어떤 잠재력을 품고 있는지 상상하기는 대단히 어렵다.

＊

역사를 보면 흔히 사람들은 이렇게 생각하곤 했다. 과거의 혁신은 위대하지만, 웬만한 기회는 이미 전부 활용했고 달성 가능한 발전은 이미 다 이뤄졌으므로 미래의 혁신은 제한적일 것이라고 말이다.

1908년 1월 12일 〈워싱턴포스트〉는 "미국의 두뇌들, 미래의 혁신을 예측하다"라는 제목의 특집 기사를 실었다. 작은 글자로 적힌 이 '두뇌들'의 명단에는 토머스 에디슨$^{Thomas\ Edison}$도 있었다. 그즈음 에디슨은 이미 많은 혁신적 발명품을 내놓은 상태였다. 그는 당대의 스티브 잡스였다.

〈워싱턴포스트〉는 에디슨에게 물었다. "발명의 시대가 저물어가고 있습니까?"

"저물어간다고요?" 에디슨은 어떻게 그런 질문을 할 수 있냐는 듯 놀라며 되물었다. "아직 시작되지도 않았습니다. 답은 그걸로 충분하겠지요. 다른 질문은 없습니까?"

"그렇다면 앞으로 50년 동안도 지난 50년만큼 커다란 과학적, 기계적 발전이 일어날 것이라고 보시는 겁니까?"

"훨씬 더 큰 발전이 일어날 겁니다."

"어떤 분야에서 그런 발전이 일어나리라고 보십니까?"

"모든 분야에서요."

이것은 맹목적 낙관주의가 아니었다. 에디슨은 과학적 발견과 발전의 프로세스를 아는 사람이었다.

커다란 혁신은 하루아침에 느닷없이 일어나지 않는다. 여러 작은 혁신이 시간을 두고 합쳐지면서 서서히 축적되어 일어난다.

에디슨은 원대한 계획을 세우고 실행하는 타입이 아니었다. 그보다는 이것저것 시도하면서 다량의 결과물을 만들어내는 발명가였다. 그 과정에서 만난 작은 발견들이 서로 결합되고 시너지 효과를 내면서 더 의미 있는 발명품으로 이어진다고 확신했다. 예를 들어 에디슨은 전구를 최초로 발명한 인물이 아니다. 남들이 이미 만든 것을 개량해서 훨씬 나은 제품을 만들었을 뿐이다.

에디슨의 전구가 나오기 약 80년 전인 1802년 영국의 화학자이자 발명가 험프리 데이비Humphry Davy가 목탄 막대기를 필라멘트로 이용하는 아크 등arc lamp이라는 전기 조명 기구를 만들었다. 이것은 에디슨의 전구와 비슷하게 작동했지만 빛이 지나치게 밝고(똑바로 쳐다보면 실명할 위험이 있었다) 지속 시간이 짧아서 실용성이 매우 떨어졌다.

에디슨의 업적은 밝기도 적당하고 수명도 오래가는 전구를 개발한 일이다. 이는 엄청난 혁신이었다. 하지만 각자 개별적으로는 의미 있는 성과를 내지 못했던 과거의 여러 혁신을 토대로 삼았기에 가능한 일이었다.

그렇기 때문에 에디슨이 미래의 혁신에 관해 그토록 낙관적이었던 것이다. 그는 이렇게 말했다.

— 작은 발견이 훗날 어떤 결과를 낳을지 아무도 알 수 없다. 누군가가 뭔가를 발견하면 즉시 수많은 실험가와 발명가가 그것을 응용하거나 변형해 온갖 시도를 하기 때문이다.

그러면서 이런 예를 들었다.

— 패러데이의 구리 디스크를 생각해보라. 과학자의 장난감처럼 생기지 않았는가? 하지만 그 덕분에 결국 노면 전차가 생겨났다. 또 크룩스관Crookes tube을 생각해보라. 그저 실험실에나 어울리는 발명품처럼 생겼지만, 결국 크룩스관 덕분에 X선이 발견되었다. 그리고 지금도 어딘가에서 수많은 과학자

와 발명가가 실험을 하고 있다. 그들의 발견이 어떤 위대한 결과로 이어질지 아무도 섣불리 예측할 수 없다.

에디슨은 말했다. "발명의 시대가 끝났느냐고요? 현재 우리는 아무것도 모르는 어린애나 마찬가지입니다."

물론 그의 말은 옳았다.

1900년대 초 비행기가 실용화되었을 때 사람들은 이 새로운 발명품의 용도를 예측하기 시작했다. 가장 먼저 떠오른 것은 우편물 수송과 비행기 레이싱이었다.

원자력 발전소를 떠올린 사람은 아무도 없었다. 그러나 비행기가 없었다면 원자력 발전소는 탄생하지 못했을 것이다.

비행기가 없었다면 공중 투하 폭탄을 개발하지 않았을 것이다. 공중 투하 폭탄이 없었다면 핵폭탄도 만들지 않았을 것이다. 그리고 핵폭탄이 개발되지 않았다면 원자력 발전소라는 원자력의 평화적 이용 방법을 발견하지 못했을 것이다.

현재도 마찬가지다. 1960년대 미 국방부가 냉전 시기의 중요 정보를 관리하기 위해 컴퓨터들을 연결한 네트워크로서 인터넷의 시초가 된 아파넷ARPANET을 만들지 않았다면, 지금의 구글맵스Google Maps나 터보택스TurboTax, 인스타그램Instagram도 없었을 것이다. 핵전쟁의 위협이 존재한 시기 덕분에 소파에 편히 앉아 터보택스로 세금 신고를 할 수 있게 된 것이다. 50년 전에는 상상도 못 했을 결과다.

물리학자이자 기업 경영자인 사피 바칼의 설명에 따르면, 기생충 치료를 위해 퀴닌을 먹인 개의 소변에서 특이한 종류의 결정이 발견된 덕분에 폴라로이드 필름이 개발되었다. 그 결정이 이제껏 발견된 것 중 가장 질 높은 편광자였던 것이다.

누가 그런 결과를 예상할 수 있었을까? 누구도 상상하지 못했을 것이다.

페이스북Facebook도 처음에는 대학생들이 직접 사진과 프로필을 올리고 친구들과 공유하는 서비스일 뿐이었지만, 그로부터 10년도 안 돼 글로벌 정치에서 가장 영향력 있는 수단이 되었다. 이 역시 예견하기 불가능한 결과였다.

모든 혁신은 예측하기 힘들고 동시에 과소평가하기 쉽다. A에서 Z에 이르는 길은 대단히 복잡할 수 있다. 또 전혀 예상하지 못한 이상한 지점에 도착하곤 하므로, 현재 우리가 지닌 기술과 도구의 미래 모습을 추정하기는 거의 불가능하다.

지금 이 순간에도 누군가는 어딘가에서 미래를 완전히 바꿔놓을 뭔가를 연구하거나 발명하고 있다. 하지만 우리는 한동안 그것을 전혀 모를 가능성이 높다. 지금껏 늘 그래왔다.

피셔Fisher의 '자연선택의 근본 정리Fundamental Theorem of Natural Selection'라는 진화생물학 이론이 있다. 이는 변이가 곧 강점이라는 내용이다. 개체군의 구성이 다양할수록 진화 과정에서 선택되는 새로운 특성이 나타날 확률도 높아지기 때문이다. 어떤 특성이 유용할지는 아무도 알 수 없다. 그러나 수많은 특성을 만들어놓으면 무엇이 됐든 그중 하나는 유용한 특성이 되기 마련이다.

혁신에서도 비슷하다. 우리는 스타트업이 진행 중인 프로젝트나 과학자가 연구하는 뭔가를 보면서, '흥미롭기는' 하지만 과거의 혁신들에 비하면 별것 아니라고 생각하기 쉽다. 우리는 여러 혁신이 상호작용하고 결합하면서 어떤 결과에 이를지 모르는 탓에, 그저 속 편하게 최고의 시절은 과거라고 결론 내리고 현재 진행 중인 프로젝트나 혁신의 잠재력은 과소평가한다.

다음을 기억하자.

첫째, 우리는 늘 발전이 지지부진하다고 느끼기 쉽다. 어느 시대에든 최근 10년이나 20년간 획기적인 뭔가를 만들어내지 못했다고 느낄 수 있다. 하지만 그것은 어떤 혁신적 기술이든 우리 삶에서 유용한 것이 되기까지는 10년에서 20년은 걸리기 때문이다.

진보란 한 걸음씩 시간을 두고 천천히 일어나며, 지금은 대수롭지 않게 보이는 사소한 혁신과 발견이 훗날 엄청난 무언가로 변화할 잠재력을 지닌 기회의 씨앗이 될 수 있다. 디 호크는 "책은 저자가 쓴 내용보다 훨씬 더 많은 것을 담고 있다. 독자의 무한한 상상력과 해석도 책의 일부다"라고 말했다.

새로운 기술의 경우도 비슷하다. 모든 신기술의 가치는 단순히 그 자체의 용도에만 있는 것이 아니다. 완전히 다른 능력과 관점을 지닌 다른 누군가가 그 기술을 토대로 결국 무엇을 창안해내느냐도 중요하다.

둘째, 사소해 보이는 두 가지가 결합해 엄청난 뭔가로 증폭될 수 있다는 사실을 잊기 쉽다.

자연이 돌아가는 원리를 생각해보라. 북쪽에서 차가운 바람이 불어오는 것은 그다지 대수로운 일이 아니다. 남쪽에서 더운 공기가 불어오는 것도 마찬가지다. 그러나 그 둘이 미주리주 상공에서 만나면 토네이도가 발생한다. 이러한 창발 효과emergent effect는 어마어마한 결과를 초래할 수 있다.

새로운 기술도 마찬가지다. 사소한 기술과 또 다른 사소한 기술이 만나 세상을 바꿔놓는 기술이 된다. 기하급수적 성장이라는 개념을 간과할 경우 상상하기 힘든 방식으로 말이다.

조직에서도 비슷한 일이 일어난다. 적절한 타이밍에 두세 가지 평범한 능력을 동시에 발휘하는 사람이 단 한 가지만 탁월하게 잘하는 사람보다 몇 배 더 높은 성과를 내는 경우가 있다.

1908년 1월 12일, 그러니까 〈워싱턴포스트〉가 에디슨 인터뷰를 포함한 특집 기사를 실은 그날, 프랑스에서 최초의 장거리 무선 메시지가 송출됐다. 그것이 훗날 나타날 혁신적 기술들의 씨앗을 뿌린 셈이었음을 아무도 알지 못했다. 여기에는 114년 뒤의 내가 이 책의 원고를 써서 출판사에 보내는 데 사용하는 기술도 포함된다.

*

나는 우리 모두의 삶이 빙산과 같다고 생각한다. 다음 장에서 여기에 대해 얘기해보겠다. 사람들이 자신의 고통과 문제를 숨기며 살아가는 것에 대한 이야기다.

I8

보기보다 힘들고,
보이는 것만큼 즐겁지 않다

"거짓말이라는 비료를 준 땅의 풀이 언제나 더 푸르다."

Harder Than It Looks and Not as Fun as It Seems

"The grass is always greener on the side
that's fertilized with bullshit."

1963년 〈라이프Life〉는 작가 제임스 볼드윈James Baldwin을 인터 뷰하며 어디서 영감을 얻느냐고 물었다. 볼드윈은 이렇게 답 했다.

— 우리는 지금의 이 고통과 괴로움을 겪는 것이 세상에 나 뿐이라고 느낍니다. 하지만 책을 읽으면 생각이 달라집니다. 내게 가장 큰 고통을 주는 것들이, 현재 살아 있는 이들 또는 과거에 살았던 수많은 이들과 나를 연결해준다는 사실을 가 르쳐준 것은 바로 책이었습니다. 예술가는 말하자면 감정을 다루는 역사가입니다.

멋진 말이 아닐 수 없다. 그러나 여기서 볼드윈이 말한 것, 즉 내면의 감정을 공유하는 일은 현실에서 흔치 않다.

대다수 사람은 자신의 고통을, 두려움을, 마음속 불안함을, 정말로 행복한지 아닌지를 드러내지 않는다. 남들에게 결점이나 실패를 솔직하게 밝히는 경우도 거의 없다. 대개는 멋지게 꾸민 모습만 타인에게 보여준다.

전문가는 언제나 다른 지역 출신이라는 말이 있다. 성경에도 비슷한 구절이 있다. 그 누구도 자기 고향에서는 선지자로 환영받지 못한다는 내용이다. 앞의 말에는 다른 더 깊은 의미도 있지만, 어쨌든 이 두 말에는 공통적으로 중요한 포인트가 담겨 있다.

사람들이 나의 특별하지 않은 모습과 못난 구석을 눈치채지 못한다면, 내가 특별한 존재라고 사람들을 설득하기가 매우 쉽다는 사실이다. 일이나 사업, 개인적 삶에서 당신 자신을 남들과 비교할 때 이 점을 기억하길 바란다.

내가 의미를 깨닫는 데 조금 시간이 걸린 조언이 있다. '모든 것이 세일즈다'라는 말이다. 흔히 이는 직장 생활과 관련한 말로 여겨진다. 회사에서 맡은 직책이나 역할이 무엇이든 간에 결국 당신의 임무는 세일즈에 기여하는 것이라는 의미다. 그런데 이 말은 다른 많은 영역에도 적용된다.

'모든 것이 세일즈다'는 사람들이 자기 자신의 이미지를 공들여 만든다는 사실도 의미한다. 그렇게 만든 이미지는 자신을 남들에게 납득시키고 어필하는 데 도움이 된다.

우리는 의식적으로든 무의식적으로든 이미지 게임을 한다. 어떤 이들은 다른 이들보다 더 자기 확신에 차서 적극적으로 이미지를 만들기도 한다. 그렇게 공들여 만든 이미지는 자신의 모든 모습이 담긴 완전한 이미지가 아니다. 일종의 필터가 작동한다. 잘하는 것과 잘난 면은 두드러지게 내세우고, 못난 구석과 결점은 조용히 감춘다.

언젠가 친구가 내게 자신이 다니는 회사가 너무 비효율적이라고 투덜댔다. 업무 프로세스도 불합리하고 팀끼리 커뮤니케이션도 잘 안 된다고 했다. 그러면서 경쟁사는 자기네보다 훨씬 더 효율적으로 척척 잘 돌아간다고 말했다. 나는 그 회사에서 일해본 적도 없는데 어떻게 아느냐고 물었다. 친구는 "아, 그러네" 하며 불평을 접었다. 멀리서 보니까 그렇게 보이는 것뿐이다.

거의 모든 것은 멀리서 보면 더 좋아 보인다. 장담하건대 그 경쟁사의 직원들은 자기네 회사 운영 방식에 불만을 느낄 것이다. 내 친구와 마찬가지로 그들도 '화려한 무대 뒤의 모습'을 알 테니까 말이다.

온갖 골치 아픈 직원과 힘든 의사결정 과정은 내부자 입장에서만 보인다. 기업가 브렌트 비쇼어[Brent Beshore]는 "모든 기업은 엉망진창으로 돌아간다"라고 말했다. 기업은 빙산과 같아서 극히 일부분만 수면 위로 보일 뿐이다.

사람도 마찬가지다. 인스타그램에는 휴양지의 멋진 해변에서 찍은 사진만 가득하지 비행기가 연착돼 고생하는 사진은 없다. 이력서에는 경력 상의 장점만 강조하지 마음속 회의와 불안감은 드러내지 않는다. 투자 구루와 비즈니스 거물은 신화적 존재로 우러러보기 쉽다. 우리가 그들이 그저 평범한 결정을 내리는 모습을 목격할 만큼 그들을 가까이에서 알지 못하기 때문이다.

물론 스펙트럼은 존재한다. 어떤 조직은 다른 조직보다 실제로 더 훌륭하게 운영되고, 어떤 사람은 평범한 이들보다 더 훌륭한 통찰력을 지닌다. 일부는 대단히 탁월하기도 하다.

그러나 모두가 자기 이미지를 공들여 만드는 세상에서 우리는 누군가가 그 스펙트럼의 어디쯤에 위치하는지 알기 어렵다. "거짓말이라는 비료를 준 땅의 풀이 언제나 더 푸르다"는 말도 있지 않은가.

때로는 그들의 현실을 보여주는 창이 빼꼼히 열리기도 한다. 워런 버핏의 전기 《스노볼The Snowball》을 보면 투자 업계에서 가장 존경받는 인물도 불행한 가정생활을 했음을 알 수 있다. 부분적으로는 그 자신의 행동과 결정 탓이었다. 주식 투자와 일이 가장 우선 순위였던 삶에 따른 부수적 피해였다.

빌과 멜린다 게이츠Bill and Melinda Gates 부부의 경우 세상 모두가 부러워하는 삶을 살았지만 결국 불륜 의혹과 함께 이혼 소식이 보도되었다.

언젠가 일론 머스크는 테슬라Tesla를 일구는 과정에서 겪은 정신적 괴로움에 대한 질문을 받고 눈물을 흘렸다. "그 대신 아이들을 거의 보지 못했어요. 물론 친구들도요."

나는 어렸을 때 말을 더듬었다. 내가 그 얘기를 하면 지인들은 "그런 문제가 있었을 거라고 상상도 못 했어요"라고 한다. 물론 아무런 악의 없는 말이지만, 그러면 내가 숨겼기 때문에 그들이 몰랐다는 사실이 더 부각된다. 내가 말더듬이였다는 사실을 사람들이 모른 것은, 말하면 아무래도 난처해질 것을 알기에 내가 밝히지 않았기 때문이다.

우리는 남들이 어떤 어려움이나 고통을 숨기고 있는지 알수 없다. 나는 늘 생각했다. 내가 아는 사람 중에도 나처럼 말 더듬이였다는 사실을 숨겨온 이들이 있지 않을까? 그리고 우울증, 불안장애, 공포증 같은 다른 문제를 숨기는 사람은 얼마나 될까? 사람들은 정상처럼 보이는 겉모습으로 내면의 고통을 덮은 채 온갖 문제를 숨길 수 있다.

다시 빙산을 떠올려보라. 대부분의 경우 우리 눈에 보이는 것은 실제 현실이나 현상의, 또는 사람들 머릿속에서 일어나는 일의 극히 일부에 불과하다. 그것은 힘들거나 괴롭거나 지저분한 측면은 전부 여과된 모습이다. 대개는 보기보다 힘들고, 보이는 것만큼 즐겁지 않다.

몇 가지만 얘기해두자.

내가 겪는 고난은 크게 다가오지만 타인의 고난은 알아채기 힘들다. 그래서 나는 남들이 가진 특별한 능력을 가지지 못했고, 남들이 아는 비결을 알지 못한다고 생각하기 쉽다. 우리는 성공한 이들을 무슨 초인적 능력의 소유자처럼 바라보면서 "나라면 절대 못 할 거야"라고 말한다. 안타까울 따름이다.

자신이 우러러보는 그 사람도 슈퍼맨이 아니라 평범한 인간이라는 것, 그저 성공 확률을 높이는 일련의 결정과 행동을 했을 뿐이라는 사실을 깨닫는다면 더 많은 이들이 높은 목표를 향해 도전할 텐데 말이다.

누군가를 실제보다 더 특별하고 뛰어나게 느끼면, 우리는 그들의 전문 분야가 아닌 것에 대해서도 그들의 의견을 과대평가할 가능성이 높다. 이를테면 성공한 헤지펀드 매니저의 정치적 견해를 귀담아듣거나, 유명한 정치가의 투자 조언을 따르는 식이다.

우리는 누군가에 대해 깊이 알고 나서야, 특정 분야에서 뛰어나면 다른 분야에서는 서투를 수밖에 없다는 사실을 깨닫게 된다.

누군가의 특별한 재능을 인정하고 존경하는 것과 그의 의견을 무비판적으로 받아들이는 것을 동일시해서는 안 된다. 둘은 완전히 다른 문제다. 오렌지를 먹을 때 껍질은 버려야 한다.

겉으로 드러내진 않지만 누구나 이런저런 문제와 힘겹게 싸우고 있다. 당신이 상대방을 깊이 알기 전까지는 그 사실을 알 수 없다. 그러니 그것을 잊지 말고 당신 자신과 타인에 대해 더 너그러워지길 바란다.

*

다음 장에서도 흥미를 가질 만한 이야기가 준비되어 있다. 멀쩡한 사람도 때로 정신 나간 행동을 하는 이유에 관한 것이다.

19

인센티브: 세상에서 가장 강력한 힘

인센티브는 때로 정신 나간 행동을 하게 만든다.
사람들은 거의 모든 것을 정당화하거나 변호할 수 있다.

Incentives: The Most Powerful Force in the World

When the incentives are crazy, the behavior is crazy.
People can be led to justify and defend nearly anything.

〈월스트리트저널〉의 칼럼니스트 제이슨 츠바이크Jason Zweig
는 전업 작가가 걷는 세 가지 길을 이렇게 말한다.

1. 거짓말을 듣고 싶은 이들에게 거짓말을 하면 큰돈을 벌
   수 있다.
2. 진실을 듣고 싶은 이들에게 진실을 말해주면 먹고살 수
   는 있다.
3. 거짓말을 듣고 싶은 이들에게 진실을 말해주면 깡통을
   차게 된다.

인센티브의 힘을 이보다 더 깔끔하게 요약할 수 있을까? 그
리고 이는 때로 사람들이 비상식적이거나 불합리한 행동을
하는 이유를 일깨워준다.

＊

　35세의 나이지리아 남성 아키놀라 볼라지[Akinola Bolaji]는 20년 동안 온라인에서 사기를 쳤다. 미국 어부인 척하면서 마음 약한 과부들을 속여 자신에게 돈을 송금하게 했다.

　그는 〈뉴욕타임스〉 인터뷰에서 순진한 사람들에게 피해를 입힌 것에 대해 어떻게 생각하느냐는 질문을 받고는 이렇게 대답했다. "물론 내게도 양심이라는 게 있어요. 하지만 가난이 죄책감을 덜어주었죠." 당장 굶어야 할 만큼 가난하면 사기 치는 행위를 스스로 정당화하기 쉽다.

　래퍼 노토리어스 비아이지[Notorious B.I.G.]는 초등학교 4학년 때 마약을 팔기 시작했다면서 이렇게 회상했다. 어렸을 때 그는 그림에 관심이 많았다. 학교 선생님은 그에게 커서 화가가 되어 그림을 그리면 먹고살 수 있다고 했다. 그는 광고판에서 일하는 상업 미술가가 되고 싶었다. 그러다 어느 날 마약 거래의 세계에 발을 들였다. 그는 이런 생각이 들었다. "참나, 상업 미술을 해? 길거리에서 20분만 서 있으면 이렇게 수입이 짭짤한데?"

　소련의 시인 예브게니 옙투셴코[Yevgeny Yevtushenko]는 언젠가 이런 설명을 했다. 갈릴레오의 시대에 사실 여러 과학자가 지구가 태양 주위를 돈다고 생각했다고 한다. "하지만 그들에게는 먹여 살려야 하는 가족이 있었기 때문에" 선뜻 나서서 지동설을 옹호하지 못했다는 것이다.

이것들은 당신과 나와 우리 모두에게 생각보다 큰 영향을 미치는 어떤 힘이 작동한 극단적 사례다. 인센티브 말이다. 인센티브는 세상에서 가장 강력한 힘이며, 사람들이 거의 모든 것을 정당화하거나 변호하게 만든다. 인센티브의 힘이 얼마나 강력한지 알고 나면, 불합리하고 터무니없는 일들로 세상이 휘청거리는 것이 그리 놀랍지 않다.

만일 "이 세상에 정신 나간 사람이 얼마나 될까?"라는 질문을 받는다면 나는 "글쎄, 한 3~5퍼센트쯤?"이라고 대답할 것 같다. 하지만 "특정 상황에서 인센티브가 맞아떨어진다면 얼마나 많은 사람이 기꺼이 정신 나간 행동을 할까?"라는 질문에는 "50퍼센트 이상"이라고 대답할 것이다.

아무리 많은 정보와 사실적 근거가 주어진다 해도, 뭔가가 참이기를 바라는 절실한 욕구나 필요만큼 강력하게 우리의 행동을 좌우하는 것은 없다.

대니얼 카너먼은 "자기 자신의 실수보다 타인의 실수를 알아채기가 더 쉽다"고 했다. 인센티브의 힘은 너무나 강력해서 우리는 인센티브가 자신의 행동과 결정에 영향을 미친다는 사실조차 인지하지 못하는 것이다.

벤저민 프랭클린Benjamin Franklin은 "상대를 설득하고 싶다면 이성이 아니라 이익에 호소하라"고 했다. 인센티브는 사람들의 행동과 믿음을 정당화하는 스토리를 만들어내는 연료다.

심지어 잘못됐다는 것을 알면서도 어떤 행동을 하거나, 옳지 않다는 것을 알면서도 뭔가를 믿을 때, 그런 스토리는 우리에게 심리적 위안을 제공한다. 작가 제임스 클리어James Clear는 말했다. "사람들은 조언이 아니라 인센티브를 따른다."

*

내가 잘 아는 어떤 남자의 이야기다. 피자 배달을 하던 그는 2005년에 서브프라임 모기지 상품을 파는 은행원이 되었다. 거의 하루아침에 그는 피자 배달원으로 일할 때의 한 달 수입보다 더 많은 돈을 하루에 벌게 되었다. 그의 인생은 완전히 바뀌었다.

당신이 그 사람 입장이 된다고 상상해보라. 그의 직업은 대출을 해주는 일이었다. 그 일을 해야 가족을 먹여 살릴 수 있었다. 그리고 설령 그가 대출 상품을 팔지 않더라도 다른 누군가가 어차피 팔 것이므로 그 일을 그만두는 것은 별 의미가 없었다.

2000년대 중반 서브프라임 모기지 게임이 도를 넘어섰다는 것은 모두가 알고 있었다. 신용 상태가 불안정한 사람들에게도 무분별하게 대출을 해주고 있었기 때문이다. 언젠가는 그 게임이 끝나리라는 것을 모두가 알았다. 하지만 내 친구 같은 이들이 "이런 말도 안 되는 짓을 언제까지고 계속할 수는 없어. 그러니 이 일을 그만두고 다시 피자나 배달해야겠어"라고 말할 가능성은 지극히 낮았다.

우리 대부분이 마찬가지다. 그때 나는 친구를 탓할 생각이 없었고, 지금도 여전히 그렇다.

2008년 금융 위기가 일어날 당시 많은 대출 담당자가 바보 같은 짓을 했다. 그러나 우리는 '손만 뻗으면 잡을 수 있는 엄청난 보상이 바로 눈앞에서 아른거릴 때 나라면 어떻게 행동할까?'라는 질문에 답할 때, 자신이 탐욕에 눈멀 가능성을 과소평가하는 경향이 있다.

대다수 사람은 자신의 어리석음과 결점을 보지 못한다. 벤저민 프랭클린은 이런 말을 했다. "악은 자신이 추하다는 것을 안다. 그래서 가면 뒤에 숨는다."

먹이사슬의 위쪽에 있는 이들도 마찬가지다. 대출 담당자뿐 아니라 은행 CEO, 투자자, 부동산 감정사, 부동산 중개업자, 구입한 주택을 리모델링해 되파는 사람, 정치인, 중앙은행 장, 이들의 인센티브는 물에 잘 떠 있는 배를 군이 흔들어 소란을 일으키지 않으려는 쪽으로 크게 기울어져 있었다. 그래서 시장이 더는 버틸 수 없는 지경에 이르렀는데도 모두 계속 노를 저었다.

그런데 때로는 이보다 더 상상하기 힘든 행동이나 결과가 초래되기도 한다.

멕시코의 마약왕 엘 차포$^{El\ Chapo}$에 관한 다큐멘터리를 보면, 살인과 범죄를 일삼는 이 마약 카르텔 보스가 가난한 고향 마을에서 '대단히' 인기가 높으며 영웅으로 추앙받는다는 내용이 나온다. 주민들은 범죄자인 그를 오히려 보호해주었다. 다큐멘터리에서 한 인터뷰이는 이렇게 말했다.

— 그들은 수입이 거의 없는 사람들입니다. 차포가 잠시 멈춰서 주민과 대화를 나누는 건 보기 드문 일이 아니었어요. 이런 식으로요. 차포가 "요즘 어떻게 지내나?"라고 물으면 주민이 "제 딸이 곧 결혼합니다"라고 하죠. 그럼 차포가 그럽니다. "내가 도와주지." 그는 널찍한 장소를 구해주고 밴드도 불러주고 술과 음식도 마련해줍니다. 온 마을에 알려 주민들을

초대합니다. 그럼 신부 아버지는 말합니다. "이게 전부 차포 덕분이야."

앞의 사례들에서 우리는 좋은 의도를 지닌 착한 사람이 뭔가에 동조하려는 인센티브가 너무나 강한 탓에 결국 잘못된 행동을 옹호하거나 거기에 참여하는 것을 확인할 수 있다.

그리고 이들 사례에서 단순히 경제적 인센티브만 작동하는 것이 아니다. 인센티브는 문화적인 또는 집단적인 성격도 지닐 수 있다. 즉 사람들은 자신이 속한 사회적 집단에서 배제당하거나 그 집단을 동요시키고 싶지 않아서 뭔가를 지지한다. 많은 이들이 경제적 인센티브는 뿌리칠 수 있지만 문화적, 집단적 인센티브는 더 뿌리치기 힘들다.

인센티브의 또 다른 강력한 힘은 자신이 듣고 싶은 것만 듣고 보고 싶은 것만 보려는 욕구를 만들어낸다는 점이다.

1997년 '천국의 문Heaven's Gate'이라는 신흥 종교 집단의 신도들은 혜성 뒤에 따라오는 우주선이 지구에 도착해 신실한 신자들을 외계의 천국으로 데려갈 것이라 믿었다.

몇몇 신도는 서둘러 고성능 망원경을 구입했다. 우주선을 직접 눈으로 보고 싶었던 것이다. 그들은 하늘에서 혜성을 관찰했다. 하지만 뒤따라오는 우주선은 없었다. 그들은 망원경을 산 가게로 가서 환불을 요구했다. 가게 주인은 망원경에 문제가 있느냐고 물었다. 신도들은 그렇다고 답했다. 우주선이 보이지 않으므로 망원경이 고장난 게 틀림없다는 것이었다.

과거에도 그리고 지금도, 사람들은 자신이 믿고 싶은 것만 믿곤 한다. 사이비 종교 집단만 그런 것이 아니다.

인센티브가 우리를 어느 한 방향으로 끌고 가면 객관적 관점을 유지하기란 매우 어렵다.

1923년 헨리 루스^{Henry Luce}는 〈팩츠^{Facts}〉라는 잡지를 창간하고 싶었다. 객관적으로 옳은 내용만 싣겠다는 계획이었다. 하지만 루스는 그것이 생각보다 어렵다는 사실을 곧 깨달았다. 그래서 잡지 이름을 〈타임^{Time}〉으로 바꿨다. 간결한 기사로 독자의 '시간'을 절약해주는 것이 잡지 발행인이 제공할 수 있는 가장 큰 가치라는 생각에서였다. 그는 말했다. "스스로 객관적이라고 생각하는 사람은 자신을 기만하고 있는 것이다."

인센티브가 객관성을 방해하는 현상은 다른 많은 영역에서도 나타난다. 특히 고객이 돈을 지불하고 전문가의 견해를 얻는 서비스 산업에서 그렇다. 적절한 행동을 아는 것과 적절하다고 생각하는 조언을 제공하며 생계를 유지하는 것은 다른 문제일 수 있다.

투자나 법률, 의료 서비스 분야가 특히 그렇다. 사실은 '아무것도 하지 마라'가 가장 적절한 조언인데도 '뭔가를 하라'고 조언하는 것은 직업적 인센티브가 작동한 결과다.

때로 이는 도덕성이 결여된 행동이지만 어떤 악의가 있는 것이 아니라 잠재적 비판으로부터 자신을 보호하려는 행동일 수 있다. 대부분의 경우 조언을 제공하는 전문가는 고객에게 "아무것도 하지 마세요"라고 말하면 자신이 쓸모없는 존재가 된다고 느끼는 것 같다. 그들은 도움이 되는 존재로 보이고 싶어서 복잡한 솔루션을 제공하지만, 때로 그것은 불필요하고 또는 역효과를 낼 수도 있다.

오래전에 존 스튜어트Jon Stewart는 자신의 토크쇼에서 경제 채널 CNBC의 유명 금융 프로그램 진행자이자 투자자인 짐 크레이머Jim Cramer를 인터뷰했다. 스튜어트가 CNBC에서 제공하는 정보와 보도 내용이 일관성이 없고 형편없다고 몰아붙이자, 크레이머는 이렇게 말했다. "날마다 생방송을 17시간이나 하는 채널이라는 점을 고려해야죠." 그러자 스튜어트가 이렇게 응수했다. "그럼 생방송 시간을 줄이면 되잖아요." 맞는 말이다. 하지만 나름의 인센티브에 따라 움직이는 방송국 입장에서는 그럴 수가 없다.

언젠가 내가 아는 의사가 말하기를, 가장 중요한 부분임에 도 의대생들이 학교에서 배우지 않는 것이 의학과 의사라는 직업의 차이라고 했다. 의학은 생물학적 이론을 토대로 한 학 문이지만, 의사라는 직업에는 환자의 기대치와 니즈를 고려 해 행동하고, 보험 제도를 이해하고, 효과적인 의사소통을 하 는 등의 사회적 기술이 필요하다.

다음 세 가지를 기억하길 바란다.

평범하고 성실한 사람도 인센티브 때문에 비상식적 행동을 할 수 있다. 그런데도 우리는 정상 궤도를 벗어난 일이 발생할 가 능성을 과소평가한다.

전쟁이나 경기 침체, 사기, 기업의 몰락, 시장 버블 등은 생 각보다 더 자주 발생한다. 이는 특정한 인센티브가 작동하기 시작하면, 사람들이 행동 기준으로 삼는 도덕적 한계선이 확 장될 수 있기 때문이다.

한편 반대 방향도 마찬가지다. 우리는 긍정적 발전을 지향 하려는 인센티브가 작동할 경우 사람들이 얼마나 큰 능력을 발휘하고 얼마나 놀라운 성취를 이룰 수 있는지 역시 과소평가하기 쉽다. 이 두 극단적인 패턴 모두 꽤 자주 나타난다.

지속 불가능한 상황은 우리 예상보다 더 오래 지속될 수 있다.

인센티브는 비정상적이고 지속 불가능해 보이는 상황을 생각보다 더 오래 지속시킬 수 있다. 이런저런 사회적, 경제적 이유로 사람들이 현실을 받아들이지 않고 최대한 버티기 때문이다.

이 질문을 당신 자신에게 던져보라.
"만일 내 인센티브가 달라진다면 현재 가진 견해 중 어떤 것이 바뀔까?"

'내 견해는 바뀌지 않을 것이다'라고 답했다면, 당신은 단순히 인센티브에 설득당한 것이 아니라 인센티브 탓에 눈이 멀어 있을 가능성이 크다.

*

설득 얘기가 나온 김에 그와 관련한 이야기를 이어서 계속해보겠다.

20

겪어봐야 안다

직접 경험하는 것만큼 설득력이 센 것은 없다.

Now You Get It

Nothing is more persuasive than
what you've experienced firsthand.

직접 경험하는 것만큼 강한 설득력을 가진 것은 없다. 우리는 읽고 공부해 지식을 쌓을 수 있고 타인의 입장을 상상하며 공감 능력을 키울 수 있다. 그러나 무언가를 직접 경험하기 전까지는 우리가 어떤 행동을 할지, 무엇을 원할지, 어느 정도까지 기꺼이 감수할지 알 수 없는 경우가 많다.

해리 트루먼 대통령은 이렇게 말했다.

— 젊은 세대는 비슷한 경험을 직접 해보고 절실하게 느끼기 전까지는 과거 세대가 주는 교훈의 의미를 절대 깨닫지 못한다. ……나는 젊은 세대가 어째서 이전 세대의 지혜를 활용하지 못하는지 늘 안타까웠다. 그러나 어려움과 역경을 직접 겪어보기 전까지는 그러기가 힘들다.

역사 속에 늘 나타난 패턴은 이것이다. 사람들의 생각과 선택은 변덕스러우며, 그들은 직접 경험하기 전까지는 자신이 상황의 극단적인 변화에 어떻게 반응할지 알지 못한다.

*

흔히 대공황을 떠올릴 때 경제가 붕괴한 과정에만 주목한다. 그러나 대공황에서 대단히 흥미로운 부분은 경제난을 겪으면서 사람들의 생각이 대단히 빠르게 극적으로 변화했다는 사실이다.

허버트 후버Herbert Hoover는 1928년 미국 대선에서 압도적 차이로 승리해 대통령이 되었다(선거인단 득표수 444). 그러나 1932년 대선에서는 압도적 차이로 패배했다(선거인단 득표수 59).

그리고 거대한 변화가 시작되었다. 새로 당선된 프랭클린 루스벨트 대통령은 금본위제를 폐기했다. 이로써 개인이 금을 소지하는 것이 사실상 불법이 되었다. 대규모 공공사업이 곳곳에서 진행됐다.

세금으로 운영하는 노령 연금 보험 제도를 실행하려는 시도는 수십 년간 별다른 진전을 보지 못했고, 국회의사당 앞

잔디에서 이 제도의 도입을 외치는 대규모 집회가 열려 지지자들이 체포되기도 했다.

하지만 대공황을 기점으로 국민 정서가 바뀌면서 이 아이디어가 받아들여지기 시작했다. 결국 1935년 노령 연금 보험과 실업 보험 등을 골자로 하는 사회보장법Social Security Act이 하원에서 372대 33, 상원에서 77대 6으로 통과되었다.

한편 다른 한쪽에서는 쿠데타가 모의되었다고 알려져 있다. 당시 유럽을 휩쓴 파시즘에 매력을 느낀 미국의 부유한 자본가들이 루스벨트 정부를 전복하고 해병대 장군 스메들리 버틀러Smedley Butler를 수반으로 하는 파시스트 정부를 세우려는 계획을 꾸민 것이다.

이런 변화들은 사람들이 배가 부르고 안정된 일자리를 갖고 있을 때 일어나는 종류가 아니다. 삶이 엉망이 되고 희망이 산산조각 나고 꿈이 좌절되고 나서야 이렇게 말하는 것이다. "예전에 나왔던 그 희한한 아이디어가 뭐였지? 한번 시도해봐야겠어. 다른 건 아무것도 효과가 없잖아. 그러니 그걸 추진해보자."

코미디언 트레버 노아Trevor Noah는 고향 남아프리카공화국에서 시행됐던 인종차별정책에 관해 얘기하던 도중 이런 말을 했다. "간절함과 두려움이 합쳐지면 사람들은 어떤 행동이라도 할 수 있습니다."

사람들은 실제로 리스크나 두려움, 간절함에 휩싸이는 상황이 되기 전까지는 자신이 어떻게 행동할지 알기 힘들다. 이를 가장 잘 보여주는 사례는 1930년대 독일이다. 당시 독일은 화폐 가치가 폭락하는 끔찍한 초인플레이션 시기에 뒤이어 대공황까지 겪고 있었다.

《우리가 알던 것What We Knew》이라는 책은 선진 문명국가가 어떻게 그처럼 순식간에 바뀌어 역사상 가장 끔찍한 잔혹 행위를 저질렀는지 파헤치면서, 제2차 세계대전 이후 독일 국민들을 인터뷰한 내용을 소개한다.

— **인터뷰어:** 인터뷰 초반에 말씀하셨죠. 독일에서 대다수 성인이 히틀러의 정책을 반겼다고요.

독일 국민: 네, 맞습니다. 1923년에 독일의 인플레이션은 끔찍한 수준이었습니다. ⋯⋯물가가 자그마치 1조 배나 올랐죠. ⋯⋯그리고 히틀러가 새로운 공약을 내걸며 권력을 잡았습니다. 국민 대다수가 그의 정책을 반겼어요. 수년 동안 입에 풀칠할 일을 걱정하던 사람들에게 일자리가 생겼으니까요. 모두가 히틀러의 정책을 지지했어요. 누군가가 당신을 생활고에서 벗어나 더 나은 삶을 살게 해준다면, 당신은 그를 지지

할 수밖에 없습니다. 사람들이 "이건 말도 안 되는 정권이야. 나는 이 정권에 반대할 거야"라고 말할 것 같습니까? 아니에요. 절대 그렇지 않아요.

시인 바를람 샬라모프Varlam Shalamov는 소련의 강제 노동 수용소 굴라크gulag에서 15년을 보냈다. 그는 평범한 사람도 극도의 스트레스와 절망 속에 놓이면 순식간에 무너질 수 있다고 말했다.

착하고 정직하며 사랑스러운 누군가에게서 인간 생존에 필요한 기본 조건들을 모조리 빼앗아보라. 그러면 그는 살기 위해 무엇이든 하는, 이전 모습과는 전혀 딴판인 괴물이 된다. 샬라모프는 극도의 스트레스 상황에 처하면 "인간은 3주 만에 짐승이 된다"고 썼다.

역사가 스티븐 앰브로즈Stephen Ambrose는 제2차 세계대전에 참전한 군인들의 이야기를 책으로 썼다. 자신감과 허세로 가득한 채 신병 훈련소에서 나온 군인들은 전의를 불태우며 전선에 투입됐다. 그러나 총탄을 맞아 부상을 당해보면 모든 게 바뀐다.

앰브로즈는 "훈련으로 실제 전투에 대비시킬 수 있는 방법은 없다"라고 썼다. 훈련으로 총 쏘는 법과 명령을 따르는 법은 가르칠 수 있다. 그러나 "기관총 사격이 빗발치는 전장에서 파편 세례를 맞으며 공포와 무력감에 압도당할 때 어떻게 해야 하는지는 가르칠 수 없다." 직접 경험하기 전까지는 그 상황이 어떤 것인지 아무도 알 수 없다.

지금까지 언급한 것들은 매우 극단적인 사례다. 그러나 사람들이 스트레스와 고통을 겪은 후에는 그 경험이 없었다면 받아들이지 않았을 생각이나 목표를 쉽게 받아들이는 현상을 역사의 곳곳에서 볼 수 있다.

제2차 세계대전 당시 미국에서 시행된 94퍼센트라는 소득세율을 생각해보라. 1920년대에는 감세 정책이 실시되었으며 세금을 대폭 인상하자고 제안하는 정치인은 외면당했다.

그러다 대공황과 전쟁이라는 중대 사건을 연달아 겪으면서 모든 게 바뀌었다. 1943년 프랭클린 루스벨트 대통령은 현재 가치로 연간 40만 달러에 해당하는 소득 상한선을 설정하고 초과분에는 100퍼센트 세율로 과세하자고 제안했으며, 이후 의회 공방을 거쳐 고소득자에게 94퍼센트의 세율이 시행되었다. 그럼에도 그는 이듬해 대선에서 압도적 표차로 재선되었다.

1980년대 '레이건 혁명'의 경우도 비슷하다. 1964년에는 미국인 80퍼센트가 정부에 대해 높은 신뢰를 갖고 있었다. 그러다 1970년대가 되었다. 이 시기의 높은 인플레이션과 높은 실업률에 고통받은 미국인들은 '정부가 문제의 해결책이 아니라 오히려 문제의 원인'이라고 말하는 레이건이라는 정치인을 지지할 준비가 되어 있었다.

요컨대 우리는 5년이나 10년 후에 우리가 어떤 정책을 요구하거나 지지하게 될지 알 수 없다. 뜻밖의 위기와 역경은 사람들이 평화로울 때라면 예상하지 못할 생각과 행동을 하게 한다.

우리가 지니는 개인적 관점에서도 비슷한 일이 일어난다. 투자 세계의 조언에 따라 "나는 남들이 두려워할 때 욕심을 낼 거야"라고 장담하기는 쉽지만 실천하기는 쉽지 않다. 그렇게 장담하는 것은 실제로 시장이 나빠지면 자신의 생각과 목표가 얼마나 바뀔 수 있는지를 과소평가하기 때문이다.

시장 상황이 나빠지면 이전에 예상하지 못한 목표와 관점을 택하게 되는 까닭은, 침체기에 변하는 것은 단순히 자산 가격만이 아니기 때문이다.

만일 내가 당신에게 주식이 30퍼센트 떨어지면 어떻게 행동할지 상상해보라고 한다면, 당신은 다른 모든 것은 그대로이고 그저 '주식만' 30퍼센트 떨어진 상황을 상상할 것이다.

하지만 세상일은 그렇게 돌아가지 않는다.

시장 침체는 그저 혼자서 일어나는 일이 아니다. 주식이 30퍼센트 떨어진다면 그것은 다수의 사람이나 기업, 정치인이 뭔가를 망쳐놓았기 때문이고, 이는 내게도 영향을 미쳐 재정적 회복 능력에 대한 자신감을 떨어트릴 것이다. 그러면 나는 수익 극대화를 목표로 투자하는 것이 아니라 방어적으로 변해 기존 자산을 지키는 쪽으로 전략을 바꿀 것이다.

시장이 호황일 때는 이런 심리적 변화를 예상하기 어렵다. 남들이 두려워할 때 욕심을 내라는 워런 버핏의 조언에 고개를 끄덕이는 사람은 많아도 실제로 실천하는 사람은 훨씬 적다.

기업, 일, 인간관계에서도 마찬가지다. 위기와 역경은 사람들이 평화로운 시절에 예상하지 못한 생각과 행동을 하게 한다.

언젠가 크리스 록은 학교에서 아이들을 진짜 가르치는 사람이 누구인지 말하며 이런 식으로 농담을 했다. "선생님이 절반을, 괴롭히는 애들이 나머지 절반을 맡죠. 나쁜 놈을 상대하는 법을 배우는 것, 그게 바로 어른이 돼서 써먹을 수 있는 부분이에요."

그것은 리스크와 불확실성이 동반된 진짜 경험이며, 직접

346

겪어보지 않고서는 절대 상상할 수 없는 무언가다.

그리고 반대 방향도 마찬가지다. 사람들은 직접 경험하기 전까지는 자신이 엄청난 횡재나 놀라운 행운을 만났을 때 어떻게 반응할지 알 수 없다.

달에 간 것은 인간이 이뤄낸 가장 멋진 업적이다. 달에 가는 것은 그야말로 압도적인 경험일 것 같다. 하지만 마이클 콜린스Michael Collins는 아폴로 11호를 타고 우주에서 달을 내려다보며 닐 암스트롱Neil Armstrong과 버즈 올드린Buzz Aldrin에게 이렇게 말했다.

— 이렇게 빨리 적응되다니 놀랍군. 저기 창밖에 있는 달을 보는 게 하나도 이상하게 느껴지지가 않아.

넉 달 후 아폴로 12호가 달에 도착했을 때 앨런 빈Alan Bean은 달 표면을 걸은 후 다른 승무원 피트 콘래드Pete Conrad에게 말했다. "'이게 전부야?'라는 노래 제목이 생각나네."

콘래드는 그 말을 듣고 안도했다. 사실 그도 속으로 똑같은 생각을 했기 때문이다. 그는 달 표면을 돌아다닌 것이 특별한 경험이기는 하지만 큰 감동은 없었다고 말했다.

그리고 기대치와 욕구도 자신의 예상보다 더 빨리 변할 수 있다. 언젠가 콜린스는 올드린에 대해 "그는 달에 발을 디딘 두 번째 인간이라는 사실에 대한 감사함보다 달에 발을 디딘 최초의 인간이 되지 못한 것에 대한 속상함이 더 큰 것 같았다"고 말했다.

나는 엄청난 성공을 이룬 뒤 남들이 상상하는 것만큼 큰 행복을 느끼는 사람을 본 적이 없다. 성공이 자부심이나 만족감, 자유를 가져다주지 않는다는 말이 아니다. 실제로 성공한 뒤에 느끼는 것, 그리고 자신의 반응은 성공하기 전에 상상한 것과 다른 경우가 많다는 얘기다.

배우 짐 캐리Jim Carrey는 말했다. "나는 모든 사람이 부자가 되고 유명해지고 꿈꾸던 걸 이뤘으면 좋겠어요. 그래야 그게 답이 아니라는 사실을 깨달을 테니까요."

성공과 명예를 얻은 뒤 어떻게 반응할지 예상하기 힘든 것도, 반대로 리스크가 현실이 됐을 때 어떻게 반응할지 예상하기 힘든 것도 결국은 같은 이유에서다. 직접 겪어보기 전까지는 그 상황 안에서 일어날 감정적, 심리적 반응을 완벽하게 알 수 없기 때문이다.

훗날 멋진 대저택에서 살고 있는 자신의 모습을 상상해보라. 그런 화려한 생활과 부를 누리는 삶에서는 모든 게 만족스러울 것 같다. 하지만 잊기 쉬운 것이 있다.

호화 저택에 사는 사람도 독감에 걸리고, 건선에 시달리고, 소송에 휘말리고, 배우자와 싸우고, 불안감으로 괴로워하고, 정치인 때문에 스트레스를 받을 수 있다. 어느 때라도 이런 것들이 물질적 부에서 오는 만족감을 밀어낼 수 있다.

우리는 미래의 성공과 행복을 상상할 때 현실적 측면은 쏙 빼놓고 이상적인 그림만 그린다. 그러나 실제로 삶에서는 언제나 좋은 것과 나쁜 것이 뒤섞여 공존하면서 우리에게 영향을 미친다.

당신은 어떨지 안다고 생각하겠지만 직접 경험하고 나면 '아, 이런 거구나' 하고 깨닫는다. 상황은 당신이 생각한 것보다 훨씬 더 복잡하다. 요컨대, 겪어봐야 안다.

✱

이제 장기적 시각에 관해 이야기해보자.

2I

멀리 보는 것에 관하여

"장기 전략으로 갈 거야"라고 말하는 것은
에베레스트산 밑에서 정상을 가리키면서
"저기에 올라갈 거야"라고 말하는 것과 비슷하다.
음, 멋진 생각이다.
그리고 이제 수많은 시험과 고난이 시작된다.

Time Horizons

Saying "I'm in it for the long run" is a bit
like standing at the base of Mount Everest,
pointing to the top, and saying,
"That's where I'm heading."
Well, that's nice. Now comes the test.

세상 무엇도 우리를 갈라놓지 못해요. 우리는 앞으로 10년 동안도 여전히 부부일 거예요.

— 이혼 소송을 제기하기 5일 전
엘리자베스 테일러Elizabeth Taylor가 한 말

장기적 목표는 자신하기 쉽지만 달성하기는 쉽지 않다. 투자나 일, 인간관계에서 장기적 전략이 바람직하다는 것을 대다수 사람이 안다. 그러나 "장기 전략으로 갈 거야"라고 말하는 것은 에베레스트산 밑에서 정상을 가리키면서 "저기에 올라갈 거야"라고 말하는 것과 비슷하다. 음, 멋진 생각이다. 그리고 이제 수많은 시험과 고난이 시작된다.

장기전은 흔히 생각하는 것보다 더 어렵다. 또 그렇기 때문에 생각하는 것보다 더 많은 보상을 안겨준다.

추구할 가치가 있는 모든 것에는 비용이 따르며, 그 비용이 늘 눈에 보이는 것은 아니다. 사람들은 종종 장기 계획에 따르는 진짜 비용(필요한 기술, 정신력 등)을 과소평가한 채 그저 "좀 더 인내심을 가져"라는 말로 축약해버린다. 많은 이들이 성공하지 못하는 이유가 단순히 인내심 부족 탓인 것처럼 말이다.

뭔가를 장기적으로 계획하거나 실행할 때는 다음을 기억해야 한다.

장거리 달리기는 당신이 견뎌야 하는 단거리 달리기들의 집합이다.

당신이 투자 기간을 10년으로 잡는다고 해서 10년 동안 일어나는 예측 불가능한 상황들에서 면제되는 것은 아니다. 누구나 경기 침체와 하락장, 대폭락, 뜻밖의 사건, 또는 밈 같은 새로운 문화적 트렌드를 겪어야 한다.

따라서 장기적 목표를 세우면 단기적 예측 불가능성과 위기를 상대할 필요가 없다고 생각하는 대신, 이런 질문을 던져라. "끝없이 나타나는 예측 불가능한 상황을 어떻게 하면 견딜 수 있을까?"

장기적 사고는 기만적인 안전 담요가 될 수 있다. 즉 사람들은 장기 전략을 세우면 고통스럽고 예측 불가능한 단기적 사건을 피해갈 수 있다고 착각한다. 하지만 절대 그렇지 않다. 오히려 반대다. 투자 기간이 길수록 더 많은 재앙과 비극을 경험하기 마련이다. 야구 선수 댄 퀴즌베리Dan Quisenberry는 말했다. "미래는 현재와 매우 닮았다. 단지 더 길 뿐이다."

장기적 계획과 실행을 위해서는 단기적 리스크도 간과하지 않는 마인드가 필요하다.

혼자서만 장기적 계획을 확신하는 것으로는 부족하다. 당신의 파트너나 동료, 배우자, 친구도 함께해야 한다.

40퍼센트 손실을 본 투자 매니저는 투자자들에게 "괜찮습니다. 장기적으로 보고 있으니까요"라고 확신에 차서 말할 수 있다. 하지만 투자자들은 여전히 불안해할 것이다. 투자금을 회수할지도 모른다. 그러면 회사가 위태로워질 수도 있다. 그리고 설령 투자 매니저의 판단이 옳은 것으로 드러날지라도 별 소용이 없다. 그때쯤엔 투자 수익을 누릴 사람이 아무도 남아 있지 않을 테니 말이다.

당신은 멀리 보면서 버틸 용기가 있지만 배우자는 그렇지 않을 때도 마찬가지다. 당신에게 결실을 보려면 시간이 걸리는 좋은 아이디어가 있지만 상사와 동료에게는 인내심이 없을 때도 마찬가지다.

이런 일은 희귀한 일이 아니다. 인생에서 흔하게 일어나는 일이다. 이 모든 경우는 당신이 확신하는 아이디어와 남들에게 납득시킬 수 있는 아이디어에 괴리가 있는 탓이다.

금융 업계에서는 멀리 보지 않고 당장 눈앞의 결과만 중시한다며 사람들은 조롱한다. 충분히 그럴 만하다. 하지만 많은 금융업 종사자가 그런 접근법에 치우치는 것은, 조금만 잘못될 것 같은 낌새가 보여도 고객이 떠나버리기 때문이다. 그런 접근법이 사업을 유지할 수 있는 유일한 길이다.

하지만 고객이 떠나는 진짜 이유는 투자 프로세스가 어떻게 돌아가는지, 자신의 전략이 무엇인지, 투자자 입장에서 무엇을 예상해야 하는지, 불가피한 시장 변동성과 경제 주기에 어떻게 대응할 것인지 등을 투자 회사가 고객에게 제대로 납득시키지 못했기 때문인 경우가 많다.

장기적으로 옳은 판단을 하는 것은 물론 중요하다. 하지만 당신은 장기적으로 옳은 판단을 하는 '동시에' 주변 사람들도 설득할 수 있는가? 그 둘은 완전히 다른 문제이고, 간과하기 쉬운 문제다.

때로 고집은 인내심이라는 가면을 쓴다.

세상은 계속 변한다. 따라서 생각을 바꾸는 일은 도움이 될 뿐 아니라 때로 반드시 필요하다.

하지만 생각을 바꾸는 일은 어렵다. 자신을 속여 틀린 생각을 믿는 것이 실수를 인정하는 것보다 훨씬 더 쉽기 때문이다.

장기적 전략은 잘못 생각하고 있음에도 그 생각을 바꾸려 하지 않는 사람들이 의지하는 버팀목이 되기도 한다. 그들은 과거에 옳았지만 세상이 변해서 더는 옳지 않은 무언가를 계속 붙들고 있으면서 "아직 초반이라 내 견해가 옳다는 게 증명되지 않고 있을 뿐이야" 또는 "나만 빼고 전부 잘못 생각하고 있어"라고 말한다.

진정한 장기적 사고를 하려면 인내심과 고집을 구분할 줄 알아야 한다. 물론 쉽지 않다. 그에 대한 유일한 해결책은 이것이다. 당신의 업계에서 절대 변하지 않을 소수의 것들을 파악한 뒤, 그 외의 나머지는 전부 지속적인 업데이트와 수정이 필요한 대상으로 분류하는 것이다. 그렇게 파악된 변하지 않는 것들이 장기 전략을 적용할 대상이 된다. 그 외의 나머지에는 유통 기한이 있다.

장기전에서는 시간 자체보다 유연성이 더 중요하다.

만일 2010년에 "투자 기간을 10년으로 잡았어"라고 말했다면 당신이 성과를 수확하는 목표 연도는 2020년이다. 알다시피 2020년은 전 세계가 휘청거린 해였다. 기업이든 투자자든 자신이 오랫동안 인내심 있게 기다려온 보상을 손에 쥐리라 기대하기 힘든 해였다.

장기 계획에 목표일을 못 박아놓는 전략은 단기 전략만큼이나 운에 의존할 수 있다. 그보다 훨씬 더 중요한 것은 유연성이다.

시간은 눈덩이 효과를 내는 힘을 지녔으며 그 중요성을 간과해서는 안 된다. 그러나 장기 전략을 세우되 목표일을 유연성 있게 관리하면, 또는 목표일을 정해놓지 않으면 성공 확률이 훨씬 더 커진다.

벤저민 그레이엄은 말했다. "안전 마진margin of safety의 목적은 예측을 불필요하게 만들기 위한 것이다." 높은 유연성을 지닐수록 앞일을 정확히 예측할 필요성이 줄어든다.

그리고 존 메이너드 케인스의 말을 잊지 마라. "장기적으로 우리는 모두 죽는다."

＊

 장기적 사고와 관련해 얘기해둘 것이 하나 더 있다. 장기적 사고가 우리가 소비하는 정보를 좌우한다는 점이다.

 뭔가를 읽을 때 이런 질문을 던져보라. 이 정보나 지식이 1년 뒤에도 내게 중요할까? 10년 뒤에는? 80년 뒤에는?

 그 대답이 '아니오'여도 괜찮다. 심지어 자주 그런다 해도 이상한 일은 아니다. 하지만 아마 곰곰이 생각해보고 나면 시간이 흘러도 유효한 정보에 관심을 기울이기 시작할 것이다.

 지식에는 두 종류가 있다. 영속성 지식과 소멸성 지식이다. 예컨대 "사람들은 예상하지 못한 리스크를 만났을 때 어떻게 행동하는가?"에 대한 답은 영속성 지식이고, "마이크로소프트는 2005년 2분기에 얼마의 수익을 냈는가?"에 대한 답은 소멸성 지식이다.

 소멸성 지식은 그 가치에 비해 더 많은 관심을 받는데, 이유는 두 가지다.

 첫째, 그런 지식은 도처에서 등장해 우리의 주의력을 빼앗으려고 애쓴다.

 둘째, 우리는 그런 지식을 추구하면서 그것이 의미 없는 정보가 돼버리기 전에 최대한 이용하려 애쓴다.

영속성 지식은 발견하기가 더 어렵다. 시끄러운 신문 헤드라인이 아니라 책 속에 묻혀 있기 때문이다. 하지만 우리에게 주는 이로움은 어마어마하다. 영속성 지식은 유효 기간이 없으므로 축적될수록 그 가치를 발휘한다.

또 영속성 지식은 당신이 이미 가진 지식과 합쳐지고 상호작용하면서 시간이 흐를수록 일종의 복리 효과를 낸다. 소멸성 지식은 어떤 사건이 일어났는지 말해주지만, 영속성 지식은 왜 그 일이 일어났는지, 어째서 또 일어날 가능성이 높은지를 말해준다. 그 '이유'가 당신이 지닌 다른 주제들에 관한 지식과 영향을 주고받을 때 지식의 복리 효과가 발생한다.

나는 날마다 신문과 책을 읽는다. 그런데 2011년에 신문에서 읽은 내용은 단 하나도 기억나지 않는다. 하지만 2011년에 읽은 인상적인 책 몇 권과 그것이 내 사고방식을 어떻게 변화시켰는지에 대해서는 꽤 자세히 말할 수 있다. 아마도 나는 그 책들은 평생 기억할 것이다.

나는 앞으로도 신문을 계속 읽을 것이다. 그러나 만일 책을 더 많이 읽는다면, 뉴스를 더 잘 이해하게 도와줄 필터와 생각의 틀을 머릿속에 갖추게 될 것이다.

신문을 멀리하고 책만 읽으라는 말이 아니다. 좋은 책을 읽으면 뉴스에서 주의를 기울여야 할 기사와 걸러내야 할 기사를 판단하기가 더 쉬워진다는 얘기다.

*

다음 장에서는 단순함이 홀대받는 현실에 관해 이야기해보
려 한다.

22

복잡함과 단순함

필요 이상으로 복잡해서 좋을 것은 없다.

Trying Too Hard

There are no points awarded for difficulty.

인간의 행동에는 참으로 별난 구석이 있다. 복잡한 것, 지적 호기심을 자극하며 고도의 두뇌 활동이 필요한 일에 마음이 끌리고, 복잡하지만 효과가 덜한 것이 아니라 단순하지만 효과가 좋은 것을 무시한다는 점이다.

*

2013년 미국 국립암연구소National Cancer Institute 소장 해럴드 바머스Harold Varmus는 연설 도중 암과의 전쟁이 얼마나 힘겨운지를 설명했다. 암을 정복해 완전히 뿌리 뽑는다는 목표로 1971년 국가암관리법National Cancer Act까지 제정됐지만 아직도 그 목표를 이룰 길은 요원해 보였다. 바머스는 말했다.

— 우리가 정직하게 마주해야 할 역설이 있습니다. 우리는 암을 유발하는 비정상 세포의 특성을 밝혀내는 일에서는 엄청난 발전을 이뤘지만, 아직도 기대한 것만큼 암을 통제하지 못하고 있다는 사실입니다.

그는 암 치료에만 너무 집중하고 암 예방은 소홀히 하는 접근법이 문제라고 말했다. 암과의 전쟁에서 큰 진전을 이루고 싶다면 치료가 아닌 예방을 우선시해야 한다는 것이다.

하지만 예방 전략은 지적 자극도 없고 흥미롭지도 않다. 특히 온갖 과학 지식이 동원되는 암 치료법 연구와 그에 따르는 명성에 비하면 말이다. 따라서 사람들은 예방이 중요하다는 것을 알면서도 거기에 집중하지 않게 된다.

암 연구의 권위자인 MIT의 로버트 와인버그[Robert Weinberg]는 애초에 암에 걸리지 않으면 암으로 죽을 일도 없다고 말했다. 하지만 대부분은 그 단순한 진실을 간과한다. 앞서 말한 대로 예방은 지적 흥미와 자극을 주지 않기 때문이다.

— 담배를 끊으라고 설득하는 일은 심리적 활동이다. 그것은 분자와 유전자, 세포와 아무 관련이 없다. 그래서 나 같은 과학자들은 본질적으로 흥미를 느끼지 못한다.

그러면서 와인버그는 사람들이 담배를 끊게 하는 것이 생물학자인 자신이 평생 이루는 연구 업적보다도 암과의 전쟁에 더 큰 진전을 가져올 거라 덧붙였다. 놀랍지 않은가? 세계적으로 인정받는 암 권위자가 금연을 장려하는 것이 암과의 전쟁에서 더 큰 효과를 낼 수 있다고 말하니 말이다.

하지만 그것은 그에게 지적으로 흥미롭지 않은 일이다. 다른 많은 과학자에게도 마찬가지일 것이다. 물론 와인버그를 탓하려는 것이 아니다. 그는 이미 암과의 전쟁에 크나큰 기여를 했다.

여기서 우리는 단순한 방법이 더 큰 효과를 낼 수 있음에도 복잡한 것에 더 몰두하는 인간의 경향을 엿볼 수 있다. 그리고 이런 현상은 다른 영역에서도 나타난다.

*

컴퓨터 과학자 에츠허르 데이크스트라Edsger Dijkstra는 언젠가 이렇게 말했다.

— 진실은 단순함이라는 특징을 지닌다. 특히 지식 노동자인 우리는 그 사실을 더 잘 알아야 한다. 그러나 우리는 늘

복잡한 것에 병적으로 끌린다. 학계 종사자들로 이뤄진 청중 앞에서 처음부터 끝까지 명료하고 이해하기 쉬운 강연을 하면 청중은 실망해서 강연료가 아깝다고 느낀다. ······쓸쓸한 진실은 이것이다. 사람들은 복잡한 것이 더 가치 있고 훌륭하다고 생각한다.

'쓸쓸한 진실은 이것이다. 사람들은 복잡한 것이 더 가치 있고 훌륭하다고 생각한다.'

진짜 그렇다. 그런 예는 주변에서 쉽게 목격할 수 있다. 간단한 예로 몇 가지 문서를 생각해보라. 미국 헌법은 7,591개 단어로 이뤄져 있다. 한 나라의 중심을 이루는 기본 원칙과 법 규범을 담은 문서치고는 간결한 편이다. 이와 비교해 일상에서 사용하는 다음 문서를 생각해보라. 주택담보대출 계약서의 단어는 평균 1만 5,000개 이상이고, 애플 아이클라우드 iCloud의 서비스 이용 약관 동의서의 단어는 7,314개다. 미국 세법은 무려 1,100만 단어가 넘는다.

물론 때로는 길고 복잡한 것이 필요하다. 연합국 지도자들이 만나 제2차 세계대전 종전 후 독일을 어떻게 처리할지 논의하는 자리에서 윈스턴 처칠은 이렇게 말했다. "지금 우리는 8,000만 명의 운명을 논의하고 있습니다. 그러니 80분보다는 더 긴 시간을 들여야 합니다."

하지만 대부분의 상황에서는 몇 개의 간단한 요인이 결과의 대부분을 만들어낸다. 그 핵심적인 몇 가지만 이해하면 상황을 충분히 처리하거나 해결할 수 있다. 그 외에 추가되는 많은 것은 지적 호기심을 자극하지만 별로 중요하지 않은, 또는 혼란을 일으키거나 대단한 듯한 인상을 주기 위한 불필요한 거품일 뿐이다.

자연은 이것을 누구보다 잘 알고 있다. 19세기 고생물학자 새뮤얼 윌리스턴Samuel Williston은 유기체가 지닌 몸 기관들의 수가 줄어드는 경향을 처음 발견했다. 초기의 원시 동물은 똑같은 기관을 여러 개 가진 경우가 많았으나 시간이 흘러 진화하면서 수는 줄어들고 기능이 강화됐다. 그는 1914년에 이렇게 썼다. "진화의 결과 기관의 수가 줄었고 남은 기관은 그만의 특별한 용도에 맞게 전문화되었다. 이때 크기가 커지거나 형태 및 구조가 바뀌었다."

과거에 수백 개의 이를 가졌던 동물은 종종 진화해 각각 전문화된 역할을 지닌 몇 개의 앞니, 송곳니, 어금니를 갖게 되었다. 여러 개의 턱뼈는 두 개의 큰 턱뼈가 되었다. 두개골을 구성하는 수백 개의 작은 뼈는 일반적으로 30개 이하가 되었다.

진화는 자신만의 단순화 전략을 가진 셈이다. 진화는 이렇게 말한다. "쓸모없는 쓰레기들은 전부 없애버리자. 필요한 몇 개만 기능을 더 강화하는 거야."

복잡한 주제를 공부할 때는 수많은 복잡한 세부 사항과 개념들도 사실은 간단한 무언가에서 뻗어 나온 것임을 기억하는 것이 좋다. 존 리드John Reed는 저서 《석시딩Succeeding》에서 이렇게 말했다.

— 어떤 분야를 처음 공부할 때는 어마어마한 양의 지식을 암기해야 한다는 생각이 든다. 그럴 필요가 없다. 당신이 해야 할 일은 그 분야의 토대가 되는 핵심 원칙(일반적으로 3~12개 정도다)에 주목하는 것이다. 당신이 외워야 한다고 생각한 그 수많은 것은 그 핵심 원칙을 이런저런 방식으로 조합한 결과일 뿐이다.

기억해둘 만한 말이다.

재정 영역에서는 버는 것보다 적게 쓰고, 차액은 저축하고, 인내심을 가지는 것이 성공적인 돈 관리를 위해 알아야 할 내용의 거의 90퍼센트에 해당한다. 하지만 대학에서는 뭘 가르치는가? 파생상품의 가격과 순현재가치를 계산하는 법을 가르친다.

건강 문제에서는 8시간 숙면을 하고 몸을 많이 움직이고 건강한 음식을 먹고 과식을 피하는 것이 우리가 알아야 할 전부다. 하지만 사람들은 건강보조식품과 빠르고 쉬운 지름길, 온갖 약을 찾느라 난리다.

마크 트웨인은 아이들에게서 가장 솔직하고 흥미로운 정보를 얻을 수 있다고 말했다. 아이들은 "자기가 아는 것만 말한 뒤 입을 닫기" 때문이다. 어른이 되면 그 능력을 잃어버리는 경향이 있다. 또는 새로운 기술을 획득한다. 온갖 복잡하고 장황한 언어로 말을 꾸미는 기술 말이다.

스티븐 킹^{Stephen King}은 그의 책 《유혹하는 글쓰기^{On Writing}》에서 이렇게 말했다.

— 이 책은 짧다. 글쓰기에 대한 책은 대개 헛소리로 가득하기 때문이다. 나는 책이 짧을수록 헛소리도 줄어들 것이라 생각했다.

무릎을 탁 치게 한다.

그렇다면 이런 질문이 떠오른다. 왜일까? 단순하고 간결한 것으로 충분한데 왜 길고 복잡한 것에 그토록 끌릴까?

몇 가지 이유가 있다.

단순함은 무지함으로 착각하기 쉬운 반면, 복잡함은 상황을 잘 통제하고 있다는 느낌을 준다.

대부분의 분야에서는 소수의 요인이나 변수가 결과를 크게 좌우한다. 하지만 그 소수의 요인에만 집중하면, 상황을 적극적으로 통제하는 것이 아니라 우연이나 운에 의존하는 것 같은 기분이 들 수 있다. 많은 요인과 선택지를 고려할수록(복잡한 스프레드시트 활용, 빅데이터 분석 등) 문제를 더 잘 관리하며 통제하고 있다는 기분이 든다. 그러면 상황을 더 잘 파악하고 있다고 착각하게 되기 때문이다.

반면 대다수 요인을 무시하고 일부 요인에만 집중하면 무지한 사람처럼 보일 수 있다. 만일 고객이 "이건 왜 이렇게 된 거죠?"라고 묻는데 "모르겠어요. 그 요인들은 고려하지 않고 있거든요"라고 답한다면, 당신은 단순함의 가치를 아는 사람이 아니라 뭘 제대로 모르는 사람이라는 인상을 줄 가능성이 크다.

내가 이해하지 못하는 복잡한 내용을 이해하는 누군가는 신비로워 보인다.

만일 당신이 말하는 것이 내가 몰랐던 내용이지만 이해할 수 있는 내용이라면, 나는 당신이 똑똑하다는 인상을 받을 것이다. 하지만 당신이 말하는 것을 내가 이해하기 힘들다면, 나는 당신이 나와 달리 뛰어난 사고 능력을 지녔다고 느낄 것이다. 그러면 전자의 경우와는 완전히 다른 종류의 존경심이 생겨난다. 내가 이해하지 못하는 것을 당신이 이해하면, 나는 그 분야에서 당신이 지닌 지식의 한계를 정확히 판단하기 힘들다. 따라서 당신의 견해를 곧이곧대로 믿기가 더 쉬워진다.

때때로 긴 분량은 저자의 노력과 생각의 깊이를 나타내는 유일한 신호 역할을 한다.

일반적으로 하나의 주제를 다룬 논픽션 책은 250페이지쯤 된다. 단어로 치면 약 6만 5,000단어다. 아이러니하게도 많은 독자가 자신이 구매한 대부분의 책을 끝까지 읽지 않는다. 심지어 베스트셀러의 경우도 평균적인 독자들은 몇십 페이지밖에 안 읽는다. 그렇다면 분량이 긴 책은 더 많은 내용을 전달하는 것 말고 다른 목적과 관련이 있을 것이다.

내 생각은 이렇다. 책이 두껍다는 것은 저자가 해당 주제의 탐구에 많은 시간을 들였다는 사실을 보여준다. 책 두께는 저자가 독자에게는 없는 통찰력을 지녔으리라는 유일한 신호가 될 수 있다. 물론 그렇다고 저자의 견해와 관점이 꼭 옳다는 의미는 아니다.

그리고 독자가 저자의 요지를 이해하는 데에는 처음 두 장章만으로 충분할지도 모른다. 하지만 3~16장이 존재하는 목적은 저자가 그만큼 엄청난 노력을 쏟아 주제를 탐구했으므로 1장과 2장에 당연히 가치 있는 통찰력이 담겼으리라는 인상을 주기 위해서인 경우가 많다. 연구 보고서나 정부가 발간하는 백서도 마찬가지다.

단순한 것은 쉬운 걷기처럼, 복잡한 것은 정신적 마라톤처럼 느껴진다.

운동할 때 근육이 아프지 않으면 제대로 운동하지 않고 있다는 뜻이다. 고통은 발전하고 있다는 신호이며, 당신이 발전에 당연히 따르는 비용을 지불하고 있다는 신호다. 한편 단순하고 쉬운 커뮤니케이션은 그와 다르다. 리처드 파인만이나 스티븐 호킹Stephen Hawking 같은 과학자는 사람들의 머리를 아프게 하지 않는 쉬운 언어로 수학을 설명했다. 그렇게 할 수 있었던 것은 복잡한 주제를 지나치게 단순화했기 때문이 아니라 최대한 적게 걸어서 A에서 Z로 가는 방법을 알았기 때문이다.

복잡한 개념이나 주제를 아예 피해 가거나 없애버리는 것이 아니라, 그것을 이해하기 쉬운 것으로 단순화하는 접근법은 매우 유용하다. 물리학자는 복잡한 수학적 공식을 써서 공의 궤도를 계산하지만, 야구 선수는 공과 같은 높이에 시선을 두고 계속 주시하는 단순한 방법으로도 공이 어디에 떨어질지 정확히 예상한다.

문제는 단순한 방법에는 고통이 따르지 않으므로 충분한 정신적 운동이 되지 않는다고 느낀다는 점이다. 그래서 뭔가를 배우는 이들이 종종 복잡하고 어려운 학습을 선호한다. 그러면 발전과 성장에 큰 도움이 되는 인지적 벤치프레스를 하는 기분이 들기 때문이다.

*

　토머스 매크레이^{Thomas McCrae}는 아직 자신의 능력을 확신하지 못하는 19세기의 젊은 의사였다. 어느 날 그는 환자에게 흔하고 가벼운 위장병이라는 진단을 내렸다.

　그런데 매크레이의 스승인 의대 교수가 진단 내용을 보더니 충격적인 말을 했다. 사실 이 환자는 심각한 희귀병에 걸렸다는 것이었다. 매크레이는 들어본 적이 없는 병명이었다.

　교수의 말에 따르면 당장 수술이 필요했다. 하지만 교수는 환자의 복부를 열어본 뒤 매크레이의 처음 진단이 옳았음을 깨달았다. 환자는 중병이 아니었다.

　훗날 매크레이는 그것이 처음 들어보는 병명인 것이 다행이라고 느꼈다고 말했다. 그랬기 때문에 희귀병에 대한 자료 조사를 하느라 시간과 에너지를 낭비하는 대신 자신이 생각한 위장병이라는 진단에 마음을 집중할 수 있었다는 것이다.

　그는 말했다. "지식이 짧은 것이 좋다는 얘기가 아니다. 하지만 때로 사람들은 희귀하고 복잡한 것에 너무 몰두한 나머지 의학 진단에서 평균의 법칙을 잊어버린다."

　당신에게는 잘 와 닿지 않는 말일지도 모른다. 그리고 복잡한 것에 끌리는 행동 패턴이 나타나는 순간을 정확히 알아채기도 어렵다. 어쩌면 매크레이의 교수는 그런 행동 패턴에 빠진 것이 아니라 상황에 맞는 신중함을 적절히 발휘한 것인지도 모른다.

그러나 거의 대부분의 분야에서 통하는 진실은 이것이다. 필요 이상으로 복잡하고 어려워서 좋을 것은 없다. 복잡한 것에 지나치게 끌리고 지나치게 힘을 쏟을 수는 있다. 하지만 큰 역효과가 날 수도 있다.

＊

다음은 마지막 장이다. 여기서는 내가 가장 하고 싶었던 이야기를 하겠다.

23

상처는 아물지만 흉터는 남는다

그 사람은 내가 경험하지 못한 무엇을 경험했기에
그런 견해를 갖고 있을까?
만일 그와 같은 경험을 한다면 나도 그렇게 생각하게 될까?

Wounds Heal, Scars Last

What have you experienced that I haven't that makes
you believe what you do?
And would I think about the world like you do
if I experienced what you have?

차를 타고 미 국방부 청사인 펜타곤 옆을 지날 때 보면, 2001년 9월 11일 이곳에 비행기가 충돌했던 흔적은 전혀 찾아볼 수 없다.

하지만 그곳에서 불과 몇 분 떨어진 레이건 내셔널 공항에서는 9/11 테러가 남긴 흉터를 볼 수 있다. 모든 승객은 보안 검색대를 통과할 때 신발과 재킷을 벗고 벨트를 풀고 치약을 버리고 생수병의 물을 비워야 하며 양손을 올린 채 전신 검색을 받아야 한다.

여기서 우리 삶에 나타나는 흔한 패턴이 목격된다. 상처는 아물지만 흉터는 남는다는 사실이다.

언제나 인간은 고난을 겪은 후 새로운 현실에 적응하고 회복하지만 고난의 흉터는 영원히 남는다. 그 흉터는 리스크나 보상, 기회, 목표에 대한 우리의 관점을 영영 바꿔놓는다.

그러니 기억하길 바란다. 당신과 다른 경험을 한 사람은 당신과 다른 사고방식이나 관점을 지니기 마련이다. 그들은 다른 목표, 다른 견해, 다른 욕구, 다른 가치관을 지닌다. 따라서 사실 대부분의 논쟁은 의견이 아니라 경험이 충돌하는 상황이다.

경험이 사람들의 인생관을 크게 바꿔놓은 역사 속 사례를 살펴보자.

*

제2차 세계대전 당시 동부 전선에서 4년 동안 3,000만 명 이상(캘리포니아주 인구에 맞먹는다)이 사망했다. 1940년 소련의 공화국들을 구성하는 10여 개 지역에 세계 인구의 약 10퍼센트가 살았다. 1945년까지 이들의 약 14퍼센트가 사망했고 7만 곳의 마을이 완전히 파괴되었다.

지금도 이 지역에서 유골과 총탄, 폭탄이 여전히 발견되고 있지만, 전쟁이 야기한 대부분의 물리적 피해는 1960년까지 거의 복구되었다. 산업 시설이 재건되었고 사람들의 생활도 회복되었다. 전체 인구수도 종전 후 10년 안에 전쟁 이전의 인구수를 넘어섰다.

종전 후 세계 시장에 적극 진출한 일본 경제의 회복 속도는 더 주목할 만했다. 1946년 일본은 국민들에게 하루에 불과 1,500칼로리를 제공할 정도의 식량을 생산하고 있었다. 그러나 1960년경에는 세계에서 경제가 가장 빠르게 성장한 나라들 중 하나가 되었다. GDP는 1965년 910억 달러에서 1980년 1조 1,000억 달러로 증가했다. 여기에 크게 기여한 것은 기술과 제조업 부문의 뛰어난 경쟁력이었다.

경기 침체도 마찬가지다. 경기는 언젠가는 살아난다. 시장은 회복된다. 기업의 과거 실수는 시간이 지나면 잊힌다.

그러나 흉터는 지워지지 않고 남는다.

제2차 세계대전을 겪은 13개국 사람들 2만 명을 조사한 자료에 따르면 이들은 당뇨병에 걸릴 가능성이 3퍼센트 더 높았고 우울증을 앓을 가능성이 6퍼센트 더 높았다. 전쟁을 겪지 않은 사람과 비교할 때, 이들은 결혼하는 비율이 더 낮았고 노년에 삶의 만족도가 더 낮았다.

1952년 프레더릭 루이스 앨런은 대공황을 경험한 사람들에 관해 이렇게 적었다.

— 그들은 상황이 더 나빠질 거라는 두려움에 끊임없이 시달렸고 많은 이들이 실제로 굶주림을 겪었다. ……그들은 열

심히 노력하면 누구나 역경을 딛고 성공할 수 있다는 말을 믿지 않고, 꿈을 위해 모험하기를 꺼리며, 재미는 없어도 안정된 직장, 사회 보험 제도, 연금 프로그램을 우호적으로 바라봤다. 고통을 겪고 나자 안정을 갈망하게 된 것이다.

'고통을 겪고 나자 안정을 갈망하게 된 것이다.'

역사를 보며 이렇게 말하기는 쉽다. "거봐. 멀리 보면서 조금만 견디면 결국 다 회복되고 어떻게든 살아가게 되어 있다니까." 하지만 이는 사람의 마음은 건물이나 경제보다 더 회복하기 어렵다는 사실을 망각한 말이다.

우리는 세상의 거의 모든 것을 관찰하고 측정할 수 있지만 사람들의 기분, 두려움, 희망, 원망, 목표, 동기, 기대는 그럴 수 없다. 부분적으로는 바로 그 이유 때문에 역사 속에서 이해할 수 없는 일들이 끊임없이 일어난 것이며 앞으로도 그럴 것이다.

*

생리학자 이반 파블로프[Ivan Pavlov]는 개가 침을 흘리도록 훈련한 조건 반사 실험으로 유명하다.

그는 개에게 먹이를 주기 전에 매번 종을 울렸다. 그러자 개들은 종소리를 먹이로 인식해 나중에는 먹이 없이 종만 울려도 침을 흘렸다.

학습된 행동 반응을 보여준 파블로프의 이 실험은 심리학계에도 큰 영향을 미쳤다. 하지만 이후 개들에게 일어난 일은 잘 알려져 있지 않다.

1924년 대홍수가 파블로프의 연구실과 개 사육장이 있는 레닌그라드를 휩쓸었다. 개 우리도 물에 잠겼다. 일부 개는 익사했고 어떤 개들은 수백 미터를 헤엄쳐 안전한 곳에 도착해 가까스로 목숨을 건졌다. 훗날 파블로프는 이 홍수가 개들이 살면서 경험한 가장 충격적인 사건이었다고 말했다.

그런데 홍수 이후 이상한 현상이 일어났다. 개들이 종소리를 듣고 침을 흘리는 학습된 행동을 잊어버린 듯한 모습을 보인 것이다. 파블로프는 홍수가 끝나고 11일 후 개가 보인 반응에 관해 이렇게 적었다.

— 소리를 들려줬을 때 조건 반사가 거의 관찰되지 않았다. 또한 개는 먹이를 거부했고 몹시 불안해하면서 계속 문만 쳐다보았다.

호기심 강한 과학자인 파블로프는 홍수가 개들의 행동을 어떻게 변화시켰는지를 몇 달에 걸쳐 관찰했다. 그 결과 많은 개가 과거와 똑같지 않았다. 개들은 홍수를 겪은 뒤 성격이 완전히 달라졌으며 과거에 학습한 행동이 사라졌다.

그는 연구 결과를 요약하면서 개가 보인 변화가 인간에게도 나타날 수 있다는 의견을 제시했다.

— 강한 자극을 만들어내는 다양한 조건들은 종종 신경 및 정신 활동의 심각하고 장기적인 균형 상실을 유발한다. …… 신경증과 정신 장애는 자기 자신이나 가까운 주변 사람이 극단적 위험을 겪은 후에, 또는 자신에게 직접적 영향은 없지만 뭔가 끔찍한 사건을 목격한 후에 나타날 수 있다.

사람들은 기억력이 좋지 못하다. 대개 나쁜 경험도 금세 머릿속에서 사라지고 과거에 배운 교훈도 곧 잊어버린다. 그러나 강렬한 고통과 스트레스는 흉터를 남긴다.

눈앞의 비극을 마주한 채 '내가 과연 살아남을 수 있을까?'라는 질문을 하게 하는 뭔가를 경험하고 나면, 기대치와 목표가 완전히 재설정되고 이전까지 당연한 듯 몸에 뱄던 행동 방식이 바뀔 수 있다.

미국 연방 대법관 올리버 웬들 홈스 주니어^{Oliver Wendell Holmes Jr.}는 "새로운 경험에 의해 확장된 정신은 절대 과거의 상태로 돌아갈 수 없다"라고 말했다. 대공황을 경험한 세대는 돈에 대한 관점이 완전히 달라졌다. 그들은 평생 더 열심히 저축했고, 부채를 덜 만들었으며, 리스크를 신중하게 경계했다. 이런 변화는 대공황이 끝나기 전에도 나타났다.

역사가 프레더릭 루이스 앨런은 1936년도 〈포춘^{Fortune}〉 기사를 다음과 같이 인용했다.

— 요즘 대학생들은 운명론적 태도를 보인다. ……그들은 위험한 모험을 하지 않는다. 불필요한 지출을 피하고, 자존감을 잃지 않고, 힘든 시기를 묵묵히 견딘다. 평균적으로 볼 때 그들은 신중하고 차분하며 모험하지 않는 세대다.

제2차 세계대전 이후에도 비슷했다. 전쟁이 끝난 후 미국에는 경제 호황이 찾아왔다. 그러나 전쟁으로 황폐해진 유럽은 달랐다. 1947년 해밀턴 피시 암스트롱^{Hamilton Fish Armstrong}은 〈포린 어페어스^{Foreign Affairs}〉에 실은 글에서 유럽의 삶을 이렇게 묘사했다.

— 사람들은 또 하루를 버틸 음식과 옷, 연료를 구하느라 종일을 보낸다. 그야말로 모든 것이 부족하다. ……살 집도, 창문에 끼울 유리도 부족하다. 신발을 만들 가죽도, 스웨터를 만들 양모도, 요리에 필요한 연료도, 기저귀를 만들 면도, 잼을 만들 설탕도, 튀김 요리를 할 기름도, 아기에게 먹일 우유도, 몸을 씻을 비누도 부족하다.

존 메이너드 케인스는 전쟁 후에는 전쟁으로 만신창이가 된 나라의 국민들이 "사회적, 개인적 안정을 절실히 원하게 될 것이다"라고 말했다. 실제로 그랬다.

역사학자 토니 주트Tony Judt는 전후 유럽의 상황이 매우 처참했기 때문에 절망에 빠진 국민들에게 구제의 희망을 줄 수 있는 것은 국가뿐이었다고 말한다. 그리고 실제로 국가는 그 역할을 했다. 미국과 달리 전후 유럽의 많은 나라에서는 실업 보험과 전국민 건강보험 등 다양한 복지 제도를 도입했다.

역사학자 마이클 하워드Michael Howard는 전쟁과 복지가 동반자 관계라고 말했다. 그럴 수밖에 없는 것은 아무리 경제적으로 부유한 사람도, 신중하게 리스크를 감수하는 사람도, 예측 능력이 뛰어난 사람도 전쟁으로 모든 걸 잃을 수 있기 때문일 것이다.

유럽 사람들은 제2차 세계대전에 휩쓸리고 싶어서 그렇게 된 것이 아니었다. 그들이 전쟁을 지지하든 안 하든 상관없이 전쟁은 그들 삶에서 가장 중요한 문제가 되었고, 그들이 준비가 되었든 안 되었든 상관없이 그들의 통제감을 무너뜨렸다.

예상치 못한 거대한 무언가를 겪은 사람은 겪지 않은 사람과 다른 관점 및 가치관을 갖게 된다. 그렇기 때문에 1970년대와 1980년대를 겪은 베이비붐 세대가 인플레이션을 보는 관점이 그 자녀들의 관점과 다를 수밖에 없는 것이다.

또 그렇기 때문에 오늘날 기술 업계의 기업가들을 두 부류로, 즉 2000년대 초 닷컴 버블 붕괴를 경험한 이들과 경험하지 못한 이들로 나눌 수 있는 것이다.

예상치 못한 중대한 사건을 겪으면 사람들은 다음과 같이 생각하는 경향이 있다.

- 그런 일이 미래에도 계속 일어날 것이라고 생각한다. 더 큰 강도로 발생하고 더 중대한 결과를 초래할 것이라 예상한다.
- 처음의 사건이 발생 확률이 낮고 거의 모두가 예상하지 못한 일이라 할지라도, 그런 예측에 강한 확신을 갖는다.

사건의 충격과 영향력이 클수록 더 그렇다. 그리고 무엇보다도, 그 사건을 경험하지 않은 이들은 경험한 이들의 관점을 이해하기가 더욱 힘들어진다.

개인이나 집단 간의 견해 및 시각 차이로 인한 충돌은 역사에서 늘 있어온 인간의 기본적 행동 패턴이다.

"왜 저 사람은 나와 의견이 다를까?"라는 질문에 대한 답은 무수히 많다. 저 사람은 이기적이니까, 멍청하니까, 분별력이 없으니까, 무식하니까 등등.

그러나 대개는 이 질문을 던지는 것이 현명하다. "저 사람은 내가 경험하지 못한 무엇을 경험했기에 그런 견해를 갖고 있을까? 만일 저 사람과 같은 경험을 한다면 나도 저렇게 생각하게 될까?"

대부분의 경우 이 질문은 의견 차이가 발생하는 진짜 이유를 일깨워준다. 하지만 이 질문을 생각해보는 사람은 많지 않다.

경험하지 못한 무언가가 내 견해를 바꿀 수도 있다는 생각은 심리적 불편함을 초래한다. 내가 무지하고 뭘 제대로 모른다는 사실을 인정하는 셈이기 때문이다. 대신 나와 의견이 다른 사람은 나보다 생각이 짧은 것이라고 믿는 것이 훨씬 더 쉽고 속 편하다.

그러므로 우리는 늘 의견이 충돌할 수밖에 없다. 심지어 정보와 지식이 넘쳐나도 마찬가지다. 사람들의 의견 충돌은 그 어느 때보다 심해질지 모른다. 기술 트렌드 분석가 베니딕트 에번스Benedict Evans가 말했듯 "인터넷을 통해 새로운 관점을 더 많이 접할수록 사람들은 다른 관점이 존재한다는 사실에 더 분노하기" 때문이다.

의견 충돌은 사람들이 가진 지식이 아니라 경험과 더 크게 관련되어 있다. 그리고 사람들의 경험은 언제나 다르기 마련이므로 의견 충돌도 계속 일어날 수밖에 없다.

과거에도 그랬고, 앞으로도 그럴 것이다.
늘 변함없이.

당신이 생각해볼 만한 질문들

제2차 세계대전 중 노르망디 상륙 작전이 시작되기 전날 밤, 프랭클린 루스벨트 대통령은 아내 엘리너^{Eleanor}에게 어떤 결과를 맞이할지 알 수 없는 지금 기분이 어떠냐고 물었다. 그녀는 대답했다. "나이 예순에 아직도 불확실성이 끔찍하게 싫다는 게 참 우습지 않아요?"

맞는 말이다. 우리는 불확실성을 끔찍하게 싫어한다. 늘 그랬고, 앞으로도 늘 그럴 것이다.

우리 앞에 불확실성이라는 커다랗고 캄캄한 구멍이 놓여 있다고 생각하면 덜컥 겁이 난다. 차라리 그 반대를 믿는 편이 쉽다. 미래를 내다볼 수 있다고, 미래로 향하는 길은 논리적이고 예측 가능하다고 말이다. 역사 속에는 사람들이 이것만큼 흔하게 가졌던 믿음도 없고 이것만큼 늘 틀렸던 믿음도 없다.

일반적으로 우리는 불확실한 미래를 확실한 것으로 바꾸고 싶어서 눈에 힘을 잔뜩 주고 앞을 응시한다. 더 많은 데이터로, 더 정확하게, 더 똑똑하게 미래를 예측하려 애쓴다.

훨씬 더 효과적인 방법은 사실 그 반대다. 뒤를 돌아보고 넓은 시야를 갖는 것이다. 미래가 어떻게 변할지 알아내려고 하는 대신, 과거의 역사가 피해가지 못한 굵직하고 중요한 일들을 공부하는 것이다.

십여 년 전 나는 역사를 더 많이 공부하고 예측 자료를 덜 읽겠다는 목표를 세웠다. 그 결정은 내 인생에 놀라운 변화를 가져다주었다. 그리고 아이러니하게도 역사를 알면 알수록 미래에 대한 불안감이 줄고 편안해졌다. 결코 변하지 않는 것들에 집중하면, 불확실한 앞날을 예측하려는 시도를 멈추고 대신 세월이 흘러도 유의미한 인간 행동을 이해하는 데 더 많은 시간을 쏟을 수 있다. 바라건대 이 책을 읽고 당신도 그랬으면 한다.

나는 잘 알지도 못하는 이들에게 조언을 하고 싶지 않다. 사람들은 각기 다른 존재이고 모두에게 적용되는 보편적인 조언이란 거의 없기 때문이다.

그러므로 책을 마치며 실천할 행동 목록 같은 것을 제시하

는 대신, 당신이 생각해볼 질문 목록을 남겨놓겠다. 앞에서
읽은 본문 내용과 관련된 질문들이다.

- 맞는 말을 하고 있지만 스토리텔링이 형편없어서 내가
  귀 기울이지 않게 되는 사람이 있는가?

- 현재 내가 가진 견해 중 만일 다른 나라에 태어났거나
  다른 세대에 속했다면 동의하지 않을 만한 것이 있는가?

- 사실이었으면 하는 마음이 너무나 간절해서, 분명 사실
  이 아님에도 내가 사실이라고 믿는 것은 무엇인가?

- 결국에는 나도 겪게 될 문제인데 다른 나라, 다른 업계,
  다른 직종에만 해당한다고 생각하는 문제는 무엇인가?

- 내가 진실이라고 믿지만 사실은 영리한 마케팅의 결과에
  불과한 것은 무엇인가?

- 내가 직접 경험하지 못해서 무지할 수밖에 없는 대상이
  나 문제는 무엇인가?

- 오래 못 갈 것처럼 보이지만 사실은 우리가 아직 받아들이지 못한 새로운 트렌드에 해당하는 현상은 무엇인가?

- 똑똑해 보이지만 사실은 헛소리만 하는 허풍쟁이는 누구인가?

- 나는 상상하지 못한 리스크에 제대로 대응할 준비가 돼 있는가?

- 만일 나의 인센티브가 달라진다면 현재 나의 견해 중 어떤 것이 바뀔까?

- 현재 우리가 간과하고 있지만 미래에는 너무나 명백하거나 당연해질 현상이나 문제는 무엇인가?

- 일어나기 직전까지 갔지만 실제로는 일어나지 않은, 하지만 만일 일어났다면 세상을 완전히 바꿔놓았을 사건은 무엇인가?

- 나의 통제 바깥에 있는 요소나 힘이 내가 인정받은 성과

에 얼마나 기여했는가?

- 내가 인내심이 있는 것인지(능력) 고집을 부리는 것인지 (단점)를 어떻게 알 수 있을까?

- 나는 진짜 모습은 형편없는 누군가를 존경하고 있지는 않은가?

- 성공을 위해 꼭 치러야 하는 비용임에도 불편함이나 골칫거리, 성가신 문제를 없애려고만 하고 있지는 않은가?

- 내가 닮고 싶어 하는 미친 천재가 사실은 그저 미치광이에 불과하지는 않은가?

- 내가 지닌 확고한 신념이나 견해 중 앞으로 바뀔 가능성이 높은 것은 무엇인가?

- 지금껏 늘 옳았던 것은 무엇인가?

- 시간이 흘러도 변하지 않는 것은 무엇인가?

감사의 글

글을 쓰는 일은 외로운 작업이다. 홀로 키보드 앞에 앉아 창의적 에너지가 주는 짜릿한 흥분과 내 능력에 대한 회의 사이를 끊임없이 오간다.

그러나 사실 글쓰기는 사람들과 함께하는 작업이기도 하다. 모든 작가는 많은 이들에게 영감을 얻으며 수많은 다른 작가, 사상가, 학자에게 영향을 받기 때문이다.

자신이 알든 모르든 내게 큰 영감과 도움을 준 다음의 분들에게 특히 감사드린다.

칼 리처즈Carl Richards, 존 리브스John Reeves, 크레이그 셔피로 Craig Shapiro, 댄 가드너Dan Gardner, 베서니 맥린Bethany McLean, 캐슬린 킴볼Kathleen Kimball, 맷 코펜헤퍼Matt Koppenheffer, 제이슨 츠바이크, 베티 코싯Betty Cossitt, 노아 슈워츠버그Noah Schwartzberg, 몰리

글릭Mollie Glick, 마크 핑글Mark Pingle, 크레이그 피어스Craig Pearce, 브라이언 리처즈Brian Richards, 제너 아브두Jenna Abdou, 마이크 에를리히Mike Ehrlich, 에릭 라슨Erik Larson, 빌 만Bill Mann, 데릭 톰슨Derek Thompson, 톰 게이너Tom Gaynor, 크리스 힐Chris Hill, 캔디스 밀러드Candice Millard, 로버트 커슨Robert Kurson, 김정주Jung-ju Kim, 제임스 클리어James Clear, 프랭크 하우절 시니어Frank Housel Sr., 마이클 배트닉Michael Batnick.

그리고 아내 그레천Gretchen, 부모님 벤Ben과 낸시Nancy에게도 고마움을 전한다. 이들의 응원과 조언이 없었다면 나는 길을 잃었을 것이다.

주석

- 사실 우리의 삶은 과거나 지금이나 똑같다: Carl Jung, Collected Works of C. G. Jung, vol. 7: Two Essays in Analytical Psychology (Princeton, NJ, Princeton University Press, 1972).
- 어느 시대건 현자들은 항상 같은 말을 하고: Arthur Schopenhauer, The Wisdom of Life, Being the First Part of Arthur Schopenhauer's Aphorismen Zur Lebensweisheit (London: S. Sonnenschein & Co., 1897).
- 내가 깨달은 중요한 비결은 이것이다: Tim Ferriss, Tools of Titans: The Tactics, Routines, and Habits of Billionaires, Icons, and World- Class Performers (Boston: Houghton Mifflin Harcourt, 2017).
- 지금까지 죽은 사람의 수는: Niall Ferguson, Civilization: The West and the Rest (New York: Penguins Books, 2012).

서문
- 아마존의 창업자 제프 베이조스는: Jeff Hayden, "20 Years Ago, Jeff Bezos Said This 1 Thing Separates People Who Achieve Lasting Success From Those Who Don't," Inc., November 6, 2017, https://www.inc.com/jeff-haden/20-years-ago-jeff-bezos-said-this-1-thing-separates-people-who-achieve-lasting-success-from-those-who-dont.html.
- 기업가이자 투자자인 나발 라비칸트는: Eric Jorgenson, The Almanack of Naval Ravikant: A Guide to Wealth and Happiness (N.p.: Magrathea, 2020), 82.

1. 이토록 아슬아슬한 세상
- 작가 팀 어번은 말했다: Tim Urban, @waitbutwhy, Twitter post, April 21, 2021, 1:13 p.m., twitter.com/waitbutwhy/status/1384963403475791872?s=20&t=4i2ekW6c1c wAp6S1qB6YUA.
- 역사학자 데이비드 매컬로프는: Charlie Rose, season 14, episode 186, "David McCullough," May 30, 2005, PBS, charlierose.com/videos/18134.

- 미국 뉴욕을 출항해 영국 리버풀로: Erik Larson, Dead Wake: The Last Crossing of the Lusitania (New York: Crown, 2015), 117, 326.
- 장가라는 모두 다섯 발을 발사했다: Joseph T. McCann, Terrorism on American Soil (Boulder, CO: Sentient Publications, 2006), 69–70.
- 그의 표적이었던 프랭클린 델러노 루스벨트는: "This Day in History: February 15, 1933: FDR Escapes Assassination Attempt in Miami," History.com, November 16, 2009, updated February 11, 2021, history.com/this-ay_in_history/fdr-scapes-ssassination_in_miami.

2. 보이지 않는 것, 리스크
- 프래더는 지구를 향해 하강하면서: Douglas Brinkley, American Moonshot (New York: Harper, 2019), 237.
- 헬리콥터에서 내려온 줄을 붙잡는 과정에서: Jan Herman, "Stratolab: The Navy's High-ltitude Balloon Research," lecture, Naval Medical Research Institute, Bethesda, MD, 1995, archive.org/details/StratolabTheNavysHighAltitudeBalloonResearch.
- 재무 설계사 칼 리처즈는 말했다: Carl Richards, (@behaviorgap), Twitter post, March 10, 2020, 8:19 a.m., twitter.com/behaviorgap/status/1237352317592076288.
- 1929년 10월, 다시 말해 주식시장 버블이 최고조에 이르러 대공황이 터지기 직전: "Fisher Sees Stocks Permanently High," New York Times, October 16, 1929, https://www.nytimes.com/1929/10/16/archives/fisher-sees-stocks-permanently-high-yale-economist-tells-purchasing.html.
- 로버트 쉴러를 인터뷰할 때: Author interview with Robert Shiller, 2012.
- 미국이 직면한 가장 중요한 문제가 무엇이라 생각하느냐고 물었을 때: Frederick Lewis Allen, Since Yesterday (New York: Harper & Brothers, 1940), reproduced from Thurman W. Arnold, The Folklore of Capitalism (New Haven, CT: Yale University Press, 1937).
- 수많은 역사학자가 떠올랐습니다: Margaret MacMillan, History's People: Personalities and the Past (CBC Massey Lectures) (Toronto: House of Anansi Press, 2015).
- 2001년 9월 11일 아침, 뉴욕의 지역 뉴스에서: "The Sonic Memorial—Remembering 9/11 with host Paul Auster," n.d., in The Kitchen Sisters (podcast), https://kitchensisters.org/%20present/%20sonic-%20memorial/.
- 예측이 아니라 준비성에 투자하라: Nassim Nicholas Taleb, Antifragile: Things That Gain from Disorder (New York: Random House, 2014).

3. 기대치와 현실

- 가까운 미래도 현재만큼이나: "Where Do We Go from Here?," Life, January 5, 1953, 86, books.google.com/books?id=QUIEAAAAMBAJ&q=astonishingly#v=snippet&q=astonishingly&f=false.

- 10년 연속 완전 고용을 달성했으며: "What Have We Got Here," Life, January 5, 1953, 47, https://books.google.com/books?id=QUIEAAAAMBAJ&q=astonishingly#v=onepage&q=straight%20years&f=false.

- 국제 정세 분석 및 예측의 전문가인 조지 프리드먼은: "The Crisis of the Middle Class and American Power," RANE Worldview, December 31, 2013, worldview.stratfor.com/article/crisis-iddle-lass-nd-merican-ower.

- 물가상승률을 감안한 중위가계소득은: Russell Sage Foundation, Chartbook of Social Inequality, "Real Mean and Median Income, Families and Individuals, 1947-2012, and Households, 1967-2012," n.d., russellsage.org/sites/all/files/chartbook/Income%20and%20Earnings.pdf.

- 1955년에 2만 9,000달러: Jessica Semega and Melissa Kollar, "Income in the United States: 2021," U.S. Census Bureau, Report Number P60-276, September 13, 2022, census.gov/library/publications/2022/demo/p60-276.html#:~:text= Real% 20median% 20household%20income% 20was,and% 20Table% 20A% 2D1).

- 물가상승률을 감안한 중위시급은: Lawrence H. Officer and Samuel H. Williamson, "Annual Wages in the United States, 1774— Present," MeasuringWorth, 2023, measuringworth.com/datasets/uswage/result.php.

- 1950년에 주택 보유 비율은: PK, "Historical Homeownership Rate in the United States, 1890-Present," DQYDJ, n.d., dqydj.com/historical-homeownership-rate-united-states.

- 요즘 주택보다 3분의 1 더 작았다: Maria Cecilia P. Moura, Steven J. Smith, and David B. Belzer, "120 Years of U.S. Residential Housing Stock and Floor Space," table 1, PLoS One 10, no. 8 (August 11, 2015): e0134135, ncbi.nlm.nih.gov/pmc/articles/PMC4532357/table/pone.0134135.t001.

- 식비가 차지하는 비율은 29퍼센트였고: U.S. Bureau of Labor Statistics, "100 Years of U.S. Consumer Spending," Report 991, May 2006, bls.gov/opub/100-years_of_u_s_consumer-spending.pdf, and "Consumer Expenditures— 2021," news release, September 8, 2022, bls.gov/news.release/cesan.nr0.htm.

- 산업재해 사망자 수는: Marian L. Tupy, "Workplace Fatalities Fell 95% in the 20th Century. Who Deserves the Credit?," FEE Stories, September 16, 2018, fee.org/

articles/workplace-fatalities-fell-95-in-the-20th-century-who-deserves-the-credit.

- 페렌츠의 부모는: Barry Avrich, Prosecuting Evil (Los Angeles:vertical Entertainment, 2018).
- 게리 크레멘을 인터뷰했다: Gary Rivlin, "In Siliconvalley, Millionaires Who Don't Feel Rich," New York Times, August 5, 2007, https://www.nytimes.com/2007/08/05/technology/05rich.html.
- 배우 윌 스미스는: Will Smith, Will (New York: Penguin Press, 2021), 105.
- 테니스 선수 오사카 나오미는: Steve Tignor, "Naomi Osaka Isn't Enjoying Herself Even When She Wins— o You Can Understand Her Need for a Break from the Game," Tennis, September 4, 2021, tennis.com/news/articles/naomi-osaka-isn-t-enjoying-herself-even-when-she-wins-so-you-can-understand-her-.
- 솔직하지 못한 태도일 것이다: David McCullough, Truman (New York: Touchstone, 1992).
- 행복한 삶의 비결이 무엇입니까?: Buffett Online, "2022 Daily Journal Annual Meeting," February 16, 2022, YouTubevideo, youtube.com/watch?v=22faKkazye4&ab_channel= BuffettOnline.

4. 인간, 그 알 수 없는 존재

- 마라톤 선수 엘리우드 킵초게는: Cathal Dennehy, "Eliud Kipchoge: Inside the Camp, and the Mind, of the Greatest Marathon Runner of All Time," Irish Examiner, October 29, 2021, irishexaminer.com/sport/othersport/arid-40732662.html.
- 존 보이드는 역사상 최고의 전투기 조종사: Robert Coram, Boyd: The Fighter Pilot Who Changed the Art of War (New York: Back Bay Books, 2004), 58, 68, 130, 172, 450.
- 보이드는 군 역사상: Ronald Spector, "40_Second Man," review of Boyd: The Fighter Pilot Who Changed the Art of War, New York Times, March 9, 2003, nytimes.com/2003/03/09/books/40_second- an.html.
- 이 똑똑한 젊은이는: Coram, Boyd, 184.
- 나는 적어도 10만 단어는 되는: John Maynard Keynes, "Newton, the Man," undelivered lecture, in Elizabeth Johns, ed., The Collected Writings of John Maynard Keynes (Cambridge and London: Cambridge University Press and Royal Economic Society, 1978), available at mathshistory.st_andrews.ac.uk/Extras/Keynes_Newton.

- 영화 〈패튼 대전차군단〉에: Franklin J. Schaffner Patton (Los Angeles: 20th Century Fox, 1970).
- 화성에 핵폭탄을 터뜨려: Loren Grush, "Elon Musk Elaborates on His Proposal to Nuke Mars,"verge, October 2, 2015, theverge.com/2015/10/2/9441029/elon-musk-mars-nuclear-bomb-colbert-interview-explained.
- 이 세상이 컴퓨터 시뮬레이션일 확률이: Andrew Griffin, "Elon Musk: The Chance We Are Not Living in a Computer Simulation Is 'One in Billions,' " Independent, June 2, 2016, Independent.co.uk/tech/elon-musk-ai-artificial-intelligence-computer-simulation-gaming-virtual-reality-a7060941.html.
- 나발 라비칸트는 언젠가 이렇게 말했다: Eric Jorgenson, The Almanack of Naval Ravikant: A Guide to Wealth and Happiness (N.p.: Magrathea, 2020), 144.

5. 확률과 확실성

- 제리 사인펠드는 그의 차에 지미 팰런을: Comedians in Cars Getting Coffee, season 5, episodes 7–8, "The Unsinkable Legend— Part 1 & Part 2," December 18, 2014, Crackle.
- 영화 〈제로 다크 서티〉에: Kathryn Bigelow, Zero Dark Thirty (Culver City, CA: Sony Pictures, 2012).
- 오사마 빈 라덴 사살 작전이 완료된 후: John A. Gans Jr.," "This Is 50_50': Behind Obama's Decision to Kill Bin Laden," Atlantic, October 10, 2012, theatlantic.com/international/archive/2012/10/this-is-50-50-behind-obamas-decision-to-kill-bin-laden/263449.
- 심리학자 대니얼 카너먼은 말했다: Tim Adams, "This Much I Know: Daniel Kahneman," Guardian, July 7, 2012, nybooks.com articles/2004/03/25/one-in-a-million.
- 에벌린 마리 애덤스는: Robert D. McFadden, "Odds- efying Jersey Woman Hits Lottery Jackpot 2d Time," New York Times, February 14, 1986, nytimes.com/1986/02/14/nyregion/odds-defying-jersey-woman-hits-lottery-jackpot-2d-time.html.
- 그 확률은 30분의 1이다: Gina Kolata, "1_in_a_Trillion Coincidence, You Say? Not Really, Experts Find," New York Times, February 27, 1990, nytimes.com/1990/02/27/science/1-in-a-trillion-coincidence-you-say-not-really-experts-find.html.
- 물리학자 프리먼 다이슨은: Freeman Dyson, "One in a Million," New York Review of Books, March 25, 2004, nybooks.com/articles/2004/03/25/one-in-a-million.

- 미국인이 정보를 얻은 방식을 이렇게 설명했다: Frederick Lewis Allen, The Big Change: American Transforms Itself 1900–1950 (1952; rept., New York: Routledge, 2017), 8, 23.
- 1,800개의 인쇄 매체가 사라졌다: Megan Garber, "The Threat to American Democracy That Has Nothing to Do with Trump," Atlantic, July 11, 2020, theatlantic.com/culture/archive/2020/07/ghosting-news-margaret-sullivans-alarm-bell/614011.
- 암울해져왔다는 사실을 발견했다: Steven Pinker, "The Media Exaggerates Negative News. This Distortion Has Consequences," Guardian, February 17, 2018, theguardian.com/commentisfree/2018/feb/17/steven-pinker-media-negative-news.
- 이를 과거와 비교해보라: Allen, The Big Change, 8.
- 오판의 심리학: Peter T. Kaufman, ed., Poor Charlie's Almanack: The Wit and Wisdom of Charles T. Munger (Marceline, MO: Walsworth Publishing Co., 2005), 205.
- 심리학자 필립 테틀록 교수는: Eric Schurenberg, "Why the Experts Missed the Crash," CNN Money, February 18, 2009, money.cnn.com/2009/02/17/pf/experts_Tetlock.moneymag/index.htm.
- 지난 50년 동안 경제 침체가 몇 번 있었을까?: National Bureau of Economic Research, "Business Cycle Dating," n.d., nber.org/research/business-cycle-dating.

6. 뛰어난 스토리가 승리한다

- 킹의 측근이자 연설문 작성자인 클래런스 존스는: Wall Street Journal, "How Martin Luther King Went Off Script in 'I Have a Dream,'" August 24, 2013, YouTubevideo, youtube.com/watch?v=KxlOlynG6FY.
- 처음 몇 분간 연설은: Martin Luther King Jr., "I Have a Dream," speech given at March on Washington for Jobs and Freedom, Washington, D.C., August 28, 1963, transcript at americanrhetoric.com/speeches/mlkihaveadream.htm.
- 가스펠 가수 마할리아 잭슨이 외쳤다: "This Day in History: August 28, 1963: Mahalia Jackson Prompts Martin Luther King Jr. to Improvise 'I Have a Dream' Speech," History.com, n.d., thistory.com/this-day-in-history/mahalia-jackson-the-queen-of-gospel-puts-her-stamp-on-the-march-on-washington.
- 이렇게 연설을 이어갔다: King, "I Have a Dream," youtube.com/watch?v=smEqnnklfYs.
- 마크 트웨인이 현대의 가장 탁월한: Ken Burns, Mark Twain (Walpole, NH, and Arlington,vA: Florentine Films in association with WETA, 2001).

- 인류학자 C. R. 홀파이크는: C. R. Hallpike, "Review of Yuval Harari's Sapiens: A Brief History of Humankind," AIPavilion, 2017, aipavilion.github.io/docs/hallpike-review.pdf.
- 언젠가 하라리는 《사피엔스》에 관해: Ian Parker, "Yuval Noah Harari's History of Everyone, Ever," New Yorker, February 10, 2020, newyorker.com/magazine/2020/02/17/yuval-noah-harari-gives-the-really-big-picture.
- 켄 번스가 만든 다큐멘터리 〈남북전쟁〉은: Ken Burns, The Civil War (Walpole, NH, and Arlington,vA: Florentine Films in association with WETA, 1990).
- 화면에 깔리는 음악에 관해 이렇게 말했다: "Ken Burns," SmartLess (podcast), September 20, 2021, podcasts.apple.com/us/podcast/ken-burns/id1521578868?i=1000535978926.
- 중국 여객선 강아호 침몰 사고는: Mfame Team, "The Tragedy of SS Kiangya," Mfame, January 21, 2016, mfame.guru/tragedy_ss_kiangya.
- 1987년 도냐파스호의 침몰도: Editorial Team, "Sinking of Doña Paz: The World's Deadliest Shipping Accident," Safety4Sea, March 8, 2022, safety4sea.com/cm-sinking-of-dona-paz-the-worlds-deadliest-shipping-accident.
- 르줄라호가 침몰해: "'Africa's Titanic' 20 Years Later: Sinking of Le Joola Has Lessons for Ferry Safety," SaltWire, October 3, 2022, saltwire.com/halifax/news/local/africas-titanic-20-years-later-sinking-of-le-joola-has-lessons-for-ferry-safety-100778847.
- 똑똑함을 보여주는 방법이다: Ken Burns, Mark Twain.
- 뛰어난 스토리텔러인 물리학자 리처드 파인만이: "Richard Feynman Fire," Nebulajr, April 15, 2009, YouTubevideo, youtube.com/watch?v=N1pIYI5JQLE&ab_channel=nebulajr.
- 알베르트 아인슈타인의 천재성을 만들어낸: Walter Isaacson, Einstein: His Life and Universe (New York: Simon & Schuster, 2007).
- 스티븐 스필버그는 이렇게 말했다: Anthony Breznican, "Steven Spielberg: The EW interview," Entertainment Weekly, December 2, 2011, ew.com/article/2011/12/02/steven-spielberg_ew_interview.
- 비자 창립자 디 호크는: Dee Hock, Autobiography of a Restless Mind: Reflections on the Human Condition,vol. 2 (Bloomington, IN: iUniverse, 2013).

7. 통계가 놓치는 것

- 논리는 인간의 발명품이며: Will Durant, Fallen Leaves: Last Words on Life, Love,

War, and God (New York: Simon & Schuster, 2014).

- 뭔가가 빠져 있다고 말했다: Ken Burns and Lynn Novick, Thevietnam War (Walpole, NH: Florentine Films et al., 2017).
- 미군이 1명 사망할 때마다: Burns and Novick, Thevietnam War.
- 시카고대학교의 벽에는: Ron Baker, "The McKinsey Maxim: 'What You Can Measure You Can Manage.' HOKUM!," Firm of the Future, February 18, 2020, firmofthefuture.com/content/the-mckinsey-maxim-what-you-can-measure-you-can-manage-hokum.
- 제프 베이조스는 말했다: Julie Bort, "Amazon Founder Jeff Bezos Explains Why He Sends Single Character '?' Emails," Inc., April 23, 2018, inc.com/business-insider/amazon-founder-ceo-jeff-bezos-customer-emails-forward-managers-fix-issues.html.
- 브래들리의 한 측근은: Niall Ferguson, The War of the World: Twentieth-Century Conflict and the Descent of the West (New York: Penguin Press, 2006), 537.
- 영국의 생리학자 힐은: The Nobel Prize, "Archibald v. Hill: Biographical," 1922, nobelprize.org/prizes/medicine/1922/hill/biographical.
- 힐의 초기 연구는: Timothy David Noakes, "Fatigue Is a Brain- Derived Emotion That Regulates the Exercise Behavior to Ensure the Protection of Whole Body Homeostasis," Frontiers in Physiology 3, no. 82 (2012): 1, ncbi.nlm.nih.gov/pmc/articles/PMC3323922.
- 힐의 계산법은: Eric R. Kandel, In Search of Memory: The Emergence of a New Science of Mind (New York: W. W. Norton, 2007).
- 한때 달리기 기록이 오로지: Alex Hutchinson, Endure: Mind, Body, and the Curiously Elastic Limits of Human Performance (Boston: Mariner Books, 2018), 22–27 and 45–76.
- 사실은 실용적 용도 때문이 아니라: (1) Muscular Movement in Man: The Factors Governing Speed and Recovery from Fatigue (2) Living Machinery: Six Lectures Delivered before a 'Juvenile Auditory' at the Royal Institution, Christmas 1926 (3) Basal Metabolism in Health and Disease," Nature 121 (1928): 314–16, nature.com/articles/121314a0.

8. 평화가 혼돈의 씨앗을 뿌린다
- 중요한 통찰력이 담긴 민스키의 이론은: Hyman P. Minsky, "The Financial Instability Hypothesis," Working Paper No. 74, Levy Economics Institute of Bard College, May 1992, levyinstitute.org/pubs/wp74.pdf.

- 역사를 모르는 사람에게는: Kelly Hayes, @MsKellyMHayes, Twitter post, July 11, 2020, 4:22 p.m., twitter .com/MsKellyMHayes/status/1282093046943952902.
- 역사에 큰 관심을 가진 팟캐스터 댄 칼린은: Dan Carlin, The End Is Always Near (New York: Harper, 2019), 194.
- 전염병의 감소 덕분이라 해도: victoria Hansen et al., "Infectious Disease Mortality Trends in the United States, 1980– 014," Journal of the American Medical Association 316, no. 20 (November 22/29, 2016): 2149–51. https://jamanetwork.com/journals/jama/article-abstract/2585966.
- 연설문 작성자였던 클라크 웰턴은: Clark Whelton, "Say Your Prayers and Take Your Chances," City Journal, March 13, 2020, city-journal.org/1957-asian-flu-pandemic.
- CEO 로리 프리먼은: Ed Yong, "How the Pandemic Defeated America," Atlantic, September 2020, theatlantic.com/magazine/archive/2020/09/coronavirus-american-failure/614191.
- 타호 호수 일대에는: Admin, "Incredible 2017 Tahoe Snow Totals," Tahoe Ski World, December 28, 2018, tahoeskiworld.com/incredible-2017-tahoe-snow-totals.
- 초록색으로 뒤덮였다: Associated Press, "Out in the California Desert, Tourists Make a Beeline for 'Flowergeddon,' " Washington Post, March 31, 2017, washingtonpost.com/lifestyle/kidspost/out.o.the-california-desert-tourists-make.a.beeline-for-flowergeddon/2017/03/31/64313c3c-1620-11e7-833c-503e1f6394c9-story.html.
- 산불의 연료가 증가한다: S_Y. Simon Wang, "How Might El Niño Affect Wildfires in California?," ENSO (blog), August 27, 2014, climate.gov/news-features/blogs/enso/how-might.el.ni%C3% B1o-affect-wildfires-california.
- 투자자 차마스 팔리하피티야는: "Chamath Palihapitiya: The #1 Secret to Becoming Rich," Investor Center, February 5, 2021, YouTubevideo,youtube.com/watch?v=XnleEVXdQsE&ab_channel=InvestorCenter.

9. 더 많이, 더 빨리

- 생물학자 J. B. S. 홀데인은: J. B. S. Haldane, "On Being the Right Size," in Possible Worlds and Other Essays (London: Chatto & Windus, 1927), 18, available at searchworks.stanford.edu/view/8708294.
- 다음 그래프는 미국 시장에서: Robert J. Shiller, "Online Data Robert Shiller," http://www.econ.yale.edu/~shiller/data.htm.

- 하워드 슐츠는 2007년 경영진에게: Howard Schultz, memo to Jim Donald, February 14, 2007, starbucksgossip.typepad.com/_/2007/02/starbucks_chair_2.html.
- 타이어 재벌 하비 파이어스톤은: Harvey S. Firestone, Men and Rubber: The Story of Business (New York: Doubleday, Page & Co., 1926), available at https://blas. com/wp_content/uploads/2019/07/Men-and-Rubber.pdf.
- 빨리 자라는 나무는 쉽게 썩으므로: Peter Wohlleben, The Secret Wisdom of Nature (Vancouver: Greystone Books, 2019).
- 글래스고대학교 생물학자들이: Who-Seung Lee, Pat Monaghan, and Neil B. Metcalfe, "Experimental Demonstration of the Growth Rate-Lifespan Trade-off," Proceedings of the Royal Society B 280 (2013): 20122370, royalsocietypublishing. org/doi/pdf/10.1098/rspb.2012.2370.

10. 마법이 일어나는 순간

- 트라이앵글 의류 공장 화재는: Ric Burns, New York: A Documentary Film (New York: Steeplechase Films and New York: New-York Historical Society et al., 1999-2003).
- 쿵 하는 소리가 날 때마다: William Shepherd, "Eyewitness at the Triangle," in Out of the Sweatshop: The Struggle for Industrial Democracy, ed. Leon Stein (New York: Quadrangle/New Times Book Company, 1977), 188-93, available at trianglefire.ilr.cornell.edu/primary/testimonials/ootss_WilliamShepherd.html.
- 폭발적인 과학 발전: Frederick Lewis Allen, The Big Change: American Transforms Itself 1900- 950 (1952; rept., New York: Routledge, 2017).
- 쇼피파이 창립자 토비 뤼트케는: Brad Stone, "How Shopify Outfoxed Amazon to Become the Everywhere Store," Bloomberg, December 22, 2021, bloomberg. com/news/features/2021.12./shopify-amazon-retail-rivalry-heats.up.with-covid-sparked-onlin-shopping-booma.
- 경제학자 알렉스 필드의 말에 따르면: Alexander J. Field, A Great Leap Forward: 1930s Depression and U.S. Economic Growth (New Haven, CT: Yale University Press, 2012), 7.
- 당시 고속도로국의 설명을 보면: Federal Highway Administration, "Contributions and Crossroads: Timeline," n.d., fhwa.dot.gov/candc/timeline.cfm.
- 프랭클린 루스벨트 대통령은 REA 연설에서: Franklin D. Roosevelt, "Campaign Address in Portland, Oregon on Public Utilities and Development of Hydro- lectric Power," September 21, 1932, available at presidency.ucsb.edu/documents/campaign-addres-portland-oregon-public-utilities-and-development-hydro-electri-power.

- 경제학자 로버트 고든은: Robert Gordon, The Rise and Fall of American Growth (Princeton, NJ: Princeton University Press, 2016), 564.
- 언젠가 리처드 닉슨 대통령은: JM, "The Purpose of Life: Nixon," July 9, 2011, YouTubevideo,youtube.com/watch?v=Pc3IfB23W4c&ab_channel=JM.
- 기업가 앤드루 윌킨슨도: Andrew Wilkinson, @awilkinson, Twitter post, April 26, 2021, 8:07 a.m., twitter.com/awilkinson/status/1386698431905730565?s=20.
- 투자자 패트릭 오쇼너시는: Patrick O'Shaughnessy, @patrick_oshag, Twitter post, July 17, 2021, 6:31 a.m., twitter.com/patrick_oshag/status/1416390114998198273?s=20&t=n2Yw1L1b657o_69Iyprf7g.

11. 비극은 순식간이고, 기적은 오래 걸린다

- 드와이트 아이젠하워 대통령은 점심으로: Cody White, " 'Heart Attack Strikes Ike,' President Eisenhower's 1955 Medical Emergency in Colorado," National Archives, September 22, 2016, text-message,blogs.archives.gov/2016/09/22/ heart-attack-strikes-ike-presiden-eisenhowers-1955-medical-emergency.in.colorado.
- 역사학자 데이비드 우튼의 말에 따르면: Nassim Nicholas Taleb, Antifragile: Things That Gain from Disorder (New York: Random House, 2014).

12. 사소한 것과 거대한 결과

- 2010년 예일대학교에서 진행한 연구에 따르면: Marc Santore, "Study Finds Snacking Is a Major Cause of Child Obesity," Yale School of Medicine, April 2, 2010, medicine.yale.edu/news-article/study-finds-snacking_is_a_major-cause_of_child-obesity.
- 폭발 이후 아래쪽 섬은: Dan Carlin, The End Is Always Near (New York: Harper, 2019), 148.
- 그중 하나인 데이비 크로켓은: Matthew Seelinger, "The M28/M29 Davy Crockett Nuclear Weapon System," Army Historical Foundation, armyhistory.org/the-m28m29-davy-crockett-nuclear-weapon-system.
- 1962년 쿠바 미사일 위기: Serhii Plokhy, Nuclear Folly: A History of the Cuban Missile Crisis (New York: W. W. Norton, 2021).
- 1977년 테네리페 공항 참사는: Niall Ferguson, Doom: The Politics of Catastrophe (London: Penguin Books, 2021), 258-62.
- 화학자 레슬리 오겔은: Jack D. Dunitz and Gerald F. Joyce, "A Biographical Memoir of Leslie E. Orgel, 1927-2007" (Washington, D.C.: National Academy of Sciences, 2013), nasonline.org/publications/biographical-memoirs/memoir-pdfs/orgel-leslie.

pdf.

- 투자자 하워드 막스는: "Howard Marks—embracing the Psychology of Investing," June 21, 2021, in Invest Like the Best with Patrick O'Shaughnessy (podcast), joincolossus.com/episodes/70790270/marks-embracing-the-psychology_of_ investing?tab= transcript.

13. 희망 그리고 절망

- 스톡데일은 한 인터뷰에서: Jim Collins, "The Stockdale Paradox," JimCollins.com, jimcollins.com/media_topics/TheStockdaleParadox.html.
- '아메리칸 드림'이라는 말을: James Truslow Adams, The Epic of America (1931; rept., New York: Routledge, 2017).
- 1984년 제인 폴리는: CNBC Make It, "Bill Gates Wasn't Worried about Burnout in 1984—Here's Why," February 25, 2019, YouTube video, youtube.com/ watch?v=MhnSzwXvGfc&ab_channel=CNBCMakeIt.
- 그를 처음 만난 때를 이렇게 회상했다: Paul Allen, Idea Man (New York: Portfolio/ Penguin, 2011), 32.
- 마이크로소프트를 창업한 후: Leah Fessler, "Bill Gates' Biggest Worry as a 31_ Year- ld Billionaire Wasn't Apple or IBM," Yahoo! News, February 28, 2018, yahoo. com/news/bill-gates-biggest-worry_31_170014556.html.

14. 완벽함의 함정

- 러시아 생물학자 이반 슈말하우젠은: Georgy S. Levit, Uwe Hossfeld, and Lennart Olsson, "From the 'Modern Synthesis' to Cybernetics: Ivan Ivanovich Schmalhausen (1884-1963) and His Research Program for a Synthesis of Evolutionary and Developmental Biology," Journal of Experimental Zoology Part B: Molecular and Developmental Evolution 306, no. 2 (March 15, 2006): 89-106, pubmed.ncbi.nlm. nih.gov/16419076.
- 어떤 한 가지 능력이 뛰어나도록 진화한 종은: Richard Lewontin and Richard Levins, "Schmalhausen's Law," Capitalism Nature Socialism 11, no. 4 (2000): 103- 8, tandfonline.com/doi/abs/10.1080/104557950009358943?journalCode= rcns20.
- 전 미국 국무장관 조지 슐츠에 관해: David Leonhardt, "You're Too Busy. You Need a 'Shultz Hour,'" New York Times, April 18, 2017, nytimes.com/2017/04/18/ opinion/youre-too-busy-you-need-a-shultz-hour.html.
- 창의성이 60퍼센트 높아진다는 것이 밝혀졌다: May Wong, "Stanford Study Finds Walking Improves Creativity," Stanford News, April 24, 2014, news.stanford.

edu/2014/04/24/walking_vs_sitting-042414.

- 워런 버핏의 성공 비결이: Charlie Munger, "2007 USC Law School Commencement Address," University of Southern California Law School, Los Angeles, CA, May 13, 2007, jamesclear.com/great-speeches/2007-usc-law-school- commencement-address-by-charlie-munger.
- 나는 성공의 유일한 지표가: Nassim Nicholas Taleb, The Bed of Procrustes (New York: Random House, 2010), 37.

15. 모든 여정은 원래 힘들다

- 도너 파티의 이야기만큼: Ric Burns, The Donner Party (New York: Steeplechase Films, 1992).
- 영화 〈아라비아의 로렌스〉를 보면: David Lean, Lawrence of Arabia (Culver City, CA: Columbia Pictures, 1962).
- 원하는 것을 얻는 가장 확실한 방법은: Shane Parrish, "Simple Acts," Brain Food (blog), October 23, 2022, https://fs.blog/brain-food/october-23-2022.
- 미국의 TV 사회자 데이비드 레터맨이: Comedians in Cars Getting Coffee, season 2, episode 2, "I Like Kettlecorn," June 20, 2013, Crackle.
- 〈하버드비즈니스리뷰〉에서 제리 사인펠드를: Daniel McGinn, "Life's Work: An Interview with Jerry Seinfeld," Harvard Business Review, January-February 2007,hbr.org/2017/01/lifes-work-jerry-seinfeld.
- 제프 베이조스는 현실적인 관점으로: "This Is Killing Your Success: Jeff Bezos," The Outcome, February 14, 2021, YouTube video, youtube.com/watch?v=sbhY0EyOcqg& ab_channel=TheOutcome.
- 직장을 계속 다닐 수 없었다: "Steven Pressfield—How to Overcome Self-Sabotage and Resistance, Routines for Little Successes, and the Hero's Journey vs. the Artist's Journey," February 26, 2021, The Tim Ferriss Show (podcast), episode 501, podcasts.apple.com/us/podcast/501-steven-pressfield-how.to.overcome-sel-sabotage/id863897795?i=1000510784746.
- 우유를 마실 줄 알아야 한다: Doris Kearns Goodwin, No Ordinary Time (New York: Simon & Schuster, 2008), 218.

16. 계속 달려라

- 코프의 규칙이라는: Henry Fairfield Osborn, "A Biographical Memoir of Edward Drinker Cope, 1840-1897" (Washington, D.C.: National Academy of Sciences, 1930).

- 멸종하는 경향에 의해 상쇄된다: Santa Fe Institute, "Bigger Is Better, Until You Go Extinct," news release, July 21, 2008, santafe.edu/news-center/news/bigger-is-better-until-you.go.extinct.
- 개미는 자신의 키보다 1만 5,000배: April Holladay, "Ant's Slow Fall Key to Survival," Globe and Mail (Toronto), January 12, 2009, theglobeandmail.com/technology/ants-slow-fall-key-to-survival/article4275684.
- 큰 동물은 단위 개체당 서식지 면적이: Morgan Housel, "Crickets: The Epitome of Investing Success," Medium, March 10, 2016, medium.com/@TMF Housel/crickets-the-epitome-of-investing-success-9f3bccd2628.
- 다른 곳과 혼동할 수가 없다: Isadore Barmash, "A Sears 'Store of the Future,'" Market Place, New York Times, July 27, 1983, nytimes.com/1983/07/27/business/market-place-a-sears-store-of-the-future.html.
- 1974년 〈뉴욕타임스〉는 이렇게 썼다: Peter T. Kilborn, "Regan Bids Wall Street Seek Sears's Efficiency," New York Times, June 11, 1974, nytimes.com/1974/06/11/archives/regan-bids-wall-street-seek-searss-efficiency2-unmitigated.html.
- 결국 실패하거나 시장 가치를 상실했다: Morgan Housel, "Risk Is How Much Time You Need," Collab Fund, March 30, 2017, collabfund.com/blog/risk.
- 축구와 다르기 때문이라고 주장했다: Leighvanvalen, "A New Evolutionary Law," Evolutionary Theory 1 (July 1973): 1–30, mn.uio.no/cees/english/services/van-valen/evolutionary-theory/volume.1/vol.1.no.1.p.1.30.l.van-valen.a.new-evolutionary-law.pdf.

17. 미래의 경이로움에 대하여

- 미국의 두뇌들, 미래의 혁신을 예측하다: "America's Thinking Men Forecast the Wonders of the Future," Washington Post, January 12, 1908.
- 아크 등이라는 전기 조명 기구를: American Experience, season 27, episode 3, "Edison," January 27, 2015, PBS.
- 자연선택의 근본 정리: Anya Plutynski, "What Was Fisher's Fundamental Theorem of Natural Selection and What Was It For?," Studies in History and Philosophy of Science Part C: Studies in History and Philosophy of Biological and Biomedical Sciences 37 (2006): 59–82, philsci-archive.pitt.edu/15310/1/Fundamental Theorem.pdf.
- 최초의 장거리 무선 메시지가 송출됐다: "January 12— Births—Scientists Born on January 12th," Today in Science History, todayinsci.com/1/1_12.htm.

18. 보기보다 힘들고, 보이는 것만큼 즐겁지 않다

- 우리는 지금의 이 고통과 괴로움을: James Baldwin, "The Doom and Glory of Knowing Who You Are," Life, May 24, 1963.
- 일론 머스크는 테슬라를 일구는 과정에서: David Gelles et al., "Elon Musk Details 'Excruciating' Personal Toll of Tesla Turmoil," New York Times, August 16, 2018, nytimes.com/2018/08/16/business/elon-musk-interview-tesla.html.

19. 인센티브: 세상에서 가장 강력한 힘

- 래퍼 노토리어스 비아이지는: Emmett Malloy, Biggie: I Got a Story to Tell (Los Gatos, CA: Netflix, 2021).
- 소련의 시인 예브게니 옙투셴코는: Yevgeny Yevtushenko, "Career," Goodreads, goodreads.com/quotes/1265237- career-galileo-the-clergy-maintained-was-a-pernicious-and-stubborn.
- 다큐멘터리에서 한 인터뷰이는 이렇게 말했다: Drug Lords, season 2, episode 1, "El Chapo," July 10, 2018, Netflix.
- 망원경이 고장난 게 틀림없다는 것이었다: "Cult's Telescope Couldn't Find UFO," Chicago Tribune, April 1, 1997, chicagotribune.com/news/ct-xpm-1997-04-02-9704020119-story.html.
- 자신을 기만하고 있는 것이다: Jill Lepore, These Truths (New York: W. W. Norton, 2018), 412–13.
- 직업적 인센티브가 작동한 결과다: Heather Lyu et al., "Overtreatment in the United States," PLoS One 12, no. 9 (2017): e0181970, ncbi.nlm.nih.gov/pmc/articles/PMC5587107.
- 그럼 생방송 시간을 줄이면 되잖아요: The Daily Show, season 14, episode 36, "Jim Cramer," March 12, 2009, Comedy Central.

20. 겪어봐야 안다

- 해병대 장군 스메들리 버틀러를: John Edgar Hoover, memo to Mr. Tamm, November 22, 1934, vault.fbi.gov/smedley-butler/Smedley%20Butler%20Part%2001%20of%2002.
- 파시스트 정부를 세우려는 계획을 꾸민 것이다: "Gen. Butler Bares 'Fascist Plot' to Seize Government by Force," New York Times, November 21, 1934, nytimes.com/1934/11/21/archives/gen-butler-bares-fascist-plot-to-seize-government-by-force-says.html.
- 간절함과 두려움이 합쳐지면: Comedians in Cars Getting Coffee, season 6, episode

5, "That's the Whole Point of Apartheid, Jerry," July 1, 2015, Crackle.

- 《우리가 알던 것》이라는 책은: Eric A. Johnson and Karl-Heinz Reuband, What We Knew: Terror, Mass Murder, and Everyday Life in Nazi Germany (New York: Basic Books, 2006), 156.

- 시인 바를람 샬라모프는: Varlam Shalamov, "Forty-Five Things I Learned in the Gulag," Paris Review, June 12, 2018, theparisreview.org/blog/2018/06/12/forty-five-things-i-learned-in-the-gulag.

- 실제 전투에 대비시킬 수 있는 방법은 없다: Stephen Ambrose, Citizen Soldiers (New York: Simon & Schuster, 1998).

- 1964년에는 거의 80퍼센트의 미국인이: Pew Research Center, "Public Trust in Government: 1958-2022," June 6, 2022, pewresearch.org/politics/2022/06/06/public-trust-in-government-1958-2022.

- 어른이 돼서 써먹을 수 있는 부분이에요: Tamborine, directed by Bo Burnham (Los Gatos, CA: Netflix, 2018).

- 닐 암스트롱과 버즈 올드린에게 이렇게 말했다: Andrew Chaikin, A Man on the Moon (New York:viking, 1994).

22. 복잡함과 단순함

- 암을 통제하지 못하고 있다는 사실입니다: Barak Goodman, Cancer: The Emperor of All Maladies (Brooklyn, NY: Ark Media, 2015).

- MIT의 로버트 와인버그는: Goodman, Cancer: The Emperor of All Maladies.

- 진실은 단순함이라는 특징을 지닌다: Edsger W. Dijkstra, "The Threats to Computing Science," lecture, ACM 1984 South Central Regional Conference, Austin, TX, November 16-18, 1984, cs.utexas.edu/users/EWD/transcriptions/EWD08xx/EWD898.html.

- 형태 및 구조가 바뀌었다: Samuel Wendell Williston, Water Reptiles of the Past and Present (Chicago: University of Chicago Press, 1914), archive.org/details/waterreptilesofp00will/page/172/mode/2up.

- 여러 개의 턱뼈는: W. K. Gregory, "Polyisomerism and Anisomerism in Cranial and Dental Evolution amongvertebrates," Proceedings of the National Academy of Sciences of the United States of America 20, no. 1 (January 1934): 1-9, semanticscholar.org/paper/Polyisomerism-and-Anisomerism.in.Cranial-and-Dental-Gregor/d683d13e9fbc5ea44b533cb73678c6c2f7941dea?p2dfJordan.

- 존 리드는 저서 《석시딩》에서: John T. Reed, Succeeding (self published: John T. Reed Publishing, 2008).

- 스티븐 킹은 그의 책 《유혹하는 글쓰기》에서: Stephen King, On Writing: A Memoir of the Craft (Scribner: New York, 2000).
- 독자들은 몇십 페이지밖에 안 읽는다: Jordan Ellenberg, "The Summer's Most Unread Book Is . . . ," Wall Street Journal, July 3, 2014, wsj.com/articles/the-summers-most-unread-book-is-1404417569.
- 들어본 적이 없는 병명이었다: Thomas McCrae, "The Method of Zadig in the Practice of Medicine," Address in Medicine delivered at the annual meeting of the Canadian Medical Association, St.John, NB, July 7, 1914, ncbi.nlm.nih.gov/pmc/articles/PMC406677/pdf/canmedaj00242-0027.pdf.

23. 상처는 아물지만 흉터는 남는다
- 7만 곳의 마을이 완전히 파괴되었다: Geoffrey Roberts, Stalin's Wars: From World War to Cold War, 1939-953 (New Haven, CT: Yale University Press, 2006), 4-5.
- 1,500칼로리를 제공할 정도의 식량을 생산하고 있었다: Tokuaki Shobayashi, "History of Nutrition Policy in Japan," Nutrition Reviews 78, supp. 3 (December 2020): 10-13, academic.oup.com/nutritionreviews/article/78/Supplement_3/10/6012429.
- 13개국 사람들 2만 명을 조사한 자료에 따르면: Rand Corporation, "Lasting Consequences of World War II Means More Illness, Lower Education and Fewer Chances to Marry for Survivors," press release, January 21, 2014, rand.org/news/press/2014/01/21/index1.html#:~:text=The%20study%20found%20that%20living,more%20likely%20to%20have%20depression.
- 그들은 상황이 더 나빠질 거라는 두려움에: Frederick Lewis Allen, The Big Change: American Transforms Itself 1900-1950 (1952; rept., New York: Routledge, 2017), 148.
- 개가 보인 반응에 관해 이렇게 적었다: Ivan P. Pavlov, "Conditioned Reflexes: An Investigation of the Physiological Activity of the Cerebral Cortex," Lecture XVIII, 1927, trans. G.v. Anrep, Classics in the History of Psychology, March 2001, psychclassics.yorku.ca/Pavlov/lecture18.htm.
- 인간에게도 나타날 수 있다는 의견을 제시했다: Pavlov, "Conditioned Reflexes: An Investigation of the Physiological Activity of the Cerebral Cortex," Lecture XXIII, trans. G.v. Anrep, Classics in the History of Psychology, July 2001, psychclassics.yorku.ca/Pavlov/lecture23.htm#:~:text=Different%20conditions%20productive%20of%20extreme,in%20nervous%20and%20psychic%20activity.
- 1947년 해밀턴 피시 암스트롱은: Hamilton Fish Armstrong, "Europe Revisited,"

Foreign Affairs, July 1947, foreignaffairs.com/articles/europe/1947_07_01/europe-revisited.

- 역사학자 토니 주트는: Tony Judt, Postwar: A History of Europe Since 1945 (New York: Penguin Press, 2005).
- 역사학자 마이클 하워드는 : Ta-Nehisi Coates, " 'War and Welfare Went Hand in Hand,'" Atlantic, November 4, 2013, theatlantic.com/international/archive/2013/11/war-and-welfare-went-hand-in-hand/281107.

당신이 생각해볼 만한 질문들

- 참 우습지 않아요?: Doris Kearns Goodwin, No Ordinary Time (New York: Simon & Schuster, 2008).

번역과 관련하여

한국어판 번역과 관련하여 독자들의 이해를 돕고, 혹여나 있어선 안 될 오해를 남기지 않기 위해 몇 가지 메모를 남깁니다.

5. 확률과 확실성

원서에는 '1,200조 일(1.2 quadrillion days)'로 되어 있으나 계산상 1,100조가 맞는 듯하여 그렇게 고쳐 옮겨둡니다.

10. 마법이 일어나는 순간

원서에는 '30년 후'라고 되어 있으나 사건이 일어난 때가 1911년이고 프랜시스 퍼킨스의 노동부 장관 임기 시작이 1933년이므로 '약 20년 후'가 맞는 듯하여 그렇게 고쳐 옮겨둡니다.

13. 희망 그리고 절망

앞뒤 문맥상 더 자연스러운 흐름을 살리고자 새롭게 번역하였습니다. 그런 이유로《돈의 심리학》한국어판의 번역과 완전히 일치하지 않음을 말씀드립니다.

16. 계속 달려라

원서에는《이상한 나라의 앨리스Alice in Wonderland》라고 되어 있으나 여기서 말하는 붉은 여왕 일화가 나온 작품은《거울 나라의 앨리스Through the Looking-Glass》이므로 그렇게 고쳐 옮겨둡니다.

옮긴이 | **이수경**

한국외국어대학교 노어과를 졸업했고 전문번역가로 활동하며 인문교양, 경제경영, 심리학, 자기계발, 문학 등 다양한 분야의 영미권 책을 우리말로 옮겨왔다. 옮긴 책으로 《불변의 법칙》, 《마음을 돌보는 뇌과학》, 《그들의 생각을 바꾸는 방법》, 《역설계》, 《케플러》, 《왜 그는 더 우울한 걸까?》, 《스무 살에 알았더라면 좋았을 것들》, 《결정의 원칙》, 《마스터리의 법칙》, 《사람은 무엇으로 움직이는가》, 《존중받지 못하는 자들을 위한 정치학》, 《친밀한 타인들》, 《멀티플라이어》 등이 있다.

불변의 법칙

초판 1쇄 발행　　2024년 2월 28일
초판 136쇄 발행　2024년 10월 11일

지은이 모건 하우절
옮긴이 이수경

책임편집 이정아
마케팅 이주형
경영지원 강신우, 이윤재
제작 357 제작소

펴낸이 이정아
펴낸곳 (주)서삼독
출판신고 2023년 10월 25일 제 2023-000261호
이메일 info@seosamdok.kr

ⓒ 모건 하우절
ISBN 979-11-985174-2-5 (03320)

• 이 책은 저작권법에 따라 보호받는 저작물이므로 무단전재와 무단복제를 금지하며,
　이 책 내용의 전부 또는 일부를 이용하려면 반드시 저작권자와 출판사의 서면동의를 받아야 합니다.
• 잘못된 책은 구입하신 서점에서 바꿔드립니다.
• 책값은 뒤표지에 있습니다.

서삼독은 작가분들의 소중한 원고를 기다립니다. 주제, 분야에 제한 없이 문을 두드려주세요.
info@seosamdok.kr로 보내주시면 성실히 검토한 후 연락드리겠습니다.